心に刺さる「物語」の力

ストーリーテリングでビジネスを変える

著　湊麻里 訳

STORIES THAT STICK

How Storytelling Can Captivate Customers,
Influence Audiences, and Transform Your Business

by Kindra Hall

STORIES THAT STICK:
How Storytelling Can Captivate Customers, Influence Audiences, and Transform Your Business
Kindra Hall

目次

はじめに――スロベニア、JFK、私の夫をさらったストーリー

Introduction: Slovenia, JFK, and the Story That Kidnapped My Husband

それは感謝祭の週末だった。九七〇〇キロ離れた場所では、人々が七面鳥やマッシュポテトを食べ、何に感謝しているかを語り合い、アメリカンフットボールの試合に小さく一喜一憂するくぐもった声を背景にして、ソファの上で酔いつぶれていた。

だが私は、そういうことを何ひとつしていなかった……スロベニアにいたからだ。

正直なところそれまで、私はスロベニアにいる、と口にする日がくるとは想像もしていなかった――例外は一度だけ。休暇中にメキシコでスロベニアのサッカー選手と出会い、私は彼と結婚するのだと確信したその日ぐらい。それなのに、私はスロベニアにいた。この地に「私たち」はやってきた。夫のマイケル（彼はサッカーをしない）と私は、スロベニアの首都リュブリャナで、趣のある少し湿った石畳の通りを歩き回っていた。感謝祭には参加できなかったものの、私の心ははっきりと感謝に満ちていた。それは、私たちが足を踏み入れたばかりのおと

ぎ話のような街のせいだけではない。

私はそのとき、人生で最高のひとつに数えられるセールスの物語を聞いたところだったのだ。話を進める前に、言っておきたいことがある。物語（ストーリー）は私の人生だ。ストーリーは私の仕事であり、私の表現手段であり、私が世界を見る方法だ。私が初めてストーリーを語ったのは一一歳のときだった。その日以来、ストーリーは私を追いかけ、私を求めてきた。そして現在、私はストーリーの戦略的使用について講演を行い、自分だけのストーリーを語るよう教えながら日々を過ごしている。

それどころか、ストーリーは私がスロベニアにいる理由でもあった。私がアメリカからこの国へ招かれたのは、東欧全域から集まった約一〇〇〇人のマーケティングマネージャー、ブランドマネージャー、メディア業界の重役、広告制作者に向けて、ビジネスにおけるストーリーテリングの力について話をするためだった。

だからこそ、ストーリーの専門家である私の目の前で、ストーリーによる史上最大のどんでん返しが起こったときの驚き、あるいは少なくともその不思議さをわかってもらえるだろう。

それが起きたのは、一一月下旬の週末の夜だった。スロベニアには感謝祭を祝う習慣はないが、ホリデーシーズンの始まりを祝う毎年恒例のツリー点灯式の時期とあって、街はお祭りムードに沸いていた。マイケルと私は大勢のスロベニア人のあいだを歩きながら、地元のワインを飲み、屋台の焼き栗を食べ、さらにワインを楽しんだ。夜空は暗く、空気は湿っていて冷たかった。建物のあいだに吊るされたクリスマスの飾りがやわらかくあたたかい光を放ち、通りを輝かせている。街の中心からは、クリスマスキャロルの歌声がかすかに響いていた。通りに並ぶショーウィンドウはきらめき、私たちに呼びかけ、中をのぞいていかないかと誘った。

と言いたいところだが、事実は少し違う。ショーウィンドウが呼んでいたのは私であって、私たちではなかった。マイケルがショーウィンドウに呼ばれないのは、彼が買い物をしないからだ。見て回るだけの買い物も、オンラインでも、バーゲンでも、「買い物」とつく行為は一切しない。ほぼ何も買わないのである。ウエストのゴムがだめになってからでないと、新しい下着だって買わない。そもそも、財布すら持っていない可能性がある。

ヨーロッパ旅行が進むにつれ、買い物の好き嫌いという私たちの根本的な違いが、会話のなかで繰り返されるようになった。

私　　　見て！　地元のデザイナーのブティックがある。入ってみましょう！

マイケル（聞こえないふりをする。そのまま歩き続ける）

私　　　見て！　地元のラグメーカーのお店がある。入ってみましょう！

マイケル（聞いていない。そのまま歩き続ける）

私　　　見て！　あのお店、全部コルクでできているみたい。入ってみましょう！

マイケル（ここでは使えないのに、携帯電話を取り出す。そのまま歩き続ける）

私　　　見て！　焼きたてのパン！

マイケル（深呼吸してパンが焼ける香りを取り込む。そのまま歩き続ける）

マイケルの反応に私が腹を立てない理由はふたつあった。ひとつは慣れているから。もうひとつは、この一週間の旅行用に私たちが持ってきたのは、機内持ち込み用のキャリーふたつだけだったから。どれだけやわらかいパンでも荷物に押し込めそうにはなかったので、私はあまりマイケルに抵抗しようとは思わなかった。

そう思っていた。その夜、その靴を見るまでは……。

美しく照らされたウィンドウのひとつに、人目を引く一足の靴が誇らしげに飾られていた。それは銀色の靴で、きらめいていた。ぎらぎらしている、と言ってもいいほどに。すべてはワイン（それと、パンを買えなかったこと）のせいだろうが、靴を見た瞬間、私はもう我慢できなくなった。マイケルが状況を呑み込むより早く、私は何も知らない彼をリュブリャナの脇道にある高級ブティックへ引きずり込んだ。

店内には、時計や宝石から美術品や衣類にいたるまで、さまざまな商品が混在していた。私は靴の展示へ直行し、マイケルは香水コーナーのそばにひとり取り残された。

なんとも残念なことに、靴は近くで見ると悪趣味な代物だった。あまりにもけばけばしい。その輝きに引かれてマイケルを置き去りにしたことに、私はたちまち深い罪悪感を覚えた。急いで店の入り口のほうへ戻ると、マイケルは香水の瓶が置かれた回転タワーの影に隠れようとしているところだった。私は彼の腕をつかみ、石畳が敷かれた安全な外の世界へ出ようとする。ちょうどそのときだ。いかにもやる気に満ちた、二〇代と思しきスロベニア人の店員がひょっこり現れた。香水売り場のカウンターの後ろから出てきて、すぐそばに立っていたマイケルに声をかける。

「いらっしゃいませ。香水をお探しでしたか？」

ああ困った、と私は思った。この不慣な若者は、とんでもない勘違いをしている……。

マイケルは決して香水を探していたわけではない。香水を探さないのは香水を買わないため、という理由だけでなく――マイケルが買い物をしないことはもう話した――彼が香水をつけないからだ。彼はまちがいなく香水を使うような人ではない。香水売り場のカウンターの近くにいたのは、単純にさっと隠れられる場所を必要としていたからだ。

私ははっきりそう伝えようとしたが、店員は気にもしない様子だった。それどころか、商品が飾られている上段の棚から、紺と白の縞模様の箱をそっと取り出してきた。

「こちらは当店でいちばん人気の商品です」。そう言うと、店員は指で（驚くほど長い指だ、と私は思った）箱を優しく包んだ。私とマイケルは身構えた。望んでいないのに香水を振りかけられるのではないかと思ったのだ。

しかし店員は箱を開けようともしない。ただ閉じたままのパッケージをガラスのカウンターの上に置き、話し始める。その顔には、自分の行動を熟知している人間の笑みがかすかに浮かんでいた。

エイト&ボブ

「こちらは……エイト&ボブといいます」[1]

「一九三七年、あるハンサムなアメリカ人の大学生が、フランスのリビエラを旅行していました。二〇歳の彼には、特別な何かがありました。この青年が希望の星であることは、彼に出会う誰の目にも明らかでした」

若い店員はここで中断し、私たちが話を聞いているかどうかを確認した。私たちはちゃんと聞いていた。

「ある日、青年は町を出歩いたときに、アルベール・フーケというフランス人と偶然知り合います。フーケはパリの貴族で、香水の愛好家でした。もちろん、青年はそれを知りません。彼が気づいていたのは、フーケから素晴らしい香りがするということだけです。野心的な彼はすっかり魅了され、フーケを説得しました。自分の香水を絶対に人には売らなかったフーケに、そのうっとりするような香水のサンプルを分けてほしいと頼んだのです」

私はマイケルをちらりと見た。彼はさっきからまばたきをしていない。

「ご想像のとおり、青年がアメリカに戻ると、同じように周囲の人はその香りに魅了されました。以前の彼には、抗しがたいといえるほどの魅力はなかったかもしれません。しかしいまや彼は、その魅力をたしかに手に入れました。彼は何かに気づきます。そこでフーケに手紙を書き、サンプルをあと八つと、『ひとつをボブに』送ってほしいと懇願します」

マイケルは無言だった。しかし店員は続けた。

「そう、ボブというのは青年の弟です。そしてこの青年については、ジョンという名前でお客様もご存じなのではないでしょうか。あるいは、単にJとして……」

すべての言葉を言い終える前に、店員の声は消えていった。マイケルは、まるで片目の海賊ウィリーの宝物を発見したかのように、「FK」とささやいた。

「ええ」。店員はうなずいた。「この青年は、ジョン・F・ケネディにほかなりません。そして例のサンプルは、弟のボブつまりロバートのためのものでした」

この時点で、私はもはや会話の参加者ではなく（初めから会話に入っていなかったかもしれないが）、傍観者になっていた。エイト&ボブのストーリーの結末を知りたいという気持ちはあったが、それ以上に、いま目の前で生まれようとしているストーリーに引きつけられていた。

「これはJFKのコロンなのですか?」。マイケルは驚いて言った。

「そのとおりです」。店員は続けた。「ご存じかと思いますが、アメリカとフランスとの関係は、常に良好とはいえませんでした。私は歴史には詳しくないのですが、そんな私でも知っているとおり、瓶入りのコロンを船で出荷することは次第に難しくなっていきます。そこで最後の出荷分をナチスから守るため、数本は隠されることになったのです――」

店員はいったん話を止め、マイケルを見た。マイケルは口をぽかんと開けていたのかもしれない。

「本の中に」。その言葉を合図に、ずっと前に棚から取り出してあった箱を店員が開けた。箱の中には本が入っていた。店員が本を開く。中身の形に沿って完璧にくり抜かれたページの中には、美しいガラス瓶入りのコロンが収まっていた。

その瞬間、マイケルが発した言葉は、私が一度も聞いたことのないものだった。

「これをください」

ストーリーはすべてを変える

その時点で、ひとつはっきりしたことがある――私の夫はさらわれ、偽者と、コロンを買う宇宙人とすり替えられてしまったのだ。はっきり言っておくが、マイケルはコロンの香りを嗅ぎもしなかった。

けれど本当は何が起きたのか、私にはよくわかっている。あのスロベニアの店でマイケルに起こった出来事は、宇宙人とは何の関係もない。実際、店員の営業努力に対するマイケルの反応は、このうえなく人間らしいものだった。

なぜなら、財布を閉じておきたいという男の気持ちより強く……。

ＪＦＫ自身より魅力的なのは……。

ストーリーの抗しがたい力だからだ。状況とぴったり合い、完璧に届けられるストーリーによって、ときに人は興味の先へと運ばれ、注意を向けるという次元を通り越して、すっかり魅了されてしまう。するとその人は目をそらせなくなる。うっかり抜け出られなくなる。ストーリーのこうした瞬間のなかでは、私たちはあの夜のマイケルと同じように、自分をほとんどコントロールできない感覚に襲われる。

そう感じられるのには理由がある。これから見ていくとおり、偉大なストーリーの前では、私たちは実際に自分を抑えきれなくなる。あのブティックの店員がエイト&ボブのストーリーを語り始めた瞬間から、私とマイケルにはある変化が起きた――それは私たちの認識の変化であり、欲望の変化でもあった。

これこそ、多くの人が求めているものだ。ストーリーが起こしうる変化は、コロンが購入されるという次元をはるかに超えた、大きな影響をビジネスにもたらす。この変化は顧客を信者に変える。従業員を伝道者に変える。幹部をリーダーに変える。マーケティングの性質と影響力を変える。そしておそらく最も重要なのは、私たちの自意識すら変える可能性があることだ。

いかにしてその変化を起こすのか。ストーリーテリングの力を利用してそれを実現する方法を述べるのが、本書の目的である。

運命のめぐり合わせなのか、その夜ブティックにあったエイト&ボブの瓶は、私たちが見せてもらった棚の上のサンプルだけだったが、それすら売ってもらえなかった。あの店員は私たちにストーリーを語ることに興奮するあまり、在庫が残っているかどうかの確認を怠ったのだ。けれども、瓶を持ち帰れなかったからといって、マイケルの執着は少しも薄れなかった。むしろ、それが彼の執着に火をつけた。

ふだんは物静かな私の夫が、突然、熱弁を振るいだした。ブティックを出て、次の店でワインを飲もうと散策を始めた私のかたわらで、マイケルは情熱的なヨーロッパ人のごとく身振り手振りを交えて話し続けた。彼がいうには、香水の見事なパッケージ、とにかくストーリーと完璧にマッチしている点に驚かされたのだという。マイケルの頭のなかでは、あの貴重な香水はナチスの監視をかいくぐり、秘密裏にホワイトハウスへ届けられたようだった。コロンの瓶が隠された不思議な本は、やがてアメリカ大統領の机の上に置かれたにちがいない。

「どうにかして北米での販売権を獲得すべきだよ」。マイケルは言った。「あの香水は素晴らしい。みんなにそれを知ってもらいたいんだ」

覚えておいてほしい――マイケルと私は、コロン自体の香りについては一度も話をしなかった。香りは問題ではなかったのだ。その夜ホテルへ戻るころには、明日また店へ出直そう、とふたりで決めていた。帰りの飛行機の時間までに、ひょっとしたら入荷するかもしれない。

翌朝、もう一度お店に行くと、前夜の店員はいなかった。かわりに中年の女性がエイト&ボブはまだ品切れ中だと説明してくれた。

私は好奇心をそそられた。「あのコロンについて、何か教えてもらえませんか?」

「そうですね……」。女性は考え込んだ。「あちらの製品ラインには香りが五種類あります。それから……」。そこで彼女は頭を悩ませた。「ええと、フランス産の希少な植物を使っています。とても人気が高い商品のようです。パッケージも素敵ですね」。そこで言葉が続かなくなった。

説明はそれだけだった。

ふたつの体験の違いは衝撃的だった。昨日たまたま魔法使いの接客するブティックに入ったかと思えば、その店が一晩でセブンイレブンに変わってしまったかのような、そんな感覚を覚えた。

衝撃的ではある。だが珍しいことではない。私は仕事で毎日のように、こうしたメッセージに関する悲劇を目の当たりにする。販売チームは解決策を魅力的なストーリーとともに提案しようと苦心している。代理店は見込み客を効果的に引きつけようと試みるが、うまくいかない。企業文化が繁栄するどころか衰退していくのは、自分たちの仕事や目的についてのストーリーを、リーダーが明確に語れないためである。

ただ幸いにも、この問題の解決に魔法のような技術は一切いらない。次ページ以降では、ストーリーテリングの力がビジネスに関わる全員の考え方、感じ方、行動をどう変えるのか、その力を個人が利用するにはどうすればいいのかを見ていくことにする。

スロベニアへの旅行も必要ないが、休暇で訪れるのなら、リュブリャナはぜひお勧めしたい。

第1部
抗うことのできないストーリーテリングの力

第1章　ビジネスのギャップと、ギャップを埋める（あるいは埋められない）橋

The Gaps in Business and the Bridges That Close (and Don't Close) Them

人間と真実とを最短距離で結ぶもの、それは物語だ

――アントニー・デ・メロ

私が通っていた高校で、最も魅力的な男の子はアンディ・Kだった。正確に言えば、彼は小学三年生のときから抜群に魅力的な男子だった。なぜなのかはよくわからない。アンディは五月生まれだったが、両親の方針により、秋が来るのを待ってから学校に入った。そのため学年でいちばん年長だった。それが理由だったのかもしれない。あるいは、彼が驚くほど素晴らしいアスリートだったからかもしれない。ただ単に、彼がどんな物事にもあまり関心がなさそうに見えたからかもしれない。

理由はどうあれ、アンディが最も魅力的だという事実は私の高校生活の運命を決定づけた。

入学した年のある秋の午後、私はアンディから、ウェルチの缶入りグレープソーダを分け合わないかと誘われた。アンディが私を「悪いやつではない」と考えたからには、ほかの全員もその考えに従う必要があった。

　それは一九九四年の出来事だ。自分が社会に受け入れられている度合いは、そんなふうに、別の誰かと共有したものを通じて測られた。親友と真んなかで分け合うハートのネックレス、缶入りのソーダ、そしてもうひとつ特別だったのが、エクストラガムのパックだ。

　ネオングリーン色のエクストラガムのパック（それぞれホイルに包まれた三〇枚のガムが、ひも状の白い紙でゆるく束ねられたもの）は、私が出かけるときの必需品だった。ガムは一枚ずつパックから取り出せるようになっていて、取り出すたびに、ガムのあった場所にうっすらと隙間ができた。このガムは友達と分け合うのにも、ちょっとしたアイドル的存在の男の子と分け合うのにもぴったりだった。空になったパックは、どれも社会的通貨の象徴だった。

　当時、エクストラガムを崇拝していたのは私だけではなかったようだ。このリグレー社のブランドは長年にわたり、息を爽やかにするチューインガム部門の売り上げトップの座に君臨していた。食料品店で会計をする？　それならエクストラを買っていこう。もうすぐ歯医者の予約がある？　それならエクストラを忘れずに。エクストラは定番のブランドであり、市場を支配するブランドだった。ところが突然……エクストラは失速した。

　私が高校一年生だった当時、エクストラ以外のガムを買うことなど考えもしなかったが、それからおよそ二〇年後の二〇一三年までに、この象徴的なブランドは市場三位に転落した。かつてはブランドの支持者だった私でさえ、並んでいるガムの選択肢を一瞥しても、エクストラの存在にすら気づかなくなっていた。

あなたがエクストラを不憫に思い始める前に、特にこれを会社の自業自得だと――明らかに愚かで不幸で当然のミスを犯したに違いないと――考え始める前に、ひとつはっきりさせておこう。これはビジネスにおける基本的な問題だ。エクストラだけの問題ではない。棚の上に鎮座している製品だけの問題でもない。すべてのビジネスにおける問題なのだ。

エクストラにとっての課題、すべてのビジネスにとっての課題とは、突き詰めて言えば、「ギャップに橋を架ける」ことにある。

ビジネスでのギャップ

ビジネスの目標は、利益をもたらす価値を人々に届けること。商品やサービスを、A地点（ビジネス）からB地点（それを利用する人々）まで運ぶこと。それ以外にはない。もちろん、これらの目標を達成する手段は無数に存在するが、最終的な目標そのものは非常に単純だ。

ただし、単純だからといって簡単というわけではない。達成しがいのある目標に障害はつきものだが、ビジネスの世界にはとりわけ多くの障害が存在する。どうすれば買ってもらえるのか？　どうすれば投資してもらえるのか？　有能な人材を呼び込むには？　その人材をつなぎ留めるには？　ある部門だけにかかわる問題について、別の部門にスピーディな対処を求めるには？　上層部にアイデアを支持してもらうには？　特定のプロジェクトに向けて部下を団結させるには？　供給者に納期を守らせるには？

あなたが変化を起こそうとするとき、障害は必ずその前に立ちはだかり、あらゆる見えない場所、あらゆる角度に潜んでいる。それどころか、それらを乗り越えることが、ビジネスの成功を決定づけるといってもいいだろう。

だが見方を変えることで、こうした障害はビジネスに役立つものになると私は考えている。それらを動かしようのない邪魔者と捉えるのではなく、ギャップだと捉えればいい。ギャップとは、あなたが望む状態と実際の状態との隔たりのことだ。

ビジネスにおける最もわかりやすいギャップは、顧客と企業とのあいだに生じる隔たりだろう。企業はどのようにして、その製品やサービスを、それを必要とする人のもとへ届ければいいのだろうか？　食料品店のレジに並んでいる人に、二〇種類のガムのなかからエクストラを選んでもらうにはどうすればいいだろうか？

売り上げのギャップは大きな問題だ。でもビジネスにおいては、ほかにもいたるところにギャップができる。起業家と見込み投資家とのあいだに、採用担当者と採用候補者とのあいだに、マネージャーと従業員とのあいだに、リーダーと経営幹部とのあいだに、ギャップは生まれる。

ビジネスを成功させるためには、そのギャップに橋を架けなくてはならない。

それ以上に重要なのは、ギャップの橋渡しが最もうまい人が、競争の勝者になるということだ。うまく売り、適切にアピールし、上手に採用し、きちんと育て、見事に創造し、しっかりと連係できれば、あなたの勝利はまちがいない。
ギャップに橋を架け、ゲームに勝とう。
当然ながら、そのためにまず必要なのは橋を築くことだ。
そこで失敗すると、すべてが破綻していくのだから。

悪質な素材、弱い橋

直面しているギャップの種類にかかわらず、あなたが大きな溝に強い橋を架け、それを対象オーディエンス――見込み客、チームの中心メンバー、投資家など――に渡ってもらいたいと少しでも望んでいるなら、主な三つの要素を習得する必要がある。それは注意喚起、感化、変容だ。

最高の橋をつくりたければ、何よりもまず聞き手の注意を引いて、彼らを魅了しなければならない。そこに橋があることを最初に知らせておくのだ。ふたつめの要素として感化を使うと、聞き手を思いのままに動かすことができる。そして三つめの要素は、同じギャップに何度も橋を架けるのが面倒なときに用いる。こうしてできあがった最高の橋は、聞き手を変容させ、持続的な影響をもたらしながら、彼らの変化を保つ。すると聞き手は橋の反対側へ戻ろうとはしなくなるので、ギャップを永遠に埋めたままにしておける。

とてもわかりやすいのではないだろうか?

問題は――実際には悲劇だが――どれだけ意図して努力しても、私たちは橋を築くのが大の苦手だということだ。要素のうちたったひとつ、あるいはふたつに集中しても、三つすべてを重視することはめったにない。私たちは他人と関わり合おうとせず、一方的に話してしまう。最も簡単な方法や最も派手な方法に流されやすく、結果として私たちが作る橋は、もろく、壊れやすく、ときに完全におかしなものになる。だが、こういういいかげんな解決策が蔓延しているため、それで十分だと自分を納得させてきたのだ。

あなたが過去にバス停で見たすべての不動産業者の顔や、直感的に消去したポップアップ広告、あるいは何時間もスクロールしたコマーシャルについて考えてみてほしい。スター・ウォーズブームが再び本格化した二〇一六年、私の近所にある美容室の外では、ダース・ベイダーの格好をした男がブロードライヤーを手に持ち、人々をカットに誘い込もうとしばらくのあいだ立ち続けていた。いったい、ダースベイダーと美容室に何の関係があるというのだろう？男はいつもヘルメットをかぶっていたので、答えは見当もつかない。それでも彼はそこに立っていた。

あるいは、販売員が意思決定者たちの前で売り込みをかけるところを想像してみてほしい。レーザーポインターのかわりになるクリッカーを携え、営業担当者は自信満々だ。彼女はこの二〇分間のプレゼンのために、最終的に六時間以上を費やし、商品のあらゆる特徴、利点、割合、小数点を盛り込んだ八九枚組のスライドを用意してきた。室内にいる人々はスクリーンの文字をまったく読めないが――あまりに小さく、ごちゃごちゃ書かれているからだ――販売員には何の問題もない。なぜなら彼女は、スライドの内容をスクリーンの外で読み上げるつもりだったからだ。そのことに誰が「ノー」と言えるだろう？

どうか、そんな過ちはやめてもらいたい。これは良くない橋の例だ。良い橋だと言う人がいたら、ひとり残らず嘘つきである。

組織の内部に橋を——健全な企業文化の創造につながる橋を架けようとしている人について考えてみよう。おそらくその人が働いているのは、自社の使命と文化を重んじる素晴らしい会社だ。その文化は手引書を通じて伝えられ、社内のリーダーはミッション・ステートメントの言葉を引用し、電子メールやニュースレターを送信したり、演壇からスピーチしたりする。その言葉はマグカップにも印刷されているかもしれない。だが、それを見て何かを感じる人がいるだろうか？　社員は言葉を学んだとしても、その内容を肌で感じるだろうか？　そうした言葉は社員の意思を形成し、強い責任感を生み出すのに役立つのだろうか？

その可能性もないわけではない。しかし残念ながら、大半の会社やリーダーは嘘を受け入れている。ミッション・ステートメントさえ繰り返せば、チームの結束と意欲向上に必要な橋ができあがると思い込んでいるのだ。だが真実はそうではない。弱い風にいちど吹かれただけで——別の会社からわずかな昇給や特典を約束されただけで——その橋は崩れ落ちる。ロンドンに架けられた橋を歌った、あの童謡のように。

とはいえ、公平のためには次のように言わなければならないだろう。注意喚起、感化、変容という三つの要素がなくても、もちろんギャップに橋を架けることはできる。安価な素材を使ってもいい。持続する成長とは対照的な、手軽な満足を目的とした設計図を使うのもいいだろう。正直なところ、私自身も、かわいいトレーニング・ウェアの写真が載ったインスタグラムの広告には吸い寄せられてしまう。たいていはその広告をクリックするし、たまに商品を買うこともある。けれどあなたの趣味は何かと人に尋ねられたら、それはＵＰＳの店舗に返したいものを持って行くことだと答えなくてはならない。というのも、私はインスタグラムの広告で買った商品の九〇パーセントを返品しているからだ。

果たして、それがあなたの目指すことなのだろうか。

あなたは自社の製品が返品されたり、忘れ去られたりするためだけにマーケティングに投資しているのだろうか。みずからすすんで、不規則な休日のために定期的な値下げを行っているのだろうか。ギャップの埋まらない売り込みをかけているのだろうか。自分に耳を貸さない従業員に向かって話をしているのだろうか。誰にも閲覧されない投稿をソーシャルメディア上にしているのだろうか。漠然とした目標達成のために、思いつきでコンテストを実施しているのだろうか。あなたが最高の人材を雇用し、訓練し、やる気にさせるのは、報酬を減らしたり、やや少なめの報酬を提示したりした瞬間に、彼らに別の場所を探してほしいからなのだろうか。

あなたのビジネスや成功への道に、到底埋められそうにないギャップが生じているのなら、きっと問題は、あなたが橋の構築に使う（あるいは使わない）要素から始まっている。

ここでの疑問は、何ならうまくいくのか、ということだ。いままでの戦略がどれも機能しない場合、いったい何ならうまくいくのだろうか？　注意喚起、感化、変容を同時に叶える方法などあるのだろうか？　一度で完全にギャップを埋められるような、長続きする橋を築くにはどうすればいいのだろうか？

それはまさに、エクストラガムが必死に答えを探していた問いだった。

ギャップの橋渡しという解決策

売り上げが着実に減少し、かつてはたやすく守られていたガムの王者としての地位が盤石ではなくなると、エクストラは何らかの手を打たねばならなくなった。彼らはまず、私たちの誰もがとるだろう行動をとった――基本に立ち返ったのだ。エクストラの栄光の時代には何がうまくいっていたのかを、過去にさかのぼって検討したのである。そうして彼らは、エクストラの有名な特徴である「長続きする味」を強化した。八〇年代のシットコムを見ていると必ず目にするコマーシャルでは、人々が笑顔で最高の生活を送りながら、何週間にも及びそうなほど長いあいだ、同じフレーバーガムを噛み続けている。

長続きする味！　まちがいなく答えはこれだ。そう考えたエクストラのチームは、ありのままのエクストラを伝えるコマーシャルを大量に制作した。結果は惨敗だった。なにしろ、ほとんど注目されなかったし（ＹｏｕＴｕｂｅでこれらのコマーシャルを検索しても、一本も見つからないはずだ）、影響力はもっと低かった。売り上げは落ち込んだままだった。

そこにはギャップの現実が残されていた。消費者がエクストラを選ぶ可能性があるのは、食料品店の通路での二秒に満たない瞬間だ。しかしその決定的な瞬間がやってくると、彼らはエクストラを選ばなかった。エクストラは意を決し、あらためて答えを探すことにする。調査会社を雇い、人々がガムを買う初歩的な動機や、ガムの購入決定が行われる正確なタイミングを見極めた。

結果は興味深いものだった。なんと、ガムを買うという決定の九五パーセントは、無意識のうちに、消費者自身も知らないうちに行われていた[1]。これは何を意味するか。エクストラがギャップの勝者になるためには、ぼんやりした買い手が息を爽やかにする解決策を求めているときに、どうにかして人間の深層心理に入り込まなければならないということだ。その特別な場所に、論理とはあまり関係のない場所に、エクストラは存在しなければならない。ガムの購入と関わる場所には、ガムを買うという行為以上の何かがある——それは人間の経験と結びついている。

エクストラは消費者に橋を渡らせる必要があった。

だが、どうやって？　チューインガムのように商品化されたものであっても、そんなことが可能なのだろうか？

エクストラにとっての正解は、あなたにとっても正解になるはずだ。シナリオは問わない。ギャップの種類も問わない。製品も、聞き手も問わない。最も簡単かつ効果的な方法で橋を築き、注意喚起、感化、変容を叶え、結果としてギャップを閉じたまま橋を長続きさせるには、ストーリーテリングを使えばいい。

結局のところ、記憶に残るのはストーリーなのである。

ストーリーテリングと長続きする橋

話を続ける前に、ひとつはっきりさせておこう。本書はビジネスにおけるストーリーテリングを取り上げているが、ストーリーテリングの力にまつわる私自身の経験は、ビジネスの現場で始まったわけではない。マーケティング会社や販売チームで働いていた人間が、その現場でストーリーの力を発見したのとは違う。

私の経験はストーリーテリングから始まった。ビジネスは結果論だった。

すでに述べたように、私が初めてストーリーを語ったのは一一歳のときだ。小学五年の英語の授業の課題だった。その後も、私は教会で余興としてストーリーを語り、高校ではスピーチチームに所属した。卒業後は、全米で開催されるストーリーテリング・フェスティバルに参加し、やはりストーリーを語った。ストーリーテリングのワークショップ、修養会、会議にも出席した。ストーリーテリングの達人に師事し、何の企みもなしに大勢の聴衆を魅了してしまう彼らの技術を学んだ。ストーリーテラーは、物語を操る自身の力だけで、小さな瞬間に大きな意味を与えられる存在だった。

私はそこで、最も純粋な形のストーリーとストーリーテリングに出合い、その抗しがたい力を初めて目撃した――その力には、注意喚起、影響、変容という三つの橋渡しの要素が、ごく自然に内包されていた。

ストーリーテリングと注意喚起

私は先日、高等教育機関のマーケティング幹部とランチを楽しんだ。彼らは顧客、つまり一七歳の生徒たちの注意力が散漫すぎると嘆いていた。可能な限り少ない単語を使おうとするのではなく、優れたストーリーを語るべきだと私が提案したことが、どうやら内部で混乱を引き起こしているようだった。ある紳士は苛立ちを抑えながら、私にこう尋ねた。「それなら、どうやって長大なストーリーを取り入れたらいいのですか？　私たち聞き手の注意が持続する時間は、金魚のそれより短いというのに」

良い質問だったが、欠点もあった。ひとつめに、あなたも聞いたことがあるかもしれないが、あの金魚の集中力の話は全部でたらめだ。

ふたつめに、この質問はメッセージの受け手に落ち度があることをほのめかし、メッセージ作成者から非難の矛先をそらすのに都合の良いものだ。あなたの作成したハッシュタグがＩＲＬ（In Real Life：現実生活）にとって重要でなければ、多くの人々はそのハッシュタグに注意など払わないだろう。

そして三つめ、これが最も重大な欠点だ。この質問は、聞き手の注意など簡単に引けるはずがないというマーケターの潜在的な思い込みを表わしている。だが、物事が正しく行われている場では、聞き手の注意を奪おうとしたり、力ずくでもぎ取ろうとしたりする必要はない。なぜならそれは与えられるからだ。自由に、積極的に、そして多くの場合は無意識のうちに、聞き手は注意を向ける。

このように注意を引きやすい点は、ストーリーテリングの特別に大きな強みだ。他の情報交換の形態にはない独自のレバレッジ・ポイント——すなわち、ストーリーテリングの共創的なプロセスの結果でもある。語り手がストーリーを語るとき、聞き手はその言葉を受け止めながら、自分のイメージや感情を付け足していく。もちろん、ストーリーの主役は特定の設定にいる特定の人物だが、聞き手はみずからの経験を物語に補足して、メッセージと自分自身との境界線を埋めていくわけだ。研究者はストーリーテリングのこうした側面を調査し、ストーリーに没頭する体験を「物語への移入」と名づけた[2]。人間がストーリーに完全に引き込まれている状況、周囲に対する認識を失っている状況では、物語への移入はストーリーテリングの負の側面のひとつにもなるという[3]。ストーリー主体のポッドキャストやオーディオブックを聞いていて、出口を見過ごした経験のある人なら、この効果をよく理解できるのではないだろうか。当時のことを思い出してみてほしい。その瞬間、あなたは注意を向けるよう強制されていると感じていただろうか？　そうではないはずだ。あなたはすすんでストーリーの世界に出かけていった。注意を向けるという行為が、それ以上に価値ある何かに——魅了されるという行為に変わるのは、このタイミングである。

ストーリーで聞き手を魅了しよう。そうすれば、私がスロベニアのブティックで目撃したように、あなたは必要なすべての注意を引きつけることができる。

ストーリーテリングと感化

ストーリーは、人を魅了する効果に加えて、もっと正確に言えばその結果として、人を説得できる性質を備えている。研究者はこの点についても調査を行い、ある結論を導き出した。聞き手はストーリーに没頭したとき、普段のように内容を精査することなく、ストーリーを反映してみずからの行動を変化させるのだという[4]（この精査について、詳しくは第４章を参照）。

ストーリーがあれば、抵抗感は消えていく。ストーリーがあれば、必ずしも味見をしなくてもレストランに行きたくなるし、必ずしもコロンの香りを嗅がなくてもボトルを買いたくなる。ストーリーによって、人々は製品に恋をし、サービスの価値を称賛し、行動したくてたまらなくなる。スロベニアの店員がエイト&ボブのストーリーを語り始めたとき、私たちは売りつけられているとも、説得されているとも感じなかった。むしろ喜んで話に参加し、自分の欲望に従って行動した。このような橋の渡り方はかなり理想的なのではないだろうか。

ストーリーテリングと変容

これまで確認したとおり、ストーリーには聞き手をその世界に引き込む力がある（注意喚起）。聞き手はストーリーに夢中になればなるほど、そのストーリー内の視点を取り入れやすくなる（感化）。そして最後の要素について、研究者は次のように結論づけた。ストーリーから抜け出してきた時点で、聞き手は以前と変化している[5]。その効果はたった一分や二分ではなく、長く続く[6]。

映画館を出た後、ストーリーが家までついてきて、しばらく一緒にいるような気分を味わったことはないだろうか？　友人からストーリーを聞いて、それが自分自身のなかに織り込まれていくように感じたことはないだろうか？　私は以前、幼い娘を悲惨な溺水事故で失った知り合いの女性のストーリーを、ふたりの友人に共有した。友人たちはそのストーリーが頭から離れないと言い続け、いまでは子供用プールを使うたびに必ず水を抜いている。

こうした持続的な影響力を持つのは、ハリウッド映画や悲劇的事件だけではない。巧みに語られるすべてのストーリーも、それを備えている。エイト&ボブのストーリーが起こしたのは単なる変化ではなかった――あのストーリーはマイケルと私を信者に変えた。変容させたのである。あれ以来、私たちは人に話したくてたまらなくなった。共有したくてたまらなくなった。いかにも衝動を抑えきれない様子でストーリーを語ってくれたあの店員と同じになった。話を共有したいという欲望はまるで咳のようにしつこくて、伝染性がある。それでいて、咳よりずっと長く続いた。

ストーリーの変容力は受け手を超えて広がることもある。ときには、ストーリーがメッセージそのものを変容させることもある。その一方で、ビジネスのギャップに橋を架けるという作業は、顧客や利害関係者をA地点からB地点へ動かせばいいという単純な処理に見えるだろう。日々の職務や責任にとらわれやすい私たちは、それらすべての根底にある、もっと重要で、もっと崇高な大義を見失いがちだ。しかしどれほど退屈に見える仕事にも、大義というものは――私を楽天家と呼んでもらって構わない――必ず存在するはずだ。そこにメッセージの焦点を再び合わせることで、ストーリーテリングの変容力は発揮される。

私がかつて一緒に働いた運輸会社の唯一の目的は、モノをこちらからあちらへ運ぶことだった。しかし彼らは自分たちの仕事を、顧客が約束を守るのを手助けすることだと理解していた。これは崇高な大義だ。

私は以前、いくつかのタイトル・カンパニーと仕事をしたこともある。これらの会社は、表面的には、住宅ローンや住宅購入を取り仕切る冷酷な完璧主義者に見えるだろう。だが彼らの仕事のおかげで、人々はアメリカン・ドリームを叶え、住宅を堂々と「わが家」と呼ぶことができる。社員たちもそう自覚していたが、やはり崇高な大義だ。

ビジネスの世界では、常に目に映る以上の何か、もっと大きな何かが動いている。その「何か」についてのストーリーを語れば、あなたのビジネスは根本から変わるかもしれない。

それこそまさに、エクストラガムが決断した次なる一手だった。

エクストラガムと究極のストーリーの橋

幅広い調査を実施し、消費者分析に投資した末に、エクストラはある確信を得た。それは、ガムを買うという行為のほとんどが、消費者がレジに並んでいるあいだの決定的な二秒間に、無意識に行われるということだった。この短い時間に選ばれるためには、エクストラは消費者と事前につながっておかなければならない。消費者が食料品店の通路にいることを自覚するずっと前から、現実的かつ感情的なつながりをつくっておかなければならないのだ。長続きする味のような、感情を伴わない一次元的な特徴を強調するだけでは、ギャップの橋渡しには不十分だった。そこでエクストラはもっと大胆にいこうと決めた。

さらに調査を続けると、こんなこともわかった。ガム購入のきっかけとなる深い感情のひとつは、「他者と共有したいという人間の社会性」なのだという。[7] これはガムにかぎった話ではない。息を爽やかにする他の選択肢、たとえばチック・タックやアルトイズも、製品デザインでは共有のしやすさを重視する――それが、売る側にも買う側にもメリットになる。ミントの持ち主は「気前がいい」と社会から評価され、ミントメーカーは商品の売り上げを伸ばせるからだ。運輸会社には場所から場所へモノを運ぶ以上の役割があり、タイトル・カンパニーには書類の山にサインをさせる以上の役割があった。ガムを共有される商品と見なすなら――そしてなにより、ガムを共有される商品として販売するなら――、そこにはやはり、味が長続きする以上の役割があるということだ。

ガムが象徴するのは、一体感、親密さ、つながりである。これらはどれも、人間の経験にとって非常に大切な感情だ。エクストラとしては、そうした感情を何らかの方法で利用する必要がある。うまくいけば、消費者が並んでいるガムをぼんやりと見つめているとき、より大きくなったエクストラの価値が彼らの脳裏をかすめるはずだ。すると彼らはエクストラに結びつき、ガムを購入するだろう。

エクストラは二〇一五年、ひとりの少年とひとりの少女が登場する二分間の動画を公開した。少年はジュアン、少女はサラという。しかし、名前は重要ではない。ガムもそれほど重要ではなかった。重要なのはストーリーだった。

動画は高校の外のシーンから始まる。サラの姿がちらりと見える。いかにも「隣のお嬢さん」といった雰囲気の、かわいらしい女の子だ。サラの顔にカメラのピントが合っているあいだ、彼女はわずかに微笑んでいる。そして次のコマでは、彼女が微笑んでいる理由、というより微笑みかけている相手が明らかになる。相手は、優しい目をしたハンサムな青年、ジュアンだ。彼はサラに微笑み返す。

少し経って、サラはロッカーにいる。彼女は持っていた本をすべて落としてしまう。運命のめぐり合わせのように、ジュアンはそこにいて、本を拾うのを手伝う。サラはお礼として一枚のエクストラガムをジュアンに渡す。これは、動画のなかでガムが登場する数少ない場面のひとつだ。

二分間の動画のなかで、ジュアンとサラの関係は、いくつかの場面を経て発展していく――ジュアンの車の前方座席でのファーストキス、初めてのけんか、いかにも高校生らしく恋をするふたり。その後、サラは空港にいる。彼女は旅立つ。次にサラがいる場所は、名もない都市にある高層ビルのオフィスだ。カンザスから飛ばされたドロシーのごとく、私たちはふいに、ここはもう高校ではないのだと理解する。現実的な日常が描かれ、動画冒頭の輝きは消えている。サラとジュアンがビデオチャットを通してつながろうとするシーンでは、すべてが冷たく感じられる。

ＹｏｕＴｕｂｅで見ているとき、この時点で画面下にあるシークバーにカーソルを合わせると、ジュアンとサラに残された問題解決のための時間がもうあまり多くはないことに気づく。そして、ふたりは問題を解決できるだろうかと心配し始めていることにも気づくだろう。だが、その話は後にしよう。

残り時間が少なくなったところで、シーンが変わる。サラは誰もいない空間に足を踏み入れる。ここは使われていない画廊？　それともテーブルのないレストラン？　サラも混乱しているようだ。

彼女が辺りを見回すと、額装された小さな絵が壁に何枚も飾られている。サラは最初の一枚に歩み寄る。描かれていたのは、ロッカーの前で本を落とした少女と、それを拾うのを手伝う少年だった。サラは微笑む。私たちも微笑む。

次の額に収められていたのは、自分の車の前方座席で、少女にキスする少年の絵。

サラが絵を一枚ずつ通過するにつれ、そこに飾られているのはジュアンとサラの関係のスケッチなのだと私たちにもわかってくる。ふたりが共有していた美しい愛を思い出す。

ちょっと待って。「思い出す」だって？　まだ動画が始まって七〇秒しか経っていないのに？

情報を整理するにも足りないぐらいの時間なのに、ましてや何かを思い出すのに七〇秒は短すぎる。なのに、私たちは懐かしい感覚に押し流されていく。それはジュアンとサラが過ごした日々への懐かしさなのかもしれないし、自分自身のラブストーリーへの懐かしさなのかもしれない。おそらくその両方が混ざっているのだろう。

サラはとうとう、並んでいる最後のスケッチの前にやってくる。

私は思わず息を呑む。サラがスケッチに歩み寄る。

彼女は大きく目を見開いた。それは、片膝をついた少年が、指輪を手にして、少女にプロポーズしている絵だった。

ちょっと待って！　そんなのおかしい。だってジュアンはまだ――。

ここで私たちは我に返り、口をあんぐり開け、目頭を熱くすることになる。サラが振り返ると、そこには片膝をつき、指輪を手にしたジュアンがいた。ふたりは抱き合い、動画は彼らが最初に視線を交わしたシーンに戻る。かわいい少女が、優しい少年に向かって、かすかに微笑みかける。そしていま、ふたりはここにいる。

私はこの動画をもう何度も見た。ストーリーのなかのストーリーを軸にした章を執筆するうえで、ほとんど必要に駆られてのことだった。そう言いながら、見るたびに心を動かされている自分がいる。

実は私はいま、上空九〇〇〇メートルを飛行する乗り継ぎ便の中で、この文章を書いている。先ほどパソコン上でＷｉ‐Ｆｉにログインし、この動画を頭から見てみることにした。軽い気持ちで再生ボタンを押したのだが、すぐにジュアンとサラの世界に引き込まれた。二分後、私は頬に涙を伝わせながら、抑えきれずに鼻をすすっていた（いつもなら、私は自意識過剰にも、七Ａの席で泣いている自分を見て隣に座っている人がどう思うだろうかと気にしてしまうところだ。だがこのフライトに関しては、私の隣に座っている男性は激しく貧乏ゆすりをする人で、座席の列全体をかれこれ二時間ほどがたがたいわせている。だからおあいこでいいんじゃないだろうか)。

書いておくべき大切なことがもうひとつ。私は最近iPhoneXに乗り換えたので、パソコンに対応するヘッドホンをこのフライトには持ってこなかった。それで仕方がなく、ジュアンとサラのビデオは音声を消した状態で見た。

なぜこのことに触れたかというと、動画を見た後、これほど訴求力の強いストーリーになったのは音楽のせいだと主張する人がいると思ったからだ。しかし無音で見ても、このストーリーは私の心を打った。ジュアンとサラのストーリーの展開には、私を昔に引き戻す何かがあった。あの動画を見ていると、私はたちまち高校一年生のころに戻ってしまう。アンディ・Kが私にグレープソーダの缶を手渡して微笑んだときの、スリルと無邪気さと美しさが蘇ってくる。私たちのストーリーはプロポーズには至らなかったが、動画に自分を重ね合わせて思い出をたどる旅に出かけ、感情を揺さぶられた。それはまさしく当時のエクストラの目標であり、その目標は圧倒的なスケールで達成された。

このストーリー、このジュアンとサラのあれこれが、実はガムの話だということを思い出してもらいたい。あなたが知らず知らずに購入し、適当に噛んでいるその商品、そのエクストラが売り上げに差し引きでプラスの効果を求めるなら、消費者と感情的につながり、彼らの無意識の購買習慣を断ち切る必要があった。ではどのようにして、人間の心をガムに結びつけるのか？　ストーリーを語ればいいのだ。ジュアンとサラのストーリーを。そのうえで、ストーリーのなかにそっと商品を忍ばせておく。動画の始めには、一枚のガムが共有されていた。そして、ラストシーンに登場するスケッチも――私自身がほぼ見落としていたので、言い忘れていたが――エクストラを包むホイルの内側に描かれていた。そう、ガムはちゃんと存在していたけれど、それ以上にはるかに大切なのがストーリーだった。

これは、ストーリーを語るときの宿命だ。

エクストラはオリジナルの動画を撮影し、さらに一五秒、三〇秒、六〇秒の異なるバージョンを制作した。二分バージョンのインパクトが最強だということは予想できたので、彼らはその長編版を中心に大規模なデジタル広告キャンペーンを立ち上げた。多くの視聴者がストーリーの全容を知った段階で、短編版がテレビで流れ始めるという流れをねらっていた。

反響は、エクストラがこれ以上望むべくもないものだった――ツイートされ、リツイートされ、フェイスブックに投稿され、あのエレン・デジェネレスからもツイッターで感想が寄せられた。動画はＹｏｕＴｕｂｅの視聴者投票により、その年の「心温まる」広告賞に選ばれた。

人は誰でも社会から愛されたい。いいねを押されたり、シェアされたり、コメントされたり、リツイートされたりすれば嬉しくなる。だがエクストラにとっては、売り上げのギャップを埋めることが何より大きな関心事だった。このキャンペーンの成功を測るものは、人々がエクストラガムのパックを買ったかどうかという一点にしかなかった。決定的な瞬間に――真の意味でギャップが埋まる瞬間に――、果たして消費者はエクストラを買っただろうか？

答えは？　もちろん、彼らはエクストラを買った。

二分間の動画は、これまでに一億回以上視聴されている。そしてもっと重要なのは、エクストラの売り上げが減少から増加に転じたことだ[8]。

それはまちがいなく、おとぎ話のようなハッピーエンドだった。

理由から仕組みへ

ストーリーテリングには、訴求力が強く、実用的だという利点がある。そしてこれらの利点は事実上、本書がなぜ書かれたのかという問いへの答えになっている。ストーリーテリングは、既存のビジネス構築ツールのなかでも屈指の影響力を持つ。顧客や利害関係者や人材を魅了し、感化し、変容させるばかりか、ビジネスのギャップに長続きする橋まで架けてくれる。

しかし、それはどうしてなのだろうか？　ストーリーのような単純なものが、それほどの強い影響力をビジネスに与えるのはなぜなのだろうか？　その仕組みを理解するため、同時に自分だけのストーリーを見つけて語るというプロセスを始めるためには、ストーリーの源まで旅をする必要がある。そこは語り手のなかにストーリーが生まれる場所、受け手のなかにストーリーが収まる場所――つまり、脳だ。

第2章　脳に立ち返る――ストーリーに操られた脳が、魅了され、感化され、変容するまで

Once Upon a Brain: Storyhacking the Nervous System to Captivate, Influence, and Transform

物語は脳の言語だ。

――リサ・クロン、『ストーリー・ジーニアス』（フィルムアート社、二〇一七年）著者

二〇一四年の夏、マリコパ医療センターは苦境に立たされた。はっきり言えば、それは何ら珍しいことではなかった。郡レベルや地区レベルの病院は、ほとんど常に苦境に立たされている。病院のつくりはみな同じではなく、アメリカで郡立病院を経営する人は食物連鎖の下位にいる可能性が高い。つまり、苦労しやすい位置にいるということだ。

これは結局、人口動態の問題である。きちんとした保険に加入している裕福な人や、勤務先でしっかりした保険に加入している人にとって、郡立病院は通常、治療のための最初の選択肢

にはならない。一方で、医療保険にほとんど加入していないか、あるいは未加入の低所得層にとって、郡立病院は唯一の選択肢となる場合が多い。大半の郡立病院と同じく、マリコパも医療のセーフティネットとして機能している。

郡立病院という立場にありながら、アリゾナ州マリコパにあるマリコパ医療センターは並々ならぬ高い評価を受けている。やってくる患者は年間でおよそ二万人。多くの専門医や専門部署を取り揃え、そのうちの熱傷センターは国内で二番目の多忙さと、九七パーセント以上の患者生存率を誇る。アリゾナ州で最も古い総合教育病院であるマリコパは、毎年素晴らしい医師を育てることでも知られる。ほぼどんな基準から見ても、マリコパは小規模な郡立病院という立場にはそぐわない。この病院は多忙で、影響力があり、その素晴らしさを全国に知られている。

しかし郡立のあらゆる医療施設と同じく、マリコパが終わりのない資金探しを続けていることも事実だ。ほぼ貧困者で構成されるコミュニティのセーフティネットとして機能しながら、同時に経営を安定させるのは、やはり簡単ではない。

そこに登場するのが、ＭＨＦ（マリコパ健康財団）だ。病院本体が公的資金を得るために活動するかたわらで、ＭＨＦは民間資金を集めて病院を支援する。その使命の一環として、ＭＨＦは毎年、資金集めを目的としたコパ・ボールという夕食会を開く。コパ・ボールの開催は、財団の重要な取り組みのひとつだ。しかし二〇一四年には、その年の資金集めが難航するのではないかと心配された。

郡立病院のための資金集めは基本的に厳しい。芸術財団や有名な慈善事業への寄付とは異なり、郡立病院の頻繁な利用者、つまり本来であれば病院を最も経済的に支えているはずの人々がそこに通っているのは、彼らが余剰資金を持たないからである。サービスを利用する人々と、サービスの利用料をまかなう人々が同じでない場合はいつでも、資金集めは難しくなる。

この問題に対処すべく、ＭＨＦは二〇一三年のコパボールに医師を登壇させ、彼らの仕事について話をさせた。医師たちはみずからの職務の緊要性を語り、彼らが必要としている技術Ａや、重要な機器Ｂがどれほど医療に欠かせないかを訴えた。そうして最後に、聴衆に向かって財団への寄付を呼びかけた。

聴衆には医療関係者や地元の専門家が多くいたので、医師のプレゼンは功を奏するものと見込まれた。信用性は？　問題なし。関連性は？　問題なし。小切手を渡したくなる？　いいや、そうでもない。資金は集まるには集まったが、財団が期待していた金額には届かなかった。

この年、マリコパは別のルートでも資金集めに挑戦していた――約一〇億ドルの地方債発行を州の住民投票に付したのだ。保守的なアリゾナにおいて、この債権への支持はあまり広がらなかった。可決に必要な票数を獲得するには、一流のマーケティング努力や不断の草の根活動を行うしかない。そして当然、一流のマーケティングやノンストップの何らかの活動には、多額の資金が必要になる。これは何を意味するか。二〇一四年のコパ・ボールの夜に宴会場に着席する人々は、すでに何度も寄付を頼まれた人々、債権のためのマーケティング活動を支援してほしいと頼まれてきた人々ということだ。したがってこの年に登壇する人は誰であれ、経済的にも頼み事にも疲弊しきった六〇〇人に向かって、話をすることになる。

ＭＨＦと面談したとき、私がとりわけ関心を寄せたのは最初の問題だった——低所得者を中心とする利用者と、高所得者を中心とする潜在的寄付者とのギャップである。私が見たところ、財団の課題は、単にお金を分けてもらえるよう人々を説得することでも、寄付の重要性を理路整然と述べることでもなさそうだった。合理的なアピールにはちがいないが、それを行ったところで、前年の冴えない成果を繰り返すだけに終わるのではないかと感じた。

それで私はＭＨＦにこう話した。去年のコパ・ボールの出席者は思いやりに欠けていたわけではありません。そして大方のみなさんの予想に反して、彼らはお金がなかったわけでもありません。人は自分が気にかけている大義のためなら、常に何かを与えようとするものです。いまみなさんがとるべき行動は、寄付をしてくれる人と病院とのギャップを埋めることです。自分はただ人格をもたない事業体にお金を出しているのではない、自分の病院、自分が大切にしている病院にお金を出しているのだと、寄付をしてくれる人に思ってもらわなくてはなりません。

そのギャップが、ストーリーを通じた橋渡しに適しているのは明らかだった。なぜなら、ＭＨＦものちに理解するように、ストーリーは人間の脳内の特別な場所に作用するからである。

上空一万二〇〇〇メートルでの号泣——ストーリーが脳を動かす仕組み

女子映画《チック・フリック》はお断りだ。

ポール・ザックは妻と結婚する六年ほど前、彼女に向かってそう言った。恋愛映画に連れて行くのは、自分ではなくて女友達にしてくれ、というわけだ。ザックが求めていたのは刑務所映画かボクシング映画、スタローンかシュワルツェネッガーであって、ニコラス・スパークスではなかった。[1]ところが、カリフォルニアへ戻る遅い時間の飛行機の中で、彼の何かが変わった。神経科学者であるザックは、「飛行機で最も隣に座られたくないタイプの人間が自分だと思い知った」と言い切っている。

ワシントンD.C.での五日間の任務を終え、疲れ切ったザックは、仕事を放り出し、ノートパソコンでお気に入りのタフガイ映画を見始めた。クリント・イーストウッド監督のアカデミー賞受賞作『ミリオンダラー・ベイビー』である。映画がクライマックスを迎えると、ザックは泣きだした。ただ泣いていたのではない。抑えきれないほど声を上げて、あるいは本人が述べているように「大きくしゃくり上げながら情けない声を上げて」泣いていたのである。[2]

ザックの研究成果として名高いのは、哺乳類の脳の視床下部でつくられる小さな神経化学物質のオキシトシンが、母子の絆を結ぶ以上の役割を果たしているという発見だ。オキシトシンが信頼の感情によって脳内で合成され、互恵主義を促進させることを明らかにした。ザックが証明したように、オキシトシンは基本的に、社会性にかかわる化学物質である。それは私たちが絆や信頼や愛を育むのに役立つ。ちなみにザックも、その研究によって「ドクター・ラブ」と呼ばれるようになった。飛行機での劇的な体験の後、ドクター・ラブはこんな疑問を抱き始めた。私たちが映画を見ているとき、脳内ではオキシトシンが放出されているのだろうか？

だから私たちは泣いてしまうのだろうか？

その謎を解明すべく、ザックは大学院生のグループと協力し、被験者に小児病院の動画を見てもらうという実験を考案した。動画にはひとりの父親が登場し、末期の脳腫瘍を患った二歳の息子ベンについて話をする。

「このストーリーには、お決まりの感動的な起承転結がある」とザック。「父親は息子と懸命に関わろうとし、一緒に楽しく過ごそうとしている。一方で、彼は息子の余命があと数カ月しかないことを知っている。息子に感情的に寄り添い続ける強さを手に入れた父親が、『彼が息を引き取る瞬間』を見届けて、動画は終了する」[3]

言うまでもなく、この動画には、見る人の感情を強烈に揺さぶるストーリーがあった。

別の被験者のグループは、ベンと父親が動物園で一日を過ごす動画も観賞した。この動画もそれなりに心を打つものだったが、最初の動画ほどの感動は呼ばなかった。最初の動画が物語仕立てであるのに対し、二本目は事実の描写が中心だった。

ザックのチームは、両方のグループの血中オキシトシン濃度を、動画の観賞前と観賞後にそれぞれ測定した。すると、最初の動画を――物語仕立てになっているほうを――見た後、被験者のオキシトシン濃度は四七パーセント上昇したことがわかった。

しかし、ビジネスにとって大きな意味を持つのは、そこから先の展開だ。オキシトシン濃度が上昇すると、被験者の行動が変わり始めた。最初の動画を見た人たちは、他人に対して以前より寛大になり、がん患者の支援団体に以前より多くの金額を寄付するようになった。言い換えれば、ストーリーが人々のつながりを強め、彼らをより信じやすく、より寛大な性格に変えたのである。

まずは注意を引くことと……

当たり前の話だが、他人に何らかの影響を与えたければ、まず注意を引かなくてはならない。注意を引いてからでないと、感化することはできない。そもそも誰ひとりあなたを見ていなかったら、信頼など得られるはずもない。

ストーリーは、この点についても私たちの味方になってくれる。

あれから実験を重ねたザックの指摘によると、人々は公共広告を見た後でも、慈善事業に寄付する金額を二六一パーセント増加させた。その際、彼らの血中濃度を測ると、オキシトシンだけでなく、コルチゾール（注意力と関連がある物質）にも上昇が見られた。[4] つまり、これは単一の要因から得られた結果ではなく――注意、そして信頼の両方が必要だったということになる。

ストーリーは注意を引きつけ、信頼にもとづいた絆を人と人のあいだに形成する。ストーリテラーは古くからそれを承知していて、ザックが研究室で示したのは、その神経科学的な根拠だった。端的にいえば、ストーリーが人々をどのように魅了し感化するかを、ザックの研究は明らかにしたわけだ。

少量のコルチゾールでいったん他人の注意を引けば、オキシトシンを利用していったん信頼を勝ち取れば、彼らはあなたにもっと多くを与えるようになる。だからといって、あなたは他人を研究室に引きずり込む必要はないし、神経化学物質を投与して彼らの行動を変える必要もない。あなたがとるべき唯一の行動は、ストーリーを語ること。それは、ＭＨＦのとった行動でもあった。

ストーリーで操るチャリティ

コパ・ボールの形式は、多くのチャリティー・イベントと似ている。講演者は短いスピーチをしてから、寄付のお願いやリクエストを行う。出席者が小切手帳や、寄付アプリの入ったスマートフォンを取り出したところで、別の講演者が壇上に上がる。出演者が各自の役割を果たし、司会者が寄付を呼びかけるという点で、小規模なテレソン（中断されることなく長時間放送されるテレビ番組）のようでもある。

ただし、このモデルが効果を発揮するのは、講演者が期待どおりの仕事をしたときだけだ。単にスピーチで大義を支持し、その重要性を強調してもうまくはいかない。そうＭＨＦを説得するのが私の仕事だった。ポール・ザックの研究のとおり、ストーリーで聞き手の脳と心を変え、注意と信頼を高め、最終的に寛大さを高めることが、寄付を増やすための鍵になる。そこで私はＭＨＦに説明した。論理や信用性やレトリックを使っても、あなたがたの大義が去年以上に重要なものとして伝わることはないでしょう。でもストーリーを利用して神経系そのものを操れば、人々と深いレベルでつながることができ、彼らの信頼や寛大さを高められます、と。

財団とのミーティング後、私は彼らに、経歴だけで講演者を選ぶのではなく、語られるべきストーリーの種類にもとづいて枠を埋めてはどうかと提案した。最初に人を選ぶのではなく、ストーリーを選ぶべきだと勧めた。

いくつかのストーリーのアイデアを念頭に置き、ＭＨＦは講演者の選定に乗り出した。その結果、彼らが本当に必要としていたのは医師ではないとわかった。そのため二〇一四年のコパ・ボールには、元州務長官、マリコパで大がかりな顔の形成手術を受けた青年、地域の著名人などが講演者として名を連ねた。

前年と同じく、講演者はいずれも信用性の高い人物だった。社会的にも人口動態的にも、このイベントに出席する寄付者と同じレベルにいると思われる人たちだ。しかし、二〇一四年の講演者にはさらに優れた点があった――彼らはストーリーを持っていた。それから数週間にわたって、私は各講演者とミーティングを重ね、コパ・ボールのための魅力あるストーリーづくりを手伝った。

そうしてやってきたコパ・ボール当日の夜。私は不安な気持ちで部屋の奥に立ち、講演者たちを心配していた。しかし、自分が聞かせてもらい、育んできた彼らのストーリーを、満員の六〇〇人の聴衆に体験してもらえると思うとわくわくした。

この夜の最初の講演者は、数年前にマリコパ医療センターで治療を受けた患者だった。彼は二〇代前半のとき、バーでけんかを仲裁しようとして悲惨な目にあった。ひどく殴られ、顔面を潰され、眼窩を骨折したのだ。

彼がマリコパに到着したとき、すぐに手術が必要なことは明らかだった。ただひとつ問題があった――彼は保険に入っていなかった。形成手術には、とてつもなく高額な費用がかかる。高校を卒業したばかりで無保険だった彼にとって、とても支払えない額だ。そうなれば彼は、損なわれた外見のまま人生を歩んでいかなければならない。

講演に立った男性は、保険に入っていないことや手術代を払えそうにないことを医師に伝えたときの様子を説明した。「先生はただ僕の肩に手を置きました」。彼は回想する。「そしてこう言ってくれたのです。『あなたを元どおりにするのが私たちの義務だ』と」

その夜の舞台照明の下でも、たとえ接近しても、マリコパ医療センターの医師によってこのハンサムな男性の顔の内側に慎重に入れられた金属のプレートは、まったく確認できなかった。それでも、彼の目が涙でわずかにかすんでいたことは、その場にいる誰からも確認できた。自分が保護を求めているときに、かつてないほどに保護されたいと望んでいるときに、守ってくれる誰かがいると知ったときの気持ちを男性は語り、聴衆に魔法をかけた。

彼が寄付を呼びかけると、凄まじい反響があった。

次の講演者はベッツィ・ベイレス。アリゾナの元州務長官であるベイレスは、信用のかたまりのような人物だった。彼女はＭＩＨＳ（マリコパ統合医療システム）の元最高経営責任者でもあったが、この点がスピーチにおけるひとつの課題になった。おそらくベイレスにとってはるかに魅力的で、はるかに安全だと感じられるのは、自分が熟知しているレトリックに回帰して話をすることだろう――専門的なビジネス用語を使い、病院の成し遂げた大きな業績や、寄付が必要な理由について話したかったはずだ。しかしベイレスは、旅慣れない道を進むと決めた。元ＣＥＯや元州務長官としてではなく、ひとりの娘としてストーリーを語った。

この講演の数年前、ベイレスの父親は脳卒中で倒れた。ただちに治療が必要だったが、彼女は救急隊を呼ばなかった。通報すれば、父親は最寄りの病院に――高額な私立病院に――搬送されるとわかっていたからだ。ベイレスはそうするかわりに、父親を車いすから自家用車に移し、マリコパ医療センターまで過酷な旅をした。

「到着すると」ベイレスは振り返る。「先生が縁石に立って待っていてくれました。みなさんの愛する人が助けを求めているとき、必死に助けを求めているときに、マリコパには待っていてくれる誰かがいます。それを知ったときの気持ちを、みなさんに想像できるでしょうか」

聴衆は再び感情を露わにし、寄付を行った。

最後に、マリリン・シーマンが講演に立った。博士号を取得し、数十年にわたって金融業界や政府で働いてきたシーマンは有名で、尊敬されるフェニックスの宝だった。だが彼女のメッセージは、ありきたりで高尚な寄付の訴えとは違っていた。シーマンは、友人との散策中に車にはねられた日についての個人的なストーリーを共有した。救急車には対応できないとの理由から、彼女は自分で選んだ病院には搬送されず、現場から最も近い病院に運ばれた。そこがマリコパ医療センターだった。

シーマンは、医師から受けた手厚いケアの内容をストーリーとして語った。その夜、三度目の寄付が呼びかけられると、聴衆はステージにお金を投げんばかりの状態になった。

驚くべき成功を収めた夜だった。涙と笑いと善意にあふれていた。上空一万二〇〇〇メートルでポール・ザックを泣かせたのと同様に、ストーリーはオキシトシンの電流をすべての聞き手のあいだに流し、感情的なつながりをつくった。コパ・ボールの歴史上、過去に類を見ない方法で、聴衆は魅了された。喪失、希望、救済のストーリー、聴衆はストーリーの語り手とつながった。

実際、それは単なるつながりの形成ではなく、強力な同期であったといってもおかしくはないだろう。プリンストン大学の神経科学者であるウリ・ハッソンが示したように、ストーリーテラーの脳と聞き手の脳は同期することがある。[5] ストーリーによって私たちは互いにそっくりになるだけでなく、互いに好意すらいだいてしまう。私たちは似たもの同士になる。ポール・ザックはこう述べた。「ストーリーに注意を向け、登場するキャラクターに感情移入するようになったら、あなたはきっともう物語の世界に引き込まれている。ジェームズ・ボンドが銃弾をかわすとき、あなたが手のひらに汗をかくのはそのためだ。バンビの母親が死んだとき、あなたがすすり泣きをこらえるのはそのためだ[6]」

ジェームズ・ボンドのアクションや、信じられないほどかわいいバンビは登場しなかったものの、コパ・ボールはそれらと同じ脳の仕組みを利用した。収益を計算したところ、集まった寄付額は前年の二倍以上にのぼった。

長続きする変化

その夜、講演者たちが語ったストーリーは、ＭＨＦが必要としていた橋を架けた。しかし、ストーリーテリングが寄付を巧みに引き出す仕組みについては、ポール・ザックにも研究で解明しきれない部分があった。「考えてみてほしい」。彼は書いている。「寄付という行為はとても奇妙だ……慈善事業にお金を寄付しても、こうした演者を架空の困難から解放する手助けにはならない……にもかかわらず、オキシトシンの作用によって、人々は具体的に費用をかけて他人を助けたくなってしまう[7]」

こういう言葉で、ザックはストーリーの長続きする効果について語った。成功する橋渡しに欠かせない三つ目の要素、つまり脳の変化がもたらす変容のことである。ストーリーによって脳内に分泌されるオキシトシンは、ＨＯＭＥ（ヒトオキシトシン媒介共感）と呼ばれる別の回路も活性化する。この回路ではとりわけ、記憶の強化に関わる神経化学物質のドーパミンが使われる。ドーパミンは、何か注目すべき物事が起こるたびに私たちに小さな衝撃を与え、学習を促進させる。

言い換えれば、ストーリーの効果が長続きしやすい理由は、耳にしたストーリーが私たちの記憶に定着しやすいからである。これは、ストーリーテリングの極めてパワフルな特徴だ。コンピューターの記憶装置がなかった時代を考えてみよう。写真、本、書き言葉すらなかった時代を考えてみよう。どの時代にも、口頭で語られ、世代から世代へと受け継がれてきたストーリーが見つかるはずだ。なぜか？　記憶に残りやすいからである。だから長続きした。人間はストーリーに教えを学び、必要なときにその教えを思い出すことができた。

ストーリーの教訓は、種の進化に有利な影響を与えうる。病院の寿命を変える力を持っている。ストーリーは脳を魅了し、感化し、変容させるからだ。

ザックが非常に雄弁に語ったように、「物語が終わっても、その効果は続く」のである。[8]

平凡なストーリーではなく……

これまでの話には、ひとつ問題がある。

ストーリーが脳を魅了し、感化し、変容させるとはいっても、そのためには重要なポイントがふたつあることが、ストーリーの神経への影響を調べた結果からわかっている。ひとつめに、それは本物のストーリーでなければならない。ご存じの人もいるだろうが、会議や月曜朝のミーティング、パワーポイントのスライドや大量のテキストが登場する場で話し合われるのは、必ずしもストーリーではない。

ふたつめに、ストーリーはみな同じにできてはいない。

最悪なストーリーも存在する。

というより、多くのストーリーは最悪だ。

神経学が脳とビジネスについて私たちに教えてくれるのは、要するにこういうことである――あなたはストーリーを利用しなければならないし、しかもそれは優れたストーリーでなければならない。

ここに疑問が残る。ストーリーとは正確には何なのか？　どうすれば素晴らしいストーリーを語れるのか？

第3章　偉大なストーリーの条件——そして、子犬やスーパーモデルがストーリーにいつも勝てない理由

What Makes a Story Great: (And Beats Puppies and Supermodels Every Time)

ストーリーテリングの力とは、まさにこういうものだ——他のすべてが崩れ去った場所に橋を架ける

——パウロ・コエーリョ

私の父方の祖母は大のスポーツファンだった。頭の働きが鈍っても、ミネソタ・ツインズとミネソタ・バイキングスの選手については、ひとりひとりの名前や成績を忘れなかった。やがて孫のことはほとんどわからなくなってしまったが、選手が歩く姿を見れば、それが誰かを見分けられた。

祖母と過ごす日曜日に、私は初めてアメリカンフットボールと出合った。のちに私と付き合

うようになったマイケルも、日曜日にはソファでアメフトを見ながら過ごすのを好んだ。何か別のことをしたいと私にせがまれないよう、マイケルは試合の背後にあるドラマを私に話して聞かせた。どんな駆け引きがあって、どんな遺恨があって、どんな裏切りがあって、どんな犠牲者がいるのか。そのストーリーを知った途端、私はたとえ誰に望まれてもアメフトから離れられなくなった。ばかみたいな話だが、マイケル自身がそれを望んだこともあった。でも私がテレビに向かって怒鳴るのは、試合中ずっとではないらしい。ある特定の瞬間だけだ。「ざまあみろ、トニー・ロモ！　ジェシカ・シンプソンを捨てたからだ！」。「セインツ⁉　セインツ⁉　いい加減な名前‼　ファーブにケガさせたんだから地獄に落ちるよ」。カージナルスとスティーラーズが対戦した第四三回スーパーボウルでは、私は声を枯らすほどに応援し、けんかにまで巻き込まれそうになった。

　自分でもどう説明したらいいかわからない。私はとにかく、大一番で生まれる悲劇と勝利のドラマにはまりやすい性格なのだ。しかしそれは私だけではない。スーパーボウルは、アメリカ国民の大多数を熱狂させる。とくにギャンブル好きな人の場合、その熱狂はかつてないレベルに達する。

　シアトル・シーホークスとデンバー・ブロンコスのあいだで争われた二〇一四年のスーパーボウルは、ギャンブラーにとって厳しい試合となった。彼らの三分の二はブロンコスの勝利に賭けていた――が、結局その選択は誤り[1]で、彼らは大損をした。ギャンブラーにとってスーパーボウル史上最悪の日となったこの日、シーホークスはブロンコスを粉砕し、スーパーボウル史上に残る大逆転劇を演じて第四八回大会を制した。かたやブロンコスは、スーパーボウルでひと桁得点に終わった過去三〇年で唯一のチームとなった。これは痛い。

ほとんどのアメリカのギャンブラーにとって、この試合は悪夢だった。しかし、オッズメーカーが試合そのものの見方を誤ったように見える一方で、ある男は、試合と直接関係のない賭けを的中させていた——彼が正確に予想したのは、二〇一四年の放送でどのコマーシャルが一番人気になるかだった。

四億なんて安いもの？

スーパーボウルは一種のマーケティング現象だ。どの年も、アメリカ人の三分の一以上が試合を視聴する——これは驚異的な数字である。単純に視聴者の目に触れることを目的とするなら、広告主にとって夢のような機会といえるだろう。だがそれだけではなく、スーパーボウルは他の放送イベントにはない特別な性質を持っている——視聴者はコマーシャルを本気で見たがっているのだ。

およそ考えにくいことだが、真実だ。スーパーボウルを見ながらホームパーティーをした経験のある人なら、その奇妙な現象を実際に目撃したことがあるだろう。スーパーボウルのＣＭが放送されているとき、視聴者は普段ＣＭが流れているときよりも静かになる。テレビの前にいてそんな瞬間に出合うのはめずらしい。

視聴者数が多いことに加え、集中して見てもらえるとあれば、広告主にとってこれほどマーケティングがしやすい環境はない。スーパーボウルのCMは注目度抜群であり――業界関係者による解説は試合本番の数週間前から始まる――そこに登場したという事実だけで、ブランドはマーケティング的に一定の信用を得られる。スーパーボウルのスポットCMは、企業やその企業から指名された広告会社に、お金では手に入らない名声を与えるわけだ。

ただもちろん、お金で手に入れることも現実的には可能だ。それがこの話のポイントである。二〇一四年には、放送される三〇秒のスポットCM一本あたりに四〇〇万ドル（約四億二〇〇〇万円）という記録的な高値がついた。あらゆる視聴者の目に触れるとしても、スーパーボウルのCMが売り上げにつながるという明確な証拠がないかぎり、これは高い買い物だ。フォルクスワーゲンは、ダースベイダーに扮した子供が登場する秀逸なコマーシャルのおかげで、一億ドル（約一〇五億円）の利益増につなげたという[2]（そう、ダースベイダーの衣装はブランドにとって有利に働くこともあるのだ）。とはいえ、利益の計算はせいぜい希望的観測にしかならない。うまく計算したとしても、大一番でのCMはやはりギャンブルの要素が強くなる。読みを外せば、数億円を失う。もっとこわいのは、読みをすっかり外して、一億人の前で面目を失うことだ。オッズメーカーと同様、世の広告主にとっても、スーパーボウルはひとつの大きな賭けである。

アンハイザー・ブッシュの関係者の多くも、そうした事情を念頭に置いて、二〇一四年のスーパーボウル用に「パピー・ラブ」というCMを制作したにちがいない。大きな賭けになるのは例年のことだったし、ブランドには守るべき評判もあった。クライズデールをテーマにした彼らのスーパーボウル用ＣＭは、それまで毎年ヒットを記録していた。アド・メーターによるＣＭ好感度ランキングでも、彼らのＣＭが五位以内に入る回数は、過去一〇年間でどのブランドをも上回っていた。

それだけに、アンハイザー・ブッシュの次回作の人気は約束されたようなものだった。関係者の尽力があったこともたしかだろう。だが「パピー・ラブ」を詳しく分析すると、その成功を誰もが予測できるような理由がいくつも見えてくる。[3]

まず、このコマーシャルはとにかくかわいい。なんと今回の主役はラブラドールの子犬なのだ。このスポットＣＭはかわいいだけでなく、映像監督のジェイク・スコットが手掛けた本格的な作品でもある。面白いことに、第一八回スーパーボウルで放送されたアップルの有名なＣＭ「一九八四」を監督したのは、ジェイクの父親で著名な映画監督のリドリー・スコットだった。カメラの前に立つ人間のキャラクターには、元水着モデル兼女優のゴージャスな女性や、ハンサムでたくましい男性を取り揃えた。その背景では、イギリス人歌手パッセンジャーによる美しい曲「レット・ハー・ゴー」が流れ続ける。

つまり、このＣＭは多くのそれらしい理由にもとづいて、成功を予想されていたわけだ。

しかし、ジョンズ・ホプキンス大学のマーケティング教授兼研究者であるキース・ケセンベリーにとって、このＣＭが成功すると考えられる理由は先に挙げたどれでもなかった。彼はコマーシャルが気に入られることを事前にはっきり予想していたが、それはかわいい子犬やセクシーな人間の力ではなく、ストーリーが使われているからだと考えていたのだ。[4]

ストーリーテリング万歳！

いまあなたは、まぎれもなくストーリーテリングに関する本を読んでいる。ストーリーテリングに関する本を買うような人は、ストーリーの力を信じている人か、最低限でもそのアイデアに興味を持っている人だろう。あなたはすでにストーリーの可能性に引きつけられたり、投資したりしているので、「ストーリーテリング万歳！」と叫ばれても驚かないかもしれない――事実、あるコマーシャルが勝者に選ばれるのは、それがストーリーを語っているからだ。

だが第1章で説明したように、橋をつくってギャップを埋める過程での問題は、このようにストーリーが気軽に受け入れられるようになったことから始まっている。「ストーリーテリング」は何をするうえでも正しい言葉、万能薬とみなされ、結果として誰もそれに異議を唱えなくなってしまった。まるで、ストーリーを語ることが絶対の正解であるかのように。

こうしたストーリーテリングの盲目的な受容が最近始まったのだと知ったら、あなたは意外に思うかもしれない。でも、始まったのはごくごく最近の話だ。

二〇一四年のスーパーボウルから一〇年前、二〇〇四年の一二月。帰省して一カ月の休暇を取る予定だった私の前に唯一立ちはだかっていたのは、修士論文の最初の審査会だった。

それは名前の響きよりはるかに恐ろしいイベントだ。

大学院生は、年度の前期を調査データの収集と分析に費やし、後期には試したいアイデアについて二〇ページの予備論文を執筆する。そして審査会では、学部の主要な教授と面談を行い、自分の試したいアイデアや調査内容について一時間以上の指導を受ける。最初の審査をうまくこなせば、研究を続けることを支持してもらえる。うまくいかなかったら？　その瞬間に研究は死を迎える。

私の論文は、組織の社会化におけるストーリーテリングの役割を考察するというものだった。ストーリーが企業文化を構築するうえで、良い面でも悪い面でもどんな役割を果たすのかを見極めたかった。今日なら、決して眉をひそめられるようなテーマではないだろう。いまでは誰もが企業文化を追求しているし、ストーリーテリングは存在するもの、存在すべきもの、あるいは生まれようとしているものとして広く受け入れられている。ところが、二〇〇四年当時はそうではなかった。

あのとき着ていた服は思い出せない。あの部屋に誰が座っていたかも完全には思い出せない。けれど、私が理事室のテーブルの上座に腰を下ろしたときの、重い空気は忘れられない。私の論文指導教官であるひとりの教授は、出席した他の教員を歓迎し、お礼の言葉を述べていた。しかし、この教授がテーブルのペーストリーを指差す前に、「これは学生たちが買ってきてくれました」と紹介するよりずっと早く、別の教授は私に「君の論文の前提には同意しかねる」と言った。

ドラマ『ＥＲ』はほとんど見たことがなかった。だがこれはあの不穏な瞬間、心電図からのビープ音が一定の単調な警告音に変わった瞬間にそっくりだと私にもわかった。波形が平らになった！　患者は死んだ。悲しい音楽が流れる。

部屋は静まり返った。全員がペーストリー越しに私を見つめた。教授はそのまま言葉を続け、私が何週間もかけて書いた文章を、それこそ人生を懸けて書いた文章を直接読み上げた。「人間とは、本来ストーリーを語る生き物だ」。違う、と彼はあざ笑った。「文化はストーリーを通じて意味を理解し、共通の意味を創造する」。違う、と彼は言った。

私はそれから一時間にわたって戦った。ストーリーテリングのために。その正当性のために。私たちの生活や仕事において、人間らしさの意味において、ストーリーテリングが果たす役割のために。ストーリーは研究しがいのある現象だということ、投資しがいのある技術だということを主張した。私の仮説はこうだった。人間がストーリーを語るのは記憶するためだ。人間がそれを語るのは協力しあうためだ。人間がそれを語るのは楽しませるためだ。人間がストーリーを語るのは教えるため、分け合うため、そして生き残るためだ。

私たちホモ・サピエンスが事実上、いまなお存続しているレースにおいて進化の勝者となったのは、ストーリーを語り合う能力のおかげである。ストーリーを語る能力があったからこそ、人間は「たんに物事を想像するだけでなく、集団でそうできるようになった」。これはユバル・ノア・ハラリが、二〇一五年のベストセラー『サピエンス全史』（河出書房新社、二〇一六年）で述べた言葉である。四四三ページのうちたった二四ページながら、彼はこの本でストーリーテリングについて言及している。

「虚構、すなわち架空の事物について語るこの能力こそが、サピエンスの言語の特徴として異彩を放っている……そのような神話は、大勢で柔軟に協力するという空前の能力をサピエンスに与える」。つまり「無数の赤の他人と著しく柔軟な形で協力できる」。

ハラリはこう認める。「効力を持つような物語を語るのは楽ではない……とはいえ、この試みが成功すると、サピエンスは途方もない力を得る。なぜなら、そのおかげで無数の見知らぬ人どうしが力を合わせ、共通の目的のために精を出すことが可能になるからだ。想像してみてほしい。もし私たちが、川や木やライオンのように、本当に存在するものについてしか話せなかったとしたら、国家や教会、法制度を創立するのは、どれほど難しかったことか[5]」

私はハラリに会ったことはない。いつか街でばったり出会えたらいいなと思っている。何を話すかはもう決めてある。「『サピエンス全史』、素晴らしかったです。なぜ六年早く出してくれなかったのですか？」

そのタイミングで出版されていたら、私はあの本を存分に利用できただろう。私はそのとき攻撃するための材料を必要としていた。自分の将来の運命を実質的に握っている強力な教授陣に囲まれ、大学の理事室にひとりで座っていた。彼らには、私に研究を続けさせる力も、私を振り出しに戻す力もあった。そうして私の人生に取り返しのつかない遅れが生じたとしたら、それは教授たちがストーリーテリングの重要性を信じていなかったためであり、私がその重要性を彼らに理解させられなかったためである。

あの日、自分が何を話したのかよく覚えていない。ただ何を話したにしても、幸いにしてそれで十分だと判断された。私は論文を進めることを許され、予定どおりに卒業できた。

あの一二月の日、ストーリーテリングに関する論文の妥当性を争っていたのは、部屋の中で私ひとりだった。けれど、二一世紀初頭のストーリーテリングの提唱者に話を聞けば、ストーリーテリングの価値、特にビジネスでの価値を主張するのが当時どれだけ難しかったかを教えてもらえるだろう。それはおかしな話だったが、実際にそうだった。当時は一致した見解として、情報が多ければ多いほど、意思決定の精度が高まると考えられていた。ビジネス成功の秘訣は、消費者やチームメンバーや人々に対して、与えられる選択肢と、その選択肢についての情報を増やすことだとされていた。

ビジネスは論理がすべてだった。

ところが、それは突然変わった。

ストーリーの王様は裸だ

あれは数年前のことだ。私は近所のコーヒーショップに座って、ＭａｃＢｏｏｋＰｒｏをテーブルの上に置き、イヤホンを装着して仕事を片づけようとしていた。でももっと良い方法があるのは知っていた。少しでも仕事をすませる気が本当にあったなら、私は図書館に行くか、あるいはせめて近所の別のコーヒーショップに行っていただろう。そのどちらもしなかったので、結局私はさまざまな場所で知り合った人たちとお喋りに興じ、仕事はまったく捗らなかった。

　他人にお金を払って子供を見てもらいながら自分は人付き合いを楽しんでいる、という状況に私がちょうど罪悪感を感じ始めたころ、知った顔が店に入ってきた。彼は商業不動産開発業者で、私がトレーニングに通っていたスピン・スタジオで知り合った。私たちはなごやかに会話し、その週に参加したスピン・クラスについて（彼の場合は参加しなかったクラスについて）話した。いま何をやっているところなのと聞かれて、私はストーリーテリングの話題を持ち出した。私がそれに関わっていることを彼は知っていたし、実際、私の著書も何冊か読んでくれていた。

「実は」と彼は言った。「空港でストーリーテリングの本を買ったばかりなんだ。もっと上手なストーリーテラーにならなきゃと思ってね」

　彼が話している本のことは知っていた――当時出ているのは一冊しかなかったから。そして、その本が彼にはあまり役立たないことも知っていた。

　たしかに、その本にはストーリーテリングという言葉が多用されていた。一般的にストーリーと考えられそうなものの例も掲載されていた。しかしそれを読み終えても、読者が二五ドルを払ってその本を購入したときに持っていた疑問は解消されないだろう。ストーリーとは何なのか？　どうすればストーリーをビジネスや生活で利用できるのか？

　本の感想を尋ねると、彼は肩をすくめた。悪くはなかったよ、と言う。失望している様子が見て取れたが、驚きはしなかった。その瞬間に、私はこう思った。ストーリーテリングをビジネスに取り入れやすくするための道のりは、まだまだ遠い。もっと使いやすいものにしなければならない、と。

ところがそれ以来、状況は信じられないほど変化した。ストーリーテリングという言葉は、わずか数年のうちに、子供を連れて行った図書館で聞くものから、ゲイリー・ベイナチャックやリチャード・ブランソンの口癖へと変わったのだ。ひょっとすると、ハラリのベストセラー本の冒頭二四ページが、その変化を後押ししたのかもしれない。理由は何であれ、突然ストーリーテリングがすべてになった。企業はストーリーテリングについて検討を始めた。ソーシャルメディアはストーリー一色になった。そこかしこに「ストーリー」が存在していた。

フェイスブックの投稿がストーリーになった。

ミッション・ステートメントがストーリーになった。

ウェブサイトには、「当社のストーリー」と書かれたタブができた。

キャッチフレーズがストーリーになった。

ストーリーという言葉を口にするだけで、それがひとつのストーリーになることもあった。大切なのはストーリーだったので、誰も文句は言わなかった。

私が忘れられないのは、二〇一八年に子供ふたりを連れてウォルグリーンに入った日の出来事だ。当時七歳だった息子は、遊び場でジャングルジムに熱中し、手に大小さまざまな水ぶくれをつくっていた。見るからに痛そうだ。

水泳チームの練習が一時間後に迫っていたので、私たちはなんとしても防水の絆創膏を手に入れる必要があった。ウォルグリーンの店内を熱心に見て回ったが、すぐに息子がトイレに行きたいと言い出し、探すのを中断せざるを得なくなった。私がトイレのドアの外に立っていると、あるものが目についた。

それは商品が陳列された棚だった。何の商品なのかはわからない。男子トイレのドアを守るように立っていた私の位置からは、一枚のパネルしか見えなかったのだ。それでも、パッケージに印刷された「製品ストーリー」という太字はよく目立っていた。私は興味を引かれて持ち場を離れ、三歩歩いて棚へ近づいた。箱を手に取る。読んでみると、彼らが私に約束した「ストーリー」とはこういうものだった。

ハイドラセンスは、ピュアでさわやかな海水の力を利用した、穏やかで快適な水分補給のための製品です。ハイドラセンスの製品に含まれる海水の一滴一滴は、フランスのサン・マロ湾で採取されます。ここでは、強い潮流と海流によって絶えず新鮮な海水が流れ込み、天然のミネラルが豊富に生み出されています。このミネラル豊富な海水を浄化し、人間の浸透圧のレベルまで塩分を取り除くことで、鼻腔への心地よさを実現しました。[6]

ええ？　これがストーリーといえるのだろうか？

私はそうは思わない。

ここでちょっと考えてみよう。本物のストーリーを耳にした経験は、きっとあなたにもあると思う。眠る前に誰かが絵本を読んでくれた。友達とハッピーアワーに集まって話をした。休日がやってくるたび、毎回同じ釣りの話をおかしなトムおじさんから聞かされた。出張に出かけたパートナーが、ＴＳＡの検問所でひどい目にあったと伝えるために電話をかけてきた。そうではないだろうか？

あなたは本物のストーリーを知っている。

では、こう聞いてみよう。ハイドラセンスの商品コピーは、あなたがこれまで耳にしてきたストーリーと、多少なりとも似ていただろうか？

いいえ。

ああいう話をする人はいない。たまにああいう話し方をすることはあっても、彼らはそれをストーリーとして話しているわけではない。あなたの友人は「とっておきのストーリーがあるの」と前置きしてから、買い物メモの内容を暗唱したりしないはずだ（もしそうなら、新しい友人を見つけよう）。

問題はここにある。

言葉だけが認知され、もてはやされ、流行するなかで、私たちは優れたストーリーが何なのかを見失ってしまった。

誤解しないでもらいたい。ストーリーテリングという言葉がビジネスの世界で流行したのは喜ばしいことだ。マーケティング、セールス、リーダーシップにおけるストーリーテリングの役割が少なくとも認められたのは喜ばしい。戦略的なストーリーテリングという前提に反対する人など、もはやいそうにない。これも素晴らしいことだ。けれど、良い面ばかりではない。ストーリーテリングをめぐる世論が大きく動くなかで、私たちはあまりにも偏った見方をするようになった。何もかもストーリーだと考えるようになったのだ。「弊社のストーリー」と書かれたリンクをクリックしたとき、そこで何が見つかるかはいうまでもない。「これがわれわれのストーリーです」と誰かが言うとき、そこに続くのはただの日付かもしれないし、職歴かもしれないし、成分かもしれない。ありとあらゆる内容が考えられる。かつて私が見た販売員は、部屋の前方に立って「ＸＹＺ社のストーリーをお話しさせてください」と言うと、日付、統計、一点か二点の解説画像を次々とスクリーンに表示させた。私は思わず立ち上がって物申したくなった。あの論文審査会のときの教授と同じように。

たしかに、ストーリーは極めて強力なツールだ。

たしかに、誰もがストーリーを語ってビジネスをするべきだろう。現に私たちはときどき、ストーリーを語ってビジネスを行う。

だがどこかの過程で、ストーリーはブランドとして知られるようになった。すべての話がストーリーではないという事実は、忘れ去られてしまった。

身近にある広告、ミーティング、セールストーク、会議室を眺めると、あなたもすぐひとつの問題に気づくのではないだろうか――概念として受け入れられているにもかかわらず、ビジネスの現場には、本物のストーリーテリングがいまも不足しているということに。

そして、たまに本物のストーリーが語られたとき、私たちはそのことを思い出す。

ストーリーが真に語られるとき

二〇一七年、私は新しい眼鏡が欲しくなった。ワービー・パーカーという名前は聞いたことがあった。クールな若者はみんなそこで眼鏡を買っているらしいので、私も試してみようと思った。予約して店に出向き、フレームを選んでから一〇日後、自宅に眼鏡が届いた。箱を開け、ケースを開く。そこにあったのは、美しい新品のフレームと、ワービー・パーカーブランド特製のミニサイズの眼鏡拭きだった。眼鏡拭きにブランドロゴは入っていなかったが、かわりに彼らの創業のストーリーが書かれていた。それは実話だった。

ワービー・パーカーを紹介する短い言葉

昔々、ある青年が飛行機に眼鏡を忘れた。彼は新しい眼鏡を買おうとした。けれど新品は高価だった。「お金をかけずにおしゃれな眼鏡を買うのはどうして大変なんだろう？」。青年は疑問に思った。学校で友達に話してみた。「かっこいい眼鏡を手頃な値段で売る会社をつくろうよ」。一人が言った。「眼鏡を楽しく買えるようにしたい」。二人目が言った。「眼鏡がひとつ売れたら、もうひとつは必要としている人にあげよう」。三人目が言った。それがいい！こうしてワービー・パーカーは誕生した。[7]

ついにあった。これこそが貴重な、本物のストーリーだ。

二〇一四年のスーパーボウルで最も成功したコマーシャルもそうだった。

主役は子犬ではない

ネタバレ注意――アンハイザー・ブッシュやキース・ケセンベリーが賭けに勝てるかどうかという心配は、結局のところ無用だった。バドワイザーのＣＭ「パピー・ラブ」は大成功を収めた。二〇一四年のスーパーボウルのＣＭとして、また大会史上でも、最も人気の高い作品と評価された[8]。さらに素晴らしいことに、「パピー・ラブ」は大会史上で最もシェアされた作品にもなった。消費者がこのＣＭについてソーシャルメディアに投稿した回数は、上位一〇位以内にランクインした残りのＣＭの合計数よりも多かった[9]。

だが、いったいなぜ？　ケセンベリーと同僚であるシッペンスバーグ大学のマイケル・クールセンが興味を抱いたのはその点だった。謎を解明して「パピー・ラブ」への確信を深めるべく、彼らは二年分のスーパーボウルのＣＭを分析した。するとわかったのは、ＣＭが本物のストーリーを語っているかどうかが、ランキングの上位と下位を分ける決め手になることだった。セックスアピールよりも、ユーモアよりも、セレブの影響力よりも、かわいい子犬よりも強いのが、ストーリーというわけだ。ケセンベリーは述べる。「かわいい子犬を起用したマーケターの名誉を傷つけるつもりはない。だが、子犬がバドワイザーの瓶で六〇秒間遊んでいるだけのコマーシャルだったら、ヒットはしていないだろう」[10]

ケセンベリーはもう何かに気づいているようだ。ランキングの上位一〇作と下位一〇作を比べると、そうした両極端のコマーシャルはいずれも、一般に視聴者の興味を引くと思われがちな特徴を備えている——愛らしいキャラクター、素晴らしい音楽、ユーモア、高い制作価値。だが、そのなかで成功するのは、偉大なストーリーを持つコマーシャルだけだ。

ここで、大きな疑問が生じる。偉大なストーリーとはいったい何なのか？

本物のストーリーを語るのに必要なこと

哲学者、作家、読者、批評家は、この問いについて長年議論を続けてきた。ケセンベリーにいわせれば、偉大なストーリーの特徴は、シェイクスピアが普及させた五幕構成と呼ばれるものだ。ただ七幕のモデルもあるし、主人公の旅における九つの段階や、ダブルプロットもある。プロローグ、上昇展開部、結末といったものもある。ストーリーの理論は尽きることなく世に送り出され、それぞれが互いに複雑にできている。あなたの目標が『ハムレット』を書くことなら、こういうふうに考えておけばまったく問題ない。

でも私はここで、あえてリスクをとる方向に進みたいと思う。あなたも私と同じく、シェイクスピアの新たな傑作を書こうとしているわけではないだろう。あなたが大きな関心を寄せているのは、時代に合った冒険物語を書くことではなく、会社を軌道に乗せたり、商品を誰かに手渡したりすることではないだろうか。自分のメールを校正する時間すらほとんどとれないのに、ましてや、主人公の旅の緻密な構想を練っている時間などあるはずもない。

そう考えているとしたら、あなたにラッキーな知らせがある。優れたストーリーテリングは、あなたが思っているほど複雑ではない。あなたがビジネスの成功のためにギャップを埋めようとしているなら、必要なのはもっと単純なモデルだ。シェイクスピアは必要ない。そのかわり、交流会で使えるような何か、ソーシャルメディアに投稿できるような何か、次回のチームミーティングに取り入れられるような何かが必要だ。あなたはバドワイザーやスピルバーグやヘミングウェイやシェイクスピアではないだろうし、彼らになりたいとも望んでいないだろう。四億円を出す余裕はないが、大きな賭けに挑もうとしていることに変わりはない。

そんなあなたに必要なのは、ストーリーをストーリーたらしめる四つの必須要素と、それらの要素をまとめるシンプルな方法だ。

すべてが揃えば、あなたは正しい場所に行き着く。

偉大なストーリーの四要素

二〇一八年、戦略的ストーリーテリングの研究、創造、教育に特化した会社であるステラ・コレクティブの私のチームは、みずからの理解とストーリーの方法論を試すことにした。ストーリーを効果的に語るには何が必要なのかを、私たちは明確に知りたかったのだ。ワービー・

パーカーが眼鏡拭きに印刷しているメッセージと、ハイドラセンスがパッケージに印刷している奇妙なメッセージとのあいだには、いったいどんな違いがあるのだろう？

さまざまな種類のブランドメッセージの有効性を確かめるため、私たちはある調査を行った。仮説はこうだ――特定のストーリーの要素を含むメッセージは、それらの要素を含まないメッセージに比べて、強い訴求力を持つのではないか。私たちが調べたのは、私自身が考えるストーリーの要素、私自身がそれまで何十年にわたってメッセージに挿入してきた次の要素だ。

- 共感できるキャラクター
- 本物の感情
- 拡大された瞬間
- 具体的なディテール

理解を確実なものにするため、ここでそれぞれの要素をもう少し詳しく取り上げよう。これら四つの要素を習得すれば、その先にストーリーの約束の地が見えてくる。

共感できるキャラクター

過去に何らかのストーリーテリングの本を読んだことのある人なら、「ヒーロー」という言葉を目にしたことがあるだろう。ストーリーテリングの本を読むのはこれが初めて、という人も、インスタグラムで「自分の物語のヒーローになれ」という、やる気を起こさせるようなメッセージを見た経験はないだろうか。そう、ヒーローという発想は定番だ。だがビジネスでストーリーを語るうえでは、ヒーローという言葉は極端で、威圧的で、やや紛らわしいと私は思う。この言葉からは、何か壮大なことを成し遂げてからでないと（あるいは少なくとも、派手な衣装に身を包み、髪をウェーブ状にしてからでないと）、その人は語るべきストーリーを持てないといっている感じがする。これは真実からかけ離れている。

あらゆるストーリーに必要なのは、それよりずっとシンプルなことだ。

私たちにヒーローは必要ない。必要なのは共感できるキャラクターだ。それは私たちが気にかけ、つながっている誰かのことだ。

はっきりさせておくと、キャラクターとは会社の名前ではない。誰かが大切にしている価値観でもない。大勢の人間の集団でも、少人数のグループでもない。ストーリーに必要なのは、私たちが共感して結びつくことのできる、単一の、あるいは複数の異なるキャラクターである。

「パピー・ラブ」には、動物も人間も含めて、そうしたキャラクターが数多く登場した。まず、子犬は関心を呼びやすい。子犬を気にかける男性は？　イエス。彼はすっかり私たちのお気に入りだ。小さな子犬と友情を結ぶ、大きくて力強い馬は？　イエス。

では、あなたの使っているソフトウェアは？　ノー。

あなたの使っている石鹸は？　ノー。

あなたの使っているウィジェット、サービスは？　ノー。

エム・アンド・エムズのようにキャラクター化されないかぎり、それらは単なる製品でしかない。私たちに必要なのはキャラクターだ。ヒーローではない。共感できるキャラクターである。

本物の感情

本物の感情も、私たちがストーリーに不可欠だと考えていた要素だ。出来事や事件を羅列しても、偉大なストーリーはつくれない。静止したタイムラインはストーリーにならないのである。込めるべき感情は過度にドラマチックでなくてもよく、苛立ち、驚き、好奇心といった、シンプルでありふれたもので構わない。ただ大切なのは、それらがちゃんと存在していることだ。

さらにはっきり言っておくと、ここでいう「感情」とは、ストーリーの受け手の体験のことではない。キャラクターが感じる感情、ストーリーの状況に内在する感情のことである。この感情を通して、ストーリーの受け手はストーリーに共感する。感情がないところに共感は生まれない。共感が生まれないところでは、メッセージの影響力も低下する。

私たちはそう推測していた。

拡大された瞬間

ストーリーの効果を引き出す三つ目の要素は、拡大された瞬間だ。拡大された瞬間とは、私たちがよく見聞きする表現とストーリーとを隔てる、空間、時間、状況における特定の点のことである。そのままでは大まかで一般的な描写を切り取り、細部がよく見えるようにクローズアップする方法である。

別の言い方をしてみよう。紙の地図を覚えているだろうか？　いろいろな事情を抱えた大都市が描かれるとき、たいていの地図にはいくつかの差し込み図が一緒に掲載されていた。この差し込み図というのは、そのままでは壮大すぎる空間の一部を切り取り、拡大したものである。これは、ストーリーを語るうえで瞬間が果たす役割に等しい。瞬間とは、そのままでは壮大すぎる経験や洞察の、特定の部分に焦点を当てたものだ。大きく、広くするのではなく、小さく、細かくするのが大切なのである。

私は最近、ニューヨーク市の私立学校の幹部たちと一緒に仕事をした。彼らが取り組んでいたのは、最も競争が激しいことで知られる教育環境のなかで、みずからを差別化することだった（私の子供たちもニューヨーク市の学校に通っている。そう書いているだけで、じんましんが出てきた）。彼らは海外ブランチ校を南米に新設するにあたって、何らかのメッセージをつくりたいと考えていた。私たちが仕事を始めた時点で、彼らがストーリーと想定していたものには、こんな文言が含まれていた。「異文化を体験している子供たちの姿を目にするのは、とにかく素晴らしく……」「私がそれまで見たこともないような……」。だが、そこから先が続かない。それはストーリーではあったが、どちらかと言えば全体を描いた地図だった。クローズアップされた瞬間、拡大された瞬間がなかったので、まったく記憶に残らなかった。

この問題に対処すべく、私たちはメッセージの言葉を転換し、いくつかの瞬間をわかりやすく説明することにした。一般的な話ではなく、たったひとつの出来事、つまり新たな文化に浸っている生徒を見たという出来事を重点的に取り上げるようにした。ある幹部にとって、それは昼食中の食堂でのことだった。幹部はその場面を「拡大」し、自分が見た様子をこんなふうに書いた。「生徒たちは初めての食べ物にも果敢に挑戦しました。ところが、あるスパイス入りのソースはひとりの生徒には辛すぎたようで、それを見た別の生徒たちは一緒になって笑い転げていました」――。別の幹部は、アメリカ人の生徒たちが、現地の生徒たちと校庭で遊ぶルールを決めているのを見ていた。また別の幹部は、初めての月曜日の朝にドアを通って学校の中へ入ったとき、ロビーから独特な香りがすることに気づいた。ドアを通る行為をクローズアップしてみると、その瞬間の記述は、学校にいるというごく一般的な記述とは異なるものになった。そうした各瞬間が、的を絞る役割を果たした。そこから一般的な意味で話を広げることもできたが、瞬間のわかりやすさは効果的なストーリーに不可欠だった。

ストーリーを意図したメッセージがうまく伝わらないのは、多くの場合、その内容があまりにもあいまいで、ざっくりとしていて、大まかで、一般的だからである。ストーリーの訴求力を高めたければ、その時間的あるいは物理的空間に大きな瞬間がなければならない。大きな瞬間という要素は、次に説明する四つ目の要素と並んで、ストーリーの「共創的なプロセス」と私が呼ぶものを支えている。ストーリーを聞いた人は、みずからの脳内でそのストーリーに盛んに改変を加えていく。このプロセスを通じて、ストーリーは記憶に残りやすくなる。

具体的なディテール

具体的なディテールとは、対象のオーディエンスに応じたエピソードやイメージを、具体的に細かく、ときに予想外に語ることである。聞き手になじみのある世界を創造し、そこに彼らを引き込もうとする試みだ。描写が細かければ細かいほど、効果は高まる。

最高に力強く、最高に定着しやすいストーリーは、この最後の要素を使いこなす。ディテールをストーリーに用いることは、語り手がいかに聞き手を理解しているかを示す手段になる。たとえば、一九八〇年代生まれの聞き手にストーリーを語るなら、ラジカセについて話すのもいいかもしれない。子供を持つ多くの人々に向かってストーリーを語るなら、車のトランクにベビーカーを積む苦労を話してもいいだろう。ディテールを用いると、語り手はその都度、聞き手に対する深い理解を伝えられる。すると、語り手、聞き手、メッセージとのあいだに強いつながりが生まれる。

ＮＰＲのポッドキャストで以前、マーケティングの天才トム・バレルの作品と遺産が紹介された。一九七一年、バレルは世界初となる黒人だけの広告代理店を設立し、広告に対する社会の考え方を一変させた。そんな彼が掲げたのが、「黒人は肌の黒い白人ではない」というスローガンだった。[11]

当時のコマーシャルは、一本につきふたつのバージョンで撮影されることが珍しくなかった。ひとつは白人視聴者向け、もうひとつは黒人視聴者向けである。とはいえ、個別の脚本を用意していたわけではなく、制作側は一本だけ脚本を書いて、白人視聴者向けには白人俳優を起用した白人版を、黒人視聴者向けには黒人俳優を起用した黒人版を撮影していた。一方から他方には翻訳できない、あるいは響かない文化的ニュアンスは完全に無視されたままだった。そのため、コマーシャルはいつも的を外していた。

先駆者であるバレルは、それらの脚本をアフリカ系アメリカ人にとってなじみのあるもの、わがことのように受け取れるもの、信頼できるものに書き直した。かつては放牧地のカウボーイだったマルボロ・マンが、都会に生きるセーター姿の黒人男性に置き換えられると、このCMは大反響を呼んだ。バレルの作品は画期的であると同時に、ディテールの重要性を示す完璧な例でもあった。対象オーディエンスになじみのあるシーンや脚本をつくることで、彼らとつながれるのだと示した。

ディテールは聞き手の想像力をかき立てる。聞き手をストーリーの世界に深く引き込む。ストーリーが正しく語られたとき、聞き手はその世界に見覚えがあると感じ、親しみを抱く。

巧みなストーリーテラーは、この最後の要素を見事に取り入れている。たとえば、ミシェル・オバマが二〇一六年の民主党全国大会で行った一世一代のスピーチでも、ディテールが効果を発揮していた。政治の話は抜きにしても、かつてのファーストレディであるミシェルのスピーチには強い説得力が感じられた。ストーリーを利用し、なによりディテールを使いこなすことで、彼女は国民を引き込み、自身のメッセージを私たちの心の奥深くへ届けたのだ。

このスピーチは、開始から一分一六秒で力強さを帯びる。ミシェルはここで瞬間の要素を用い、聞き手を過去の特定の時点へ連れていく。「それは、私たちがワシントンに到着してすぐに始まった旅でした。娘たちは、新しい学校で最初の一日を迎えるために出かけていきました。あの冬の朝のことは決して忘れないでしょう」

彼女はそう言うと、初日に出かけていく娘たちの様子を具体的に描写した――「私が見ている前で、娘たちは小さな顔を窓に押し当てていました」

まさに求められていたエピソードだった。親はみな、子供を初めて学校へ送るときには感無量になり、その瞬間を記憶に焼きつけるものだ。子供をバスに乗せるにしても、自分で運転して送っていくにしても、親はその「小さな顔」を見て、自分が歩んできた人生を走馬灯のように反芻するのである。

それなら、子供がいない人は何を話せばいい？　心配はいらない。誰でも、初めて何かに出発した日のことは確実に覚えているだろうし、そのエピソードを聞き手の感情とマッチさせるように話せばいい。いずれにしても、ミシェル・オバマの場合は、多くの聞き手が共感しやすいエピソードを選ぶことで、全員を同じページの上に立たせ、同じ感情的な場所へ導いた。なじみのあるディテールを利用して、ミシェルは会場を、そして全米を支配したのだ。

ストーリーをテストする

私たちのチームはこれら四つの要素をまとめると、エジソン・リサーチから提供された一六四八人の回答者を対象に、緻密なオンライン調査を実施した。回答者はみな子供を持つ人たちで、彼らには二種類のメッセージが提示された。ひとつは、「ビルダー・コー」というおもちゃについての一般的なメッセージ。もうひとつは、同じおもちゃについてのメッセージだが、ストーリーの要素が無作為にひとつから四つ盛り込まれたもの。二種類のメッセージ、すなわち一般的なメッセージと物語仕立てのメッセージは、近接誤差と反応誤差が生じるのを防ぐため、提示順を常に入れ替えるようにした。

回答者はそれらをひとつずつ読んだ後、メッセージにどれだけの訴求力を感じたかを評価した。続いて、二種類のメッセージのうち、訴求力が高く、面白く、記憶に残りやすく、説得力があり、魅力的だと感じたのはどちらだったかを答えるよう求められた。

正直なところ、この調査を世に送り出したときは不安だった。あの論文審査会に戻ったような気分だった。私たちの仮説は支持されるだろうか？　これらの要素が本当にストーリーを偉大にしているのだろうか？

返ってきたのは、圧倒的多数の「イエス」だった。この結果に、私がちょっとしたお祝い気分になったことも告白しておこう。ストーリーの要素を含むすべてのメッセージは、要素をひとつしか含んでいないものでも、要素をまったく含まないメッセージと比べて高く評価された。しかも、メッセージが含んでいる要素が多ければ多いほど、そのメッセージはストーリーとして魅力的になることもわかった。四要素すべてを含むメッセージと、要素を何も含まないメッセージを受け取った回答者の六三パーセントは、前者のほうが訴求力が高く、面白く、記憶に残りやすく、説得力があって、魅力的だと答えている。ちなみに、この「要素を何も含まないメッセージ」というのは、私たちがよく耳にするブランドメッセージと多くの点で似ている。

この結果に、あなたの心は大いに躍るのではないだろうか。もちろん、ジェイク・スコットと知り合いで、四億円の持ち主で、最高の広告代理店や、犬の調教師や、馬術家にコネを持つ立場の人には、ほとんど関係ない調査結果だろう。そういう人は他人にお金を払って、自分のストーリーを理解してもらうだけでいいのだから。

けれど、それらの条件にひとつも恵まれていない人は？　どうやってスーパーボウルにふさわしいメッセージを語ればいいのだろうか？

その答えはもうおわかりだろう。専門家の発言や、私たちの研究が説明しているとおり、バドワイザーのＣＭが大成功を収めたのは、それがストーリーと何よりも深く関わっていたからだ。ストーリーに費用はかからない。いくつかの主要な要素さえあれば完成する。

いまあなたは、手に入れた簡単なリストを使って、自分のストーリーに何が必要かをチェックできる。まず数億円はいらない。激しい対立や、困難な旅もいらない（ビルダー・コーのストーリーは、子供と過ごす時間をもっと充実させたいと願う平凡な父親が主人公だった）。あなたに必要なのは、キャラクター、感情、瞬間、親しみやすさを演出するひとつかふたつのエピソードだけである。それらが揃っていれば、六三パーセントの人たちが、あなたのメッセージは何もないメッセージと比べて訴求力が高いと感じてくれる。

さて、偉大なストーリーに欠かせない要素と、その効果は確認できた。後に残されているのは、これらの要素を何らかの方法でまとめる作業だ。その点についてのアドバイスは、いつものごとくシンプルにお伝えしよう。

ステラ社のストーリーテリングの枠組み

「ストーリーには始まりがあり、展開があり、結論があります」。小学三年生のときの担任だったカールソン先生が、教室の前方でそう話す声がいまも耳に残っている。私が覚えているかぎりでは、私たちに初めて作文の課題を出したのはカールソン先生だった。シマウマを題材にして書いた私の作文ノートは、いまもどこかにしまってあるはずだ。小学三年生の作文の授業が、今日まで私の心に残ろうとは、いったい誰が想像できただろうか。カールソン先生は間違っていなかった。あらゆるストーリーは、始まり、展開、結論という単位で構成されており、ビジネスのストーリーでもそれは同じである。だが現在は、もっとわかりやすい言い方で、これら三つの文学的な技を研究できるようになった。なにしろ、私たちはもう小学三年生ではないのだ。これからは、始まりを「日常」、展開を「爆発」、結論を「新たな日常」と考えてみてはどうだろう。

ストーリーをこのように説明できると初めて知ったのは、私の大好きなストーリーテラーであるドナルド・デイビスのストーリーテリング修養会でのことだった。このアイデアの素地、またはそれに近いものを彼が整えてくれたとき、私が過去に経験したり語ったりしたすべてのストーリーが意味を持つのを感じた。私がストーリーテラーとして昔から知っていたのに言語化できずにいたことを、言葉にしてくれたのがデイビスだった。そんなふうにいうと、大げさなラブストーリーのようでいかにも陳腐に聞こえそうだが、本当のことだ。デイビスの考案したシンプルな枠組みは、私がそれ以前に語ったストーリーにも、それ以降に関わったストーリーにも影響を与えた。その影響を、あなたにも受け取ってもらえるといいのだが。

では、ステラ社のストーリーテリングの枠組みをなすストーリーの三つのパートを、それぞれ詳しく見ていこう。

日常

つまらないストーリーに見られる決定的な特徴のひとつは、とにかく興味を引かないことだ。どれだけ色鮮やかでも、どれだけ予算がかけられていても、どれだけかわいい子犬が出てきても、興味をそそらない。注意を引きはするかもしれないが、感情を注ぎ込んではもらえない。感化させる力も変容させる力もない。このような聞き手との分断が起きる根本的な原因は、どうやらたったひとつのミスに由来しているようだ――つまらないストーリーでは、冒頭が省かれている。日常が存在しないのだ。

たとえば、私たちが泣き叫ぶことなく夕方五時のローカルニュースを見られるのは、日常が省かれているからだ。強盗事件にしても、火事にしても、交通事故にしても、たいていのニュースはストーリーの途中から始まる。どれも涙を誘っておかしくない出来事だが、アナウンサーには時間がないので、渦中の人々（親しみをもてるキャラクター）についてては何も教えてくれない。したがって私たちは、彼らがどんな人間なのかを知り得ない。彼らが悲劇に襲われる前に、何を考え、何を願い、何を感じていたのかもわからない。何も知らない以上は、気にかけることもないというわけだ。

聞き手が気にかけ、感情を注ぎ込みたくなるような優れたストーリーを語るには、まず戦略的に日常を確立しなければならない。変化が起こる以前に、物事はどんな状態だったかを語るのだ。少し時間をかけて日常を説明したら、そこにストーリーの主要な要素――共感できるキャラクターや、彼らの感情を追加していく。また、聞き手に親しみを感じさせてストーリーに引き込むエピソードも、このタイミングで盛り込む。すると聞き手は警戒心を解き、キャラクターに感情移入する。

日常のプロセスが最後まで正しく語られると、聞き手は自分にこう言い聞かせるようになる。「あのキャラクターは私の仲間だ。だから、このストーリーの言いたいことがわかる。彼らの気持ちを想像できる」。眼鏡を飛行機に置き忘れた男。恋に落ちるカップル。フランス製の素晴らしいコロンを手に入れる必要があった、若くて魅力あふれる未来のアメリカ大統領。日常については次章でも詳しく取り上げるが、ひとまずは、これがストーリーの最重要パートだと理解しておいてほしい。日常とは、ストーリーの要素を盛り込むべき場所だ。日常とは、気にかけたくなる理由を聞き手に与える場所だ。にもかかわらず、ほとんどの人は日常を省いてしまうので、彼らのストーリーはすぐ忘れ去られてしまう。

爆発

爆発という言葉は、たしかに少々物騒に聞こえる。血が流れたり、ケガ人が出たり、火事が起きたりといった含みがある。ただし、ストーリーにおける爆発は、必ずしもそれらを意味しない。私たちの目標達成に必要な、何らかの出来事が起こるだけだ。それは大きな出来事かもしれないし、小さな出来事かもしれない。よい出来事かもしれないし、悪い出来事かもしれない。何より大切なのは、物事が変化する瞬間であるということだ。その瞬間に相当するのは、何かが発覚したときや、何かが決められたときかもしれない。実際の事件が起きたときかもしれない。いずれにしても、それまで日常として進んでいたストーリーは、爆発のポイントへ達した瞬間に変化する。良い方向に変わるか、悪い方向に変わるかは重要ではない。

とりあえず、次のように覚えておこう。

日常――物事がありのまま進む
爆発――何かが起こる
新たな日常――物事が変化する

新たな日常

三つめの、そして最後の段階は、新たな日常だ。語り手はこのパートで、爆発後に生活がどう変わったかを聞き手と共有する。変化を通じて理解したことや、自分が賢くなったり強くなったりした理由、改善した部分（あるいは改善しようと努めている部分）について話す。その内容は、教訓として響くこともあるだろう。語り手の製品やサービスを利用したクライアントが、その後ずっと幸せに暮らしたというエピソードだったりもするだろう。聞き手が行動を起こすきっかけにもなるだろう。どのように話がまとまるとしても、新たな日常が存在するおかげで、ストーリーテリングは人を楽しませるだけでなく、要点を伝えたり、メッセージを強めたりする戦略として機能する。聞く価値のあるビジネスのストーリーができあがる。

旅はまだ始まったばかり

かわいい子犬や有能な監督が、ストーリーを偉大にしてくれる保証はない。誰が何と言おうと、ミッションステートメントはストーリーではない。ブランドはストーリーではない。マーケティング用語はストーリーではない。付け加えるなら、ストーリーは複雑である必要はない。キャラクターを数人紹介し、特定の瞬間を描き出し、ディテールと感情を添えれば、あなたのストーリーが向かう先には成功が待っている。

当然のように、次なる疑問は、どんなストーリーを語るべきかということだ。ストーリーは無数に存在する。どこから話し始めればいいのだろうか？

ビジネスに繰り返し登場するストーリーは、四つの種類に大別される。これらは、語り手が売っているものだけでなく、語り手がそれを売るようになった理由や経緯を明らかにするストーリーである。ビジネスのギャップを問わず、四種類のストーリーのいずれかが、あなたに必要な橋を架けてくれるだろう。

他人が語るストーリーを聞けば、偉大なストーリーの語り方を最もよく学べることもある。次章から紹介する四つの必須ストーリーには、それぞれキャラクターと聞き手が用意されている。どのストーリーも、あなたのビジネスに役立ててもらえることを意図したものだ。すべてをいちどにつくりあげる必要はない。ただ、可能性のある物語が無限に存在するなかでは、これら四種類のビジネスのストーリーを把握しておくと、語るべきテーマや語るべきタイミングを決めやすくなるだろう。

それが次の課題だ。

第2部　四つの必須ストーリー
――すべてのビジネスが語るべき物語

第４章　バリューストーリー──ストーリテリングがセールスとマーケティングを動かす仕組み

The Value Story: How Storytelling Drives Sales and Marketing

マーケティングで大切なのは、あなたがつくるものではない。あなたが語るストーリーだ。

──セス・ゴーディン、作家兼アントレプレナー

ワーキバ（企業の生産性向上を支援するＩＴ企業）の営業チームには、競争相手に対してある強みがあった。その強みが意味するのは、そこには競争など本当は存在しないということだった。

ワーキバが顧客に提供した解決策は、とにかく秀逸だった──それは極めて正確で、極めてシンプルだった。フォーチュン一〇〇に名を連ねる一流企業をも煩わせていたプロセスを、数時間から数日間も短縮し、効率化を実現した。要するに、ワーキバは重大で恥ずかしいミスが起こるのを防ぎ、会社に数億円を節約させ、利用者の暮らしまで変化させる解決策を提供したわけだ。

それなら、誰もが反射的にワーキバに「イエス」と言うはずだ、とあなたは思うだろう。考えるまでもないことだ、と。

しかし、見込み客にイエスを言わせるだけの強力な橋を築けず苦労しているのは、ワーキバも他社と同じだった。それは、ワーキバが期待外れだったからではない。彼らが確実に期待に応えていたことは、乗り換え客の長いリストや、顧客満足度調査の完璧なスコアが証明していた。だが、営業チームが意思決定者に売り込みをかけた後にも、利用者の暮らしを変えうる機能をひとつ残らず説明した後にも、そこにはたいてい、暗黙の問題が残された。

それは変化に対する消極性だった。

結局のところ、ワーキバにとって最大の競争相手は、他社でも他社製品でもなかった。現状維持を願う自分自身だったのだ。たしかに、ワーキバのプラットフォームは効果や効率の面で優れていたかもしれない。しかしながら、彼らは人間の基本的な性質――見知らぬ救世主より知り合いの悪魔のほうがまし、という性質を克服できずにいた。

従来のような価値の伝え方では不十分であると認識させられ、頭を悩ませたワーキバは、もっと良い方法を見つけ出そうと決意した。その計画はどんなものだったのか？　彼らは製品の機能や長所ではなく、ストーリーに目を向けた。

使用するデータを増やして自説を裏づけようとするのではなく――彼らはすでに無類のデータ好きでも扱えないほど大量のデータを提供していた――、ワーキバはストーリーを語ることで、現状の問題が引き起こす本当の苦痛に寄り添おうとした。ストーリーを通して、効率の悪さや不正確さが現実生活に与える影響を強調した。そうしたストーリーをワーキバは最初から持っていた。ただ、伝えるという意図を持っていなかっただけだ。そのすべてが変わろうとしていた。

光栄にも、私はワーキバの優秀なチームと共に働き、その真の価値に命を吹き込むためのストーリーづくりを手伝った。彼らが見つけ出したストーリーは、彼らが販売する商品と同じくらい素晴らしいものだった。

あるストーリーでは、重要な文書内のデータの整合性を保持するというワーキバの製品機能と、その価値を表現しようとした。ワーキバが登場する以前、これを行うには、膨大な時間をかけて手作業でチェックを繰り返さなくてはならなかった。人の活力を失わせ、仕事以外に注がれるべき情熱やエネルギーまで奪い取っていくこのプロセスを、経理担当者は毛嫌いしていた。本来なら少ない時間と人件費で行うべきバックトラッキングやダブルチェックの作業に、何時間分もの賃金を払わざるを得ないため、会社側もこのプロセスを嫌った。

だからこそ、人々はワーキバの解決策に飛びつくと思われた。それでも実際に買ってもらうには、理屈だけでは足りなかった。そこでワーキバは理屈ではなく、ストーリーを語ることにした。その内容はこうだ。ある投資家向け広報担当者が、いつまでも中年の太ったおやじでいるのは嫌だと思い、フィットネスに取り組もうと決意する。しかもただのフィットネスではない。目的志向の彼が目を向けたのは、トライアスロンだった。

そう、あのトライアスロンだ。マラソンと似ているものの、単に走るだけのマラソンよりはるかに過酷なトライアスロンは、フィットネスが究極的に試されるスポーツといえる。水泳、自転車、ラン。三つの要素はいずれも独自の練習、道具、計画を必要とするため、トライアスロンへの挑戦を決めることは、そこに多大なエネルギーを注ぐと約束させられることに等しい。肉体的なエネルギーはもちろん、時間的にも大きなエネルギーを要求される。それはもう、副業レベルといっていいだろう。大した賃金はもらえないが、うまくいけば素晴らしいメリット（と自慢できる権利）が手に入る。

くだんの投資家向け広報幹部はそれを承知していたし、恐れてもいなかった。とびきりのロードバイクを買い、高性能なランニングシューズを揃え、オリンピックサイズのプールを備えた高級ジムの会員になった。普段のデータ報告の仕事と同じく、彼は几帳面にトレーニングに励んだ。スプレッドシートを使い、泳いだ時間、走った距離、バイクに乗った距離を記録した。とにかくすべてを計画どおりに進めた。出勤前にジムに寄って泳ぎ、退勤後にランまたは自転車の練習をこなした。

ところが、四半期決算が近づいてくると、そうはいかなくなった。この幹部はひとつのチームから財務情報を入手し、それをスライドや報告書に組み入れる責任を負っていた。彼は四半期ごとに、他の報告チームとも会議を行った。チームは会議室に集まって慎重に数字を更新し、幹部が使用するデータが間違いなく正確であることを時間ぎりぎりまで確認した。

全員、日中は本来の仕事を忙しくこなしていたため、正確な財務状況を把握するためのこうした臨時会議は、始業前（水泳の時間がなくなる）か終業後（ランの時間を諦める）のどちらかに行われた。最大限に努力し、トレーニング用の完璧なスプレッドシートまで用意した幹部だったが、彼は自転車をラックに置いたまま、水着を車に残したまま、蛍光灯に照らされた会議室に向かうことを余儀なくされた。トレーニングに励むかわりに、財務報告チームとのミーティングを重ねた。

トレーニングセッションを休む日が続き、その遅れを取り戻すだけの時間も取れなくなると、幹部は残念ながら、トライアスロン大会への参加を断念せざるを得なくなった。出場を心から楽しみにしていた幹部は、打ちひしがれ、失望した。自分のいままでの人生で、十分な時間をかけて準備し、目標を達成できたことなどあっただろうかと考えた。

ところが、幹部の会社にワーキバのプラットフォームが導入された日から、すべてが変わった。幹部の報告書とスライドは報告チームのそれと接続され、数字に変更があるたびに、幹部の報告書は自動で更新されるようになった。もはや二重三重のチェックはいらない。始業前や終業後の会議もいらない。そして何より大きかったのは、常に正しく表示される数字のおかげで、データの整合性を保つストレスがなくなったことだ。このプラットフォームは幹部の仕事をすべて肩がわりし、人の手で行うよりも正確に作業をしてくれた。

これにより、報告書の精度は高まり、従業員満足度も引き上げられた。そもそも、非効率な作業に時間を無駄にしたい従業員などどこにいるだろうか。報告チームは数字の更新に時間を浪費する必要がなくなった。そしてあの幹部も、始業前と終業後の貴重な時間を、トレーニングに費やせるようになった。おやじ体型は次第に影を潜めていった。

半年後、幹部はトライアスロン大会に初出場し、完走を果たした――そこには、応援に駆けつけた報告チームのメンバーの姿もあった。

ワーキバの実演型プレゼンで箇条書きされていた項目は、このストーリーを通して、バリュージャーニーにおける感動的な瞬間に生まれ変わった。以前はそれを提示するワーキバのチームからも、ミーティングでおなじみの（あってはならないことだが）無関心な態度の見込み客からも聞き流されていただろう何かが、いまでは魅力的で面白く、大いに共感できる瞬間として耳を傾けられるようになった。その瞬間は、ワーキバの解決策が最終収益や受託者責任にとってだけでなく、組織を運営する人々にとっても価値あるものだということを、完璧に示していた。

価値を伝えるストーリー

ビジネスにおける最初のギャップ――それは価値のギャップだ。

問題と、その解決策の価値とのあいだにあるギャップ。

製品と、その製品が顧客にもたらす価値とのあいだにあるギャップ。

どんなビジネスにも言えることだが、橋渡しをすべき最も重要なギャップは、会社が提供するものと、それを（自覚のあるなしにかかわらず）必要とする人々とのあいだに生じる。そのギャップが埋まれば、買い手の注意を引き、これこそが解決策だと彼らを納得させ、最終的にリピーター、顧客、購入者、信者へと変容させられる。セールスやマーケティングにおいては、価値を伝えるストーリーこそが王様だ。価値あるバリューストーリーは、心理学に始まり、私たちがイエスと言いたくなるあらゆる理由を網羅する。

情報の誘惑

ワーキバが直面した課題――そして誰もが直面する課題――は、特徴、機能、性能、先進技術などの情報でギャップを埋めたくなる誘惑に抗うことだった。価値のギャップを乗り越える旅を複雑にしてしまうこの誘惑とは、誰もが無縁ではいられない。地域のジェラート店でさえそうだった。

あれは最近、家族とビーチで休暇を過ごしたときのことだ。ビーチでの休暇に欠かせないお楽しみとして、私たちは夕食後に歩いて帰る途中、ジェラート店に立ち寄った。そこは私たちのなじみの店で、行列がドアを越えて通りまで伸びるほど、いつ行っても混雑していた。ところが、このときの店の雰囲気は、陽気で混沌とした例年の夏休みとはやや違っていた。客はどこか不安げで、しびれを切らしているように見えた。子供に向かって素っ気なく話をする親が目立った。ようやくカウンターで注文する順番が回ってきたとき、私にはその理由がわかった。

ショーケースの中には、カラフルな冷たいお菓子も、味を見分けるためにトッピングされた果物のスライスもチョコレートキャンディも並んではいなかった。ジェラート店と聞いて一般に想像するものは何もなく、金属製の丸い蓋が二列並んでいるだけだった。ジェラートの入ったバケツはその蓋の下にあるものを期待させることしかできない。茶色のジェラートや、ピンク色のジェラートや、砕いたピスタチオが載った薄緑色のジェラートを選ぶという豊かさは失われてしまった。かわりに、味のリストはジェラートをすくう店員の背後の壁に貼り出され、客はそれに目を通さなければならなかった。

何種類ものきれいな色や果物に視線を走らせ、最も美味しそうに見える味を選ぶ――これは簡単だ。

味のリストを読んで、頭のなかでそれぞれの選択肢を比較し、どれがいちばん美味しそうかを論理的に評価する――これは難しい。

加えて、文字を読めない子供のために味の名前を読み上げてやり、それを復唱するという難しさもあった。リストに書かれた一五種類の味を処理するなど子供にはできようもないので、これは本当に大変だった。私たちが店にいたのは五分ほどだったが、そのあいだに、「早く決めなさい、そうしないと何も買ってあげませんよ」と強い口調で子供を急かす親と三組は遭遇した（私自身がその一人だったかもしれない）。

情報を増やすことは、簡単な決定をより簡単にする手段に見えるかもしれない。だが実際は、こうしたアプローチをとると、普通であれば簡単に引き出せるイエスを引き出しにくくなる。ほとんどの場合、聞き手があなたに話してほしいと望むのは、より多くのデータ、より多くのディテール、より多くの論理的な説明である。しかし、自分が提供している価値を聞き手に理解させるのがあなたの目標なら、事実は利益以上に害を生む可能性が高い。それはなぜか？　事実は人間の脳を必要以上に、さらには、望む以上に働かせてしまうからだ。

ひとつの脳、ふたつのシステム

二〇〇二年にノーベル経済学賞を受賞したダニエル・カーネマンは、著書『ファスト&スロー』（早川書房、二〇一二年）のなかで、脳のふたつのシステムと彼が呼ぶものを詳しく説明している――その名も、システム１とシステム２だ。

システム１は「自動的に高速で働き、努力はまったく不要か、必要であってもわずかである。また、自分のほうからコントロールしている感覚は一切ない[1]」。つまりシステム１は、「２＋２は？」といった質問への自動応答を担う。雷の音やジェット機の通過音が聞こえたとき、私たちが自動的に地面ではなく空を見るのは、このシステム１が存在するためだ。システム１の働きによって、私たちはいちどに、努力を要さず、状況的な手がかりをもとに情報を取り込み、それを吸収し、判断を下している。とはいえ、私たちは判断を誤ることがないだろうか？

もちろんある。たとえば、モーセが方舟に乗せた動物はそれぞれ何匹ずつだったかを考えてみてほしい。システム１は二匹と答える。いうまでもなく、それは不正解だ。モーセは燃える柴を見た人物で、方舟とは直接関係ない。方舟に動物を乗せたのはノアだ。

そこでシステム2の出番がやってくる。システム2は「複雑な計算など頭を使わなければできない困難な知的活動にしかるべき注意を割り当てる。システム2の働きは、代理、選択、集中などの主観的経験と関連づけられることが多い[2]」。ふう。これを読むだけで私と同じように疲れたということは、あなたのシステム2が働いていた証拠だ。システム2は集中力と努力を必要とする。システム2は新しい情報を処理する。システム1で扱っている問題が複雑すぎると判断されると、システム2が関与する。

簡潔に言えば、システム1が認知容易性を特徴としているのに対し、システム2は認知負担を伴う。

いまの文をもう一度読んでみてほしい。認知容易性か、認知負担か。

ワーキバと同じく、あなたも比較的価値のわかりやすいものを提供しているとしよう。あなたはその製品やサービスが顧客の生活にプラスになると確信していて（きっとそうだと私は思う）、購入を決めるのは簡単なはずだと考えている。だとすれば、なぜあなたはわざわざシステム2に関わり、認知負担を引き起こそうとするのだろうか？

システム2のアプローチは、本来であれば素晴らしくなるはずの体験を台無しにしかねない。あの運命の日、私がジェラート店で学んだこともそうだった。あの日、ショーケースは無残にもシステム2に乗っ取られていたが、カーネマンの本で認知容易性のセクションを読んだばかりだった私は、幸いにもそこで起きていることをすぐ理解できた。顧客をシステム1の空間にとどめておくことが、ブランド、会社、ビジネスパーソン全般にとっていかに大切かを、私は身をもって実感した。説得力あるメッセージの語り方について、カーネマンは、「原則としては、認知負担をできるだけ減らすことである」[3]と述べている。たとえメッセージの内容が真実であっても、聞き手がそれをなかなか信用できないときや、真実として受け入れがたいときは、システム２が呼び出される。そうしてシステム２が関与すれば、認知に負荷がかかりやすくなるため、不満や動揺が大きく高まる。

つまり、リストはシステム２の格好の獲物だ。

箇条書きはシステム２の格好の獲物だ。

価格比較表はシステム２の格好の獲物だ。

機能はシステム２の格好の獲物だ。

長所はシステム２の格好の獲物だ。

もちろん、あのジェラート店の場合は、バリューストーリーかバリューストーリーでないかが問題なのではない。だがビジネスで扱うのがお菓子であれ、中古車であれ、高級不動産であれ、医療品であれ、提供するものの価値の伝え方には選択肢がある。論理か常識か。負担か容易性か。情報かストーリーか。

バリューストーリーは、システム１の能力を最大限に引き出す。システム１は流れのまま、言われたままにストーリーを受け入れ、人間を疲弊させ怒りっぽくするシステム２は煩わせない。システム１の愛する言語こそがストーリーであり、なかでもバリューストーリーは、顧客や利害関係者を事実から感情へ導く完璧な架け橋となる。それればかりではない。バンダービルト大学でマーケティングを研究するジェニファー・エドソン・エスカーラの発見によれば、アイデアを物語形式で伝えると、聞き手の反応が前向きになったり、受け入れがスムーズになったりするという。[4] ストーリーは人を引きつけるだけでなく、提供されるものを受け入れやすくなるよう、脳を実際に刺激するわけだ。

たとえば、クレジットカードの売り込みで終わるフライトに乗ったことはないだろうか？　私はこれまで何度も飛行機に乗ってきたが、着陸の四〇分前になると、必ず客室乗務員から「この便だけの」特別なアナウンスがある。驚いたことに、それは彼らがフライトのたびに売り込んでいる、提携クレジットカードについてのアナウンスだ。客室乗務員は、金利、年会費、手荷物許容量、獲得マイル数（たいていは、「六万マイル貯まれば、こんなものと交換できます」といった内容）を次々と紹介していく。先日ダラスからオーランドへ向かう便に乗ったとき、私はクレジットカードの宣伝中に客室を見回してみた。しかし、顔を上げている人はおらず、ましてや聞いている人などひとりもいなかった。

乗務員のアナウンスが終わるとき、私はしょっちゅう、立ち上がってマイクをかわってほしいと言いたくなる。以前そうしたカードのひとつと契約したことがあるのだが、私がその見返りに得たものは、追加された手荷物許容量よりはるかに大きかった。

同じ便の乗客に、私ならこんな話をするだろう。夫をヨーロッパ旅行に連れて行けたことや、カードで貯めたマイルを使い、夫に内緒でエコノミーからビジネスへ座席をアップグレードしたこと。飛行機に乗り込んだ瞬間や、客室乗務員が夫を座席に——フルフラットのシートに案内してくれた瞬間は忘れられない。マイケルは信じられないと言いたげに、興奮した表情で私を見ていた。あれほどぜいたくなフライトは初めてだったが、夫にサプライズができた喜びは、値段がつけられないほど大きかった。あのカードと余剰マイルは、私たちにかけがえのない思い出をくれた。忘れられない休暇をいっそう素晴らしいものにしてくれた。

私はつい想像してしまう。乗客が私のストーリーを聞いたら、あるいはカードについての何らかのストーリーを聞いたら、もっと多くの人が航空会社が提供しているものに心を開き、「イエス」と言いたくなるのではないか。私の経験上、きっとそうだと思う。それがストーリーなら、人々は顔を上げる。そのストーリーにキャラクター、感情、具体的なディテールが用意されていれば、人々は、同じ状況に置かれた自分自身と自分の愛する誰かを想像する。飛行機に乗り込むという特定の瞬間が描かれていれば、人々はストーリーの共創的なプロセスに参加する。そういった要素すべてが、日常・爆発・新たな日常というフォーマットに整理されたなら、そのストーリーが終わりに近づいた時点で、乗客はいっせいに客室乗務員の呼び出しボタンを鳴らすだろう。彼らはもう、乗務員が販売しているものに抗えなくなってしまう。

「それだけにはとどまらない」

販売が成立しないときや、マーケティングのメッセージがコンバージョンしないとき、製品の真の価値が見落とされていると感じることがある。その製品の価値は、メッセージが伝える価値よりはるかに大きいということだ。たとえば、減量プログラムの価値は、一般的なダイエット食品より、一般的なトレーナーよりはるかに高い。なぜなら、減量プログラムの価値は、参加者が決意を新たにした度合い、枯渇した情熱を取り戻した度合い、好きなことに活力を注いだ度合いで判断されるからだ。

　最新の遠隔医療デバイスの価値も、装置にかかる費用よりはるかに高い。このデバイスの価値は、辺境の地で緊急医療を必要とした子供が、バーチャルでその場に駆けつけた一流医師のおかげで命を取り留めたとき、家族が喜び、安堵し、悲しみから救われた度合いで判断される。

　クラウドベースの技術的解決策の価値も、その月額利用料よりはるかに高い。ちなみに、ここでいう価値とは、技術的に節約可能な時間だけを指すわけではない。ワーキバの商品のような、クラウドベースの技術システムの価値は、節約した時間の使い方によっても判断される――その時間でトライアスロンに出場する人も、子供のティーボールゲームに参加する人も、夢を叶える人もいるだろう。

　あなたが製品やサービスや会社を代表する人、またはそれらをつくった人で、自分の優れた製品を世に広めたいという熱意を持っているなら、こんな言葉を口にしたか、少なくとも口にしようとした経験があるのではないだろうか。「ご紹介します。こちらが○○です。主な特徴はX、Y、Zですが、それだけにはとどまりません」。たいていこの後に続くのは、多くの言葉や情報、製品やサービスの正当性を主張するための台詞だ。課題はそこにある。こうした状況で本当に求められているのは、価値や利便性を表現するバリューストーリーだ。

この「それだけにはとどまらない」という課題を見事にクリアした例が、アップルが二〇一四年のホリデーシーズンに制作したCM、「ミスアンダーストゥッド」だろう。

このCMは、落ち着いたホリデーミュージックとともに幕を開ける。どんよりと曇った冬の日、ある家族がいっせいに車に乗り込む。彼らは雪が積もった道路に車を停め、祖父母の家に向かう。祖父母は彼らを優しく出迎え、再会を喜ぶ。家族で過ごす典型的なクリスマスには、不機嫌なティーンエージャーも参加していた。この長髪の少年は、わざわざ家族と行事を楽しむつもりはないらしい。どこで何をするときにも、彼はｉＰｈｏｎｅの画面を見つめている。「おじいちゃんのハグ？　ｉＰｈｏｎｅ」。「雪まみれの天使たち？　ｉＰｈｏｎｅ」。「クッキーづくり？　ｉＰｈｏｎｅ」。少年の関心は、携帯電話のなかで起こること以外には向かないようだ。そう見えていた。クリスマスの朝までは。

家族は居心地の良いファミリールームに集まり、パジャマ姿で楽しそうにプレゼントを開けている。クリスマスツリーが輝き、部屋には大きな笑い声が響く。突然、あの不機嫌な長髪の少年が立ち上がり、テレビをつけた。家族はわけがわからず静まり返る。少年がテレビに向かってｉＰｈｏｎｅをスワイプすると、画面いっぱいに、ここ数日間の家族の様子がスライドショーで流れ始めた。少年は、ｉＰｈｏｎｅでゲームやソーシャルメディアに夢中になっていたわけではなく、美しい家族の思い出をすべて記録し、それをプレゼントとして贈ろうとしていたのだ。愛情と幸せの詰まったシーンが、次々とテレビの画面を横切っていく。投げられた雪玉のひとつひとつ、笑顔のひとつひとつ、小さなエピソードのひとつひとつが、この先までずっと楽しめるように記録され、保存されていた。家族は感謝に包まれ、みなが笑顔と感動の涙を浮かべながら画面を見守る。ビデオが終わると、家族は少年を引き寄せ、長いあいだ抱きしめた。

このCMを見るたびに私を泣かせるハグ。

羅列された機能よりも、もっと大きな意味を持つハグ。

すべての人に選択肢があるように、アップルにも選択肢があった。ひとつは、電話の機能を主役に据えるという選択肢だ。彼らはそういうCMを過去につくってきたので、どんなものかは想像がつくだろう。感じの良い男性のナレーションが、iPhoneを使えば直感的に、「すべてあなたの手のひらの上で」、映画を制作できますと説明する。プロ仕様の編集性能。優れたカメラ技術による申し分のない画質。撮影した動画の保存を可能にする大容量のストレージ。画面上では、白い背景を前に携帯電話が回転し、さまざまなカットをつなぎながら機能を具体的に紹介する。クールなCMにはちがいないが、ひとかけらでもインパクトがあるかどうかは疑問だ。

アップルはそこから方向転換し、ストーリーを語ることを選んだ。おかげで私たちは、iPhoneが生活のなかで持つ本当の意味を知る機会を得た。iPhoneは私たちをひとつにできる。かけがえのない瞬間を生み出せる。

もちろん、このCMを気に入った人ばかりではなかった。二〇一四年にアップルがエミー賞最優秀コマーシャル賞を獲得すると、人々はすぐあれやこれやとCMの欠点を指摘しだした

──製品の機能が十分に取り上げられていないとか、どんなスマートフォンでも映画はつくれるとか、現在のマーケティングの問題を正確に浮き彫りにするようなコメントが寄せられた。

かつてクリエイティブ・ディレクターとしてスティーブ・ジョブズと働いたケン・シーガルは、こう断言する。「このCMを見て立ち止まり、涙を拭う人は何千万人といるだろう。すると彼らはアップルにいくらか強い愛着を感じるようになる。それこそが、このスポット広告のマーケティングの目的なのだ[5]」

シーガルの発言の重要な部分に注目してほしい──「立ち止まり」「涙を拭う」「アップルにいくらか強い愛着を感じる」。このスポットが放送された当時、アップルはちょっとした向かい風に直面していた（U2のアルバムの売り方に失敗したのが原因）。ここで彼らが成功のために築くべき橋は、魅了と変容の要素を重視したものでなくてはならなかった。とはいえ、あまりにも押しつけがましいと、また別の問題を引き起こしかねない。そこで、アップルはiPhoneの機能をティーンエージャーと家族の心温まるストーリーで包み込み、製品の価値を完璧な形で人々の心に届けた。

シーガルは結論づける。「熱い反響が世界中に広がっている……（あのCMは）アップルが長年伝えてきた価値と完璧に結びついている。大切なのはテクノロジーではない──生活の質だ[6]」

人々はモノにお金を払うのではない。モノが果たす役割にお金を払うのだ。

だからこそ、買ってもらうためには、ストーリーを語る必要がある。

そのストーリーこそが、バリューストーリーだ。

バリューストーリーへの転換

私がいくら「ミスアンダーストゥッド」を愛しているといっても、このCMを生んだのはアップルだ。

あなたの意見はわからないが、ビジネス書やオンラインマガジンを愛読している私は、アップルの話が出てくるたびにひどく不快な気持ちになる。そのとおり、アップルは世界有数の大企業だ。それはわかる。だが、あなたの会社がアップルでなかったら？　無限の資源にも、自分にかわってバリューメッセージの作成に尽力してくれる最高の広告代理店にも恵まれていなかったら？　その場合、どうすれば価値を伝えられるのだろう？　製品の機能を中心に置くのではなく、製品の機能が問題を解決するというストーリーを中心に置くには、どうすればいいのだろうか？

もっともな質問だと思う。そしてチェルシー・ショルツも、この問いに答えなければならないひとりだった。彼女には他に選択肢がなかったのだ。

二〇一六年、アンバウンスのキャンペーン戦略家として働いていたショルツは、二重のジレンマに陥った。アンバウンスは、ウェブ基盤で動く一連のツールをデジタルマーケターに提供し、ウェブサイトやキャンペーンのコンバージョン率向上を支援する会社だ。わかりやすく言えば、アンバウンスは、人々があなたのウェブサイトを訪れたときに、電子メールで会員登録したり、購入したり、商品を試したりといった行動を起こしやすくなるよう手助けする。行動を起こしたとき、その人はオンラインで仮想的にウィンドウショッピングを楽しむ客から、現実的に目に見える形でビジネスに関わる客へと変化する。

コンバージョンの持つ意味は大きい。コンバージョン率の追跡が難しいことで有名なスーパーボウルのCMとは異なり、ウェブサイト上のコンバージョン率は十分に測定可能なことで知られている。物議を呼ぶ見方かもしれないが、たいていの人はウェブサイトを訪れるとき、一緒に大量の情報を引き連れてくる。すなわち、個人の人口動態、使用しているテクノロジー、買い物習慣、本の好みにいたるまで、ありとあらゆるデータの山をウェブサイトに提供しているわけだ。

こうしたデータは、インターネットマーケターにとって生きるための酸素に等しい。どんな訪問者も追跡される。どんな行動も記録される。どんな販売も、そのソースまでさかのぼって調査される。オンラインマーケティングほど定量化しやすいマーケティングは存在しないだろう。

だが、その強みがアキレス腱に発展することもある。時間の経過とともに、多くのオンラインビジネスはデータへの執着を強め、その背後に生身の人間がいるという事実を忘れるようになった。これが、ショルツの抱えたふたつのジレンマの最初のひとつだ。彼女は言う。「アンバウンスでは、それまでの一八カ月ずっとデータ駆動型の手法を重視していました。KPI（主要業績評価指標）や目標に突き動かされてすべてを生み出していたのです。そういうやり方をしていると、人々に語りかけるというより、こちらが一方的に話をしている感覚に陥りました」

これはアンバウンスだけのジレンマではなかった。マーケティング界全体に蔓延するこのジレンマに、私自身もうっかり陥った経験がある。あれは二〇一五年の九月――私が初めてデジタルマーケティングのカンファレンスで講演を行ったときのことだ。

そのカンファレンスは、オンライン広告、コンテンツマーケティング、検索エンジン最適化において最も優秀な三五〇人ほどを集め、デジタルマーケティングというひとつのテーマを集中的に話し合う場だった。二日間の日程は、高度に専門的な基調講演で埋められており、その内容はとにかく専門的だったとしかいいようがない。何人かの講演者が、ペルソナやリターゲティングの話をしていたのは覚えているが――私はそれを聞いた後、どうしていいかわからなくなってしまった。途方に暮れて部屋に引き返し、「家族に緊急事態が起きたのでプレゼンはできない」と主催者に言おうかと考えたほどだ。初日が終わりに近づき、講演者全員が壇上から一言ずつデジタルに関するアドバイスをする段になると、逃げ出したい気持ちはますます強くなった。私たちは壇上で一列に並んだ。順番が回ってきて、私は人間とストーリーについてぼそぼそと話をした。会場は静まり返る。三五〇人は私をじっと見てから、互いに顔を見合わせた。みんなこう言いたげだった。彼女はいったい何を言っているのか？

あのいたたまれない空気が私の妄想だったらよかったのだが――そうであることを心から願っていたが――まぎれもなく現実だった。念を押すように、初日終了後の懇親会でも、何人かのお人好しの出席者からこう声をかけられた。「ひどい目にあいましたね……でもきっと大丈夫ですよ」。ハワイアン風バーベキューをテーマにしたミニバーガー越しに、彼らは私を励ました。

翌朝、私は恐怖に立ち向かい、講演を行うと決心した。出席者たちが前夜に飲んでいた酒の量からしても、オープニングの基調講演には誰も来ないと思った。その講演に立つのは、もちろん私だ。

読みは外れた。

午前九時が近づくころには、会場は満員になっていた。結局、彼らは高額な参加費用を無駄にしたくはなかったのだ。そうでなければ、高速道路で大破した車のそばを通り過ぎるときのように、私が避けられない事故を起こして火傷を負うところを、自分の目で確かめたかったのかもしれない。いずれにしても、私にはやるべき仕事があった。私はデジタルマーケターたちにストーリーを語ってから、ストーリーテリングの技を伝授した。すると意外にも、聴衆は私のセッションに参加する価値を感じてくれたようだった。「あのストーリーテラーがイベントで最高の基調講演者になるとは、いったい誰が想像できただろう⁉」とツイートしてくれた人もいた（ありがたい）。

もちろん、私はこれを自分の手柄にしたいし、自分の特殊な演説技術が功を奏したのだと信じたい。けれど明らかに、あの場ではもっと大きな何かが動いていた。聴衆はデジタルマーケティングの分野でもとりわけ優秀な、頭脳明晰な人々だった。しかし、データが増えて測定基準を追跡しやすくなると、分析がすべてだという考えに誰もがたやすく引き込まれる。すると次第に、測定基準の向こう側にいるのは人間だという事実が忘れられていく。

そこにいるのは、問題を抱えている人だ。

問題を解決するために、あなたを必要としている人だ。

その人はストーリーを求めている。自分を魅了してくれるストーリーを、あなたの解決策の正しさを保証してくれるストーリーを、自分を信者に変えてくれるストーリーを求めている。

あの二〇一五年九月のイベントは、のちに私が多く行うことになるデジタルマーケティングのプレゼンの最初の現場だった。当然そこには測定基準があり、私は講演者名簿の一位にランクづけされて感激した。それから何度かデジタルマーケティングの会議に出席した後、私はアンバウンスのショルツと出会った。彼女は当時、私がストーリーの専門家であることを知らなかった。

アンバウンスのマーケティングに対するショルツの懸念は広がっていた。第一のジレンマのほうである。ところが運命とは面白いもので、ショルツはこのとき、アンバウンス・コンバータブルズという新製品を楽しみにすべき理由を既存の顧客に説明する動画の制作を任されていた。

コンバータブルズは、アンバウンスの既存のランディングページビルダー内で使用できるツールだった。これを使えば、デジタルマーケターはプログラマーに仕事を頼むことなく、コンバージョンツール――ポップアップ広告やスティッキー広告――の作成やテストに関わる作業を大量にこなせる。ほぼ専門知識のない人でも、好きなタイミングで瞬時にオンラインコンバージョンツールを調整し、その結果を確認できる。機械オタクはもう必要ない。二一世紀にビジネス拡大を目指すすべての人にとって、アンバウンスが提供しようとしていたものはまさに魔法だった。

そう、コンバータブルズは多くの長所を備えた強力なツールだった。だが問題もひとつあった――アンバウンスは、この製品の内容をなかなか公にしたがらなかったのだ。コンバータブルズの詳細は発売開始まで伏せられると決まっていた。これがショルツにとって第二のジレンマだった。

核心を話せないのに、いったいどうやって真意を伝えろというのだろう？　製品について話せないのに、どうやってそれを紹介できるというのだろう？

しかし、チェルシーは問題に行き当たると同時に、解決策にもたまたま行き当たった。誰もが利用できる解決策である。

製品について話せない、あるいはそれを誰にも見せられないとしたら、あなたは顧客に何を伝えるだろうか？

そんなふうに考えはじめた瞬間、すべてが変わっていく。

製品を忘れ、問題を考える

自分のビジネスが提供するものを無視するという方法は、初心者にとっては邪道に思えるかもしれない。だがこれを行うと、ある重要な変化が起きる――すなわち、あなたは顧客を中心に考えざるを得なくなる。製品について話せないとしたら、残るものは何か？　答えは、それを使用する人々だ。

あなたの製品を使用する可能性のある人々とは、あなたの顧客や見込み客だ。彼らはデータではなく人間である。したがって、彼らはストーリーに反応する。

ショルツは自身のジレンマと格闘しはじめたとき、このことに気がついた。製品について話せないのだから、人間について話をするしかない。十分に時間をかけて顧客に意識を集中させていると、そのうち何かが浮かび上がってきた――彼らの抱えている問題が明確になったのだ。行きつ戻りつを何度も繰り返し、少しずつ前進した結果、ショルツはついに突破口を見つけた。

「カチッと何かが音を立てたんです」と彼女は言う。「顧客が自身のマーケティングで感じている痛みについて話せばいい。彼らの怒りをストーリーにして語ればいい。誰もが共感できるストーリーさえあればいいと気づいたのです。私たちが語りかける相手は、単なるサイボーグやエコーチェンバーではないのですから」

ショルツは、バリューストーリーを語ることでしか解決できない窮地に立たされた。製品の話をしたい誘惑に激しく駆られながらも、顧客に目を向けるしかなくなった。ストーリーテリングは優れた選択肢ではあるものの、実践するのはまず簡単ではない。ショルツの仕事も決して簡単にはならなかったが、窮地に追い込まれた彼女にできるのは、メッセージへのアプローチを変えてストーリーを語ることだけだった。

アンバウンスのバリューストーリー

アンバウンスの「ユー・アー・ア・マーケター」という動画は、シンプルで効果的だった。そして何より、結果を残した。

ストーリーは、無表情な両目をクローズアップしたモノクロの映像で始まる。ナレーションとともにカメラが引くと、この両目の持ち主は、アンバウンスの典型的な顧客であることがわかる。マーケティングの専門家が、ラップトップを眺めている。彼は無表情のままだ。さらにカメラがゆっくり引くと、男性の悩みが明らかになる――予算が少ない、技術経験がない。そしてとにかく、マーケティングのプロセスを管理する力がない。

ステラ社のストーリーテリングの枠組みで言えば、これが不憫な彼にとっての日常だ。そして私たちは、この日常から彼の苦痛を理解する。

爆発が起こるのは、男性がようやく瞬きをしたときだ。アンバウンスの新たなコンバージョンツールが発売されるというナレーション。マーケターが目を開けると、彼は新たな日常にいた。世界はモノクロからカラーに変わっている。カメラが再び引くと、男性は別人のようになり、笑顔でコーヒーをすすっていた。

シンプルで、制作費も安かったが、この動画は成果を挙げた。ショルツは言う。「あの人物（親しみをもてるキャラクター）を中心に動画のビジュアルを設計しました。すっきりしていたと思います。それに簡単でした。メッセージが広まって、狙いどおりの宣伝効果を得られました し、実際のリード創出や新規顧客の獲得にもつながりました。さっきも言ったように、私たちはその時点で、何を発売するかさえ明らかにしていなかったのに！」

アンバウンスのストーリーは、製品をまったく見せていない。というより、その発売を予告した以外では、製品についてほぼ何も語っていない。

全体を通して焦点を当てるのは、中心人物（マーケター）、この人物が直面する問題（マーケティングファネルが枯渇した場合の対処法を見つけること）、問題解決後の幸せな結末のみだ。

このストーリーがアンバウンスにもたらした成果は、彼らが望む以上のものだった。動画は、ショルツの目標の一〇倍以上に達する、一二〇〇人以上の興味ある会員に配信された。アンバウンスが見事に証明しているように、製品に心から興味を持つ人々のメールアドレスほど会社にとって貴重なものはない。彼らはコンバージョンしやすい人々、デジタルマーケティング用語で言う「Ｂｕｙクエリ」である。

それでもデータを愛してる

ここでいったん立ち止まろう。というのも、ストーリーの愛好家である私がデータをどれだけ生きがいにしているか、あなたにはぜひ知っておいてほしいからだ。実際、私はデータに生きている。出会い系アプリにプロフィールを書くとしたら、きっとこんな文章を加えるだろう――「あなたが犬好きかどうかは気にしません。でも、いろいろな活動の記録をつけて、具体的な目標達成に役立てている人なら歓迎」。私は自分が食べたもの、一週間に家族と過ごした時間、一日に書いた文字数を記録している。体重や、瞑想の頻度といった、やや個人的すぎてここには共有できないような指標も追いかけている。

だからこそ、定量的な意味を求めて定量的なプールに深入りしすぎてしまったとあなたが考えたくなる前に、こう伝えておきたい――ストーリーはデータを必要としている。真実は証明される必要がある。システム１はシステム２を必要としている。そうでなければ、哀れなモーセが方舟づくりを強いられることになる。調整すべきは、情報へのアプローチの仕方なのだ。

メリー・ポピンズを覚えているだろうか？　他の乳母がまったく太刀打ちできなかった彼女のことを。子供たちが薬を飲むのを嫌がったとき、メリーはその薬をひとさじの砂糖と混ぜた。犬の飼い主が子犬の薬をピーナッツバターに隠すように、私の母がいつもタイレノールの錠剤を砕いてアップルソースに混ぜていたように（おかげで私はいまでもアップルソースを疑いの目で見てしまう）、データ、論理、特徴、情報はストーリーに包んでしまえばいい。

その公式は極めてシンプルだ。まずはストーリーを語る。聞き手を引き込み、魅了し、システム１の助けを借りて、彼らにイエスを言わせる。次に、情報を挿入する。事実を伝え、論理に訴え、あなたが満足するまで好きなだけデータを詰め込む。そしてストーリーに戻ってくる。新たな日常で全体を包み込む。初めと終わりがストーリーでさえあれば、そのメッセージは、ひとさじの砂糖に包まれた薬と同じくらいやさしく簡単に聞き手に届く。

ではこれから、ステラ社のストーリーテリングの枠組みと要素を利用した、完璧なバリューストーリーの語り方を詳しく説明しよう。

ストーリーテリングの枠組みの分析

ストーリーテリングの枠組みが特定の種類のストーリーのために構築されるとしたら、その枠組みはバリューストーリーのために構築されるべきである。ステラ社のストーリーテリングの枠組みは、基本的に、バリューストーリーが語られることを想定している。

その状況を考えてみよう。顧客や見込み客は苦痛や問題を抱えている。それらと格闘し、それらに対処し、改善する方法を模索している。これが彼らの日常だ。次にあなたや、あなたの会社が登場する。顧客はあなたの製品や解決策やサービスと関わりを持つ。ここで爆発が起きる。彼らの生活はすっかり良くなる。苦痛は癒え、問題は解決され、顧客は以前よりずっと元気になる。これが新しい日常である。
言い換えると、こうなる。

1　日常

- 顧客の問題は何か？
- 彼らはどんな苦痛を抱えているのか？
- 彼らはどんな気持ちでいるのか？
- その苦痛は彼らの生活にどう影響しているのか？　彼らのビジネスに対してはどうか？
- 彼らが夜寝つけない理由は？

2　爆発

- あなたの製品やサービスはどのように苦痛や問題を解決するのか？
- あなたの製品やサービスはどのように顧客の生活を楽にするのか？
- あなたの製品やサービスを利用した経験から、顧客はどんな気持ちになるか？
- あなたの製品やサービスを利用すると何が違うのか？

3　新たな日常

- その後に生活はどう変わるのか？
- 何が強化されたり改善されたりするのか？
- 顧客はどんな気持ちになるか？

・どんな痛みが消えるのか？

この基本的な枠組みを指針に、四つのストーリーの要素を追加して語ると、バリューストーリーは顧客の琴線に触れたり、心を打ったりするものになる。

バリューストーリー――要素の分析

第3章で学んだとおり、いくつかの必須要素がなければ、ストーリーは偉大にならないばかりか、そもそもストーリーとして完成しない。だが心配は無用だ。これらの要素を組み込む方法はとびきり簡単で、多くの場合はとてもわかりやすい。とはいえ、あなたがバリューストーリーの語り方に二度と迷わなくてすむよう、各要素がバリューストーリーに登場する際のニュアンスを詳しく説明しておこう。

共感できるキャラクター

バリューストーリーを意図したストーリーの大半はここでレールを外れてしまう。共感できるキャラクターで脱線する。それはわからないでもない。たしかに混乱の起きやすい場所だ。製品の価値を理解してもらおうと努めているときは、誰もが、製品こそストーリーのスターであるべきだと考える。この製品にはこんなことができる！　あんなこともできる！　この製品

があの製品より優れているのはなぜかわかるだろうか？　それは、これがあって、これもあって……ええと、これもある‼

研究でも示唆されているように、偉大なストーリーテリングの鍵を握るのは、聞き手が結びつき共感できるキャラクターの存在だ。これは大切なことである。

共感できるような本物のキャラクターが存在するかどうかは、強力なストーリーと脆弱なストーリーとを分ける重要なポイントになる。マーケティングで起こる最大のまちがいは、提供する相手ではなく、提供するものをすべての中心に据えてしまうことだ。ソフトウェアを使う人、ハンバーガーを食べる人、化粧をする人、自動車を運転する人、ウィジェットの恩恵を受ける人をテーマにするのではなく、ソフトウェア、ハンバーガー、化粧品、自動車、ウィジェットをテーマにしてしまう。ピクサーの社員でもないかぎり、自動車をキャラクターにはできない。キャラクターは人間だ。製品は女性にもてたり、逆境を乗り越えたり、ドラゴンを倒したりはしない。それらを行うのは人間だ。キャラクターは輝く鎧を着た騎士であって、剣は製品、ドラゴンは騎士の直面する問題でしかない。たしかに、騎士は剣を使う。しかし、ドラゴンを倒すのは騎士であって、剣ではない。剣は単なる問題解決のための道具だ。騎士を排除したら、それはストーリーにはならない。そこに残るのは、岩に突き刺さった金属片だけである。

バリューストーリーを創るときは、必ずキャラクターを用意しよう。人間のキャラクターか、あるいはバドワイザーのＣＭのように、愛すべき動物を。キャラクターには細かい情報をいくらか付け足す。年齢、人柄、身体的特徴、職業、身に着けているグッズといった、簡単な内容で構わない。小さな情報がひとつかふたつ加わると、聞き手はキャラクターをイメージしやすくなる。そのイメージが鮮明になればなるほど、聞き手とコンテンツとの結びつきは強まる。アップルのＣＭでは、携帯電話に気をとられるティーンエージャーがわかりやすく描写されていた。

ワーキバのストーリーを聞いた人々は、働き過ぎの男が、蛍光灯に照らされた会議室の向こうに希望を見出す姿に、自分を重ね合わせた。

繰り返しておくが、バリューストーリーの成功には、キャラクターの存在が不可欠だ。それは製品のことではない。工場、オフィス、テクノロジー、コード、ウィジェットのことでもない。ロゴ、ブランド、売り込み、計画とも違う。バリューストーリーは、聞き手が気にかけたくなるキャラクターなくして成立しない。

それなら、製品は置き去りにしていいのだろうか？　ショルツとアンバウンスの例からわかるように、バリューストーリーの美点は、商品について語る必要がないことだ。私たちは製品を実際に見たり、完全に理解したりしなくてよいのである。その製品がキャラクターの人生の流れを変えたこと、ひいては、私たちの人生をも変える可能性があることを理解していればそれでいい。

本物の感情

以前、ある営業の達人がこう言っているのを聞いた。見込み客のニーズを完全に満たしたければ、彼らとベッドに入らなければならない、と。
そう。私も気持ち悪いと思った。だがいま振り返ると、それは達人の狙いどおりの反応だったのだろう——彼はわざと物議を醸す言い方をしたのだ。結局この達人の主張は、顧客が真に気にかけている問題を知りたければ、彼らの一日の終わりを想像せよということだった。彼らは家族と一緒に夕食をすませる日もあれば、遅くまで働いて家族と会えない日もあるだろう。いくつか支払いをして、メールを何通か書き、テレビの深夜番組を見る。それから少し時間を置いて、ようやく電気を消し、眠りにつこうとする……。

彼らはなぜなかなか寝つけないのだろうか？

彼らが天井を見つめて考えている問題、解決しようとしてできずにいる問題とは何なのだろうか？　彼らは何を案じ、何に関心を寄せ、何にストレスを感じているのだろう？　その問題を把握できたら、次の段階では、あなたが彼らの気持ちをどう修復できるかを考えてみてほしい。

私はどんな他人のベッドより自分のベッドのほうがずっと好きだ。それでも、顧客のベッドという場所は、バリューストーリーに感情を添える出発点になる。つい製品やチャンスに賭けるあなた自身の思いを共有したくなるかもしれないが、バリューストーリーで重要なのは、見込み客やキャラクターの感情だけだ。

データ、ペルソナ、そしてあなたが主要顧客とみなす人々の情報はすべて、彼らの感情を知る貴重な手がかりになる。緻密な分析と洞察を駆使して、それらの手がかりから答えを見つけ出そう。注目すべき点はただひとつ、顧客が何を最も気にかけているのか、何が彼らの眠りを妨げているのかだ。その感情にアプローチし、それを取り入れてストーリーを語ろう。

また、顧客や見込み客と実際に話をする効果も甘く見てはいけない。直接会話をすると、オンライン調査やアンケートを超えたデータが手に入り、間接的な方法では見落とされがちな感情のニュアンスが明らかになる。こうした会話は、顧客への理解を深めてくれるだけでなく、残りふたつのストーリーの要素にどんな情報を盛り込むべきかのヒントもくれる。

瞬間

バリューストーリーには多くの強みがあるが、そのひとつは、わかりやすく例示ができることだ。正しく語りさえすれば、特定の文脈に問題を落とし込むことで、それをあなたとあなたの製品が解決するシミュレーションになる。キャラクターや感情は、聞き手を場面に引き込むのに役立つ。一方で、最高のバリューストーリーには、聞き手が鮮明かつ具体的にイメージできるような特定の瞬間が用意されている。

瞬間をストーリーに取り入れる方法はいくつもある。メッセージを共有する媒体によっても変わるだろう。ビルダー・コーのストーリーを用いた私たちの調査では、具体的な日にちと時間を明記し、それが正確にいつ起きたのかを聞き手に感じ取ってもらえるよう工夫した。こうした方法は、一次元的なメッセージ（見たり聞いたりするのではなく、ただ黙読するタイプのメッセージ）において特に有効だ。アップルのCMでは、少年がテレビをつけたときにその瞬間が訪れた。それまでとは明らかに違う静寂が流れ、何かが変わったことが示唆された。

通常のバリューストーリーでは、瞬間と爆発が結びついていることも最後に覚えておいてもらいたい。日常に沿って進んでいた物事は、特定の瞬間に突如として変化を遂げる。その瞬間がやってくるのは、解決策が見出されたり、製品やサービスの真の価値が理解されたりしたときだ。

具体的なディテール

私は以前、大手上場テック企業であるジャック・ヘンリー・アンド・アソシエイツのカンファレンスで講演を行った。銀行や信用組合にテクノロジー製品やサービスを提供し、私たちの金融機関との関わりのすべてを可能にしているのが、このジャック・ヘンリーだ。オンラインで明細を確認する？　ジャック・ヘンリー。モバイル機器から預金をする？　ジャック・ヘンリー。二〇一八年七月の時点で、彼らの業績は過去最高に達し、お祝いムードが続いていた。多くの会社と仕事をする人間として、私にはその理由が簡単に見て取れた。ジャック・ヘンリーの社員たちは、分散しながらも結束していた。集中しながらも活気に満ちていた。とにかく顧客を知るのが大切だという理解のもと、その理解をすべての中心に置いて仕事をしていた。これは商品が売れた後だけでなく、初めに商品を売ろうとする段階でも大切な考え方だ。

このカンファレンスでは、セールスおよびマーケティングのゼネラルマネージャーを務めるスティーブ・トムソンが話をした。およそ五〇〇人の部下に向けて彼が語ったところでは、最初のミーティングに入る前に顧客をどれだけ理解しているかで、ビジネスの成功が決まるという。顧客が何を求め、何に苦労し、それをジャック・ヘンリーがどう手助けできるかを、事前に知っておく必要があるというわけだ。

顧客に関する知識は、営業、ストーリーテリング、特にバリューストーリーを語るうえで重要だ。あなたが見込み客にストーリーを語るときには、具体的に細かく伝えることをどうか恐れないでほしい。映画『リストラ・マン』の赤いホチキスを考えてみればわかる。具体的なディテールがあれば、第1章で述べた共創的なプロセスを通じて、聞き手をストーリーに引き込める。そればかりでなく、あなたの共感能力を相手に示すこともできる。顧客が終業後の会議でよくピザを注文すると知っているのなら、その情報をストーリーに加えよう。顧客が一○○人の営業担当者にもらったブランドのペンを収集しているらしいのなら、その情報をストーリーに加えよう。ディテールが加わるごとに、聞き手にとって見慣れた、なじみのある場面がつくられていく。すると聞き手は、「語り手が自分を理解してくれた」と考えるようになる。

ただし、注意点もある。これはごまかしの利かないステップだ。ジャック・ヘンリーの営業リーダーが言っていたように、あなたは見込み客を真に理解しなければならない。時間をかけるか、調査をするか、経験を生かすかのいずれかの方法で、聞き手のことを知ろう。それができたら、ストーリーにディテールを付け足し、聞き手になじみのある場面をつくりあげて、あなたが彼らを本当に理解していると示そう。

バリューストーリーの真の価値

バリューストーリーの最大の特徴は、いうまでもなく、それがよく効くことだ。どれだけ下手な営業やマーケティングも、バリューストーリーによって、人を魅了し、感化し、変容させるものに変わる。バリューストーリーを聞くことで、見込み客、つまり将来の上顧客は、あなたの製品やサービスの真の素晴らしさを理解しやすくなる。これは誰がどんなストーリーを語る場合でも変わらない。サービスを提供したい人々に目を向け、彼らが感じている苦痛や、彼らが望まない負担を軽減することに集中すれば、あなたは自分のマーケティングがなぜ振るわないのか、なぜ功を奏さないのかと悩む必要はなくなるだろう。自分が提供するものに即したバリューストーリーを語れば、成果はそのうち見えてくる。すぐに効果が出ることもある。

少なくとも、肖像写真家のサラの場合はそうだった。多くの写真家と同じく、彼女のサービスは非常に明快だった――人々の写真を撮影する、それだけである。手がけるのは最上級生の肖像写真や顔写真が主だったが、ときには家族写真を、ごくたまに結婚式の写真を撮ることもあった。サラの商売は、人々が高品質の写真を求めてこそ成り立つものだった。当然ながら、高品質の写真撮影は安くない。一般的なニーズを満たす写真がスマートフォンで撮れることを考えても、サラにとっては、価値のギャップに橋渡しをするのが常に課題になっていた。

ある春、サラは特別企画として、母の日を記念したミニ撮影会を提供しようと決めた。といっても、今回はただ母と子を被写体にするのではない。成人とその両親、あるいはその祖父母を一緒に撮影しようと考えた。定番のサービスに面白いひねりを加えたのである。サラはよくある手段でマーケティングに取りかかった。ソーシャルメディアなどに簡単な広告を載せ、内容を宣伝し、価格、時間、場所、顧客が得られるメリット、予約方法などを記載した。

反応なし。

予約は一件も入らなかった。

サラはもちろんがっかりしたが、諦めるわけにはいかなかった。これは彼女にとって、本当に大切な企画だったからだ。

母の日の数カ月前、サラは祖母を亡くしていた。大好きだった祖母。サラが大人になってから一〇年間、一緒に暮らした祖母。その一〇年間に、サラはひとりの大人として祖母を知るという貴重な体験をした。子供のころに知っていたおばあちゃんとはまた違う、祖母の姿を見た。祖母亡き後、思い出を反芻していたサラは、最後の一〇年間にふたりで写った写真が欲しくなった。昔使っていた携帯電話や、古い靴箱の中をくまなく探してみる。まともな照明の下で、揃ってぎこちない笑顔を浮かべる祖母と孫の、まともな写真はなかっただろうか。

そんな写真は一枚もなかった。

サラと祖母が撮っていなかったからだ。

いまのサラは、愛する祖母と三〇分間着席し、一緒に写真に写るひとときを楽しめるなら、何だってしたいと思っている。

それが今回の撮影会の趣旨なのだと、人々が理解してさえくれたら……。

そう思った瞬間、サラはひらめいた。語るべきは祖母のストーリーだ。

彼女は行動に出た。

サラはもういちど、母の日の撮影会について告知した。ただし、このときは費用や成果物に焦点を当てるのではなく、祖母のストーリーを中心に語った。すると、大きな反響が寄せられた。費用を疑問視する人は誰もいなかった。むしろ、彼らはサラのストーリーに深い結びつきを感じたと言い、自分自身のストーリーを共有してくれた。

サラにとって最大の失敗になりかけた撮影会は、最終的にはかつてない成功を収めた。予約件数は過去の撮影会の倍になったが、それはひとえに、サラが共有したストーリーのおかげだった。

バリューストーリーの本質は、他では成し得ない方法で価値を表現する点にある。ビジネスの大小にかかわらず、売り上げを伸ばし、マーケティングを向上させたいなら、バリューストーリーから始めよう。そして、あなたが母の日の写真撮影会にお母さんやおばあさんと慌てて参加しようとしているなら、私の後ろに並んでもらう必要がある。

第5章　ファウンダーストーリー——お金、顧客、人材を引きつけるアントレプレナー流ストーリーの利用法

The Founder Story: How Entrepreneurs Use Story to Attract Money, Customers, and Talent

投資を依頼してきた人が自分の企画に自信を持っていなければ、投資家も自信をもって信じるのは無理でしょう。

——エイミー・カディ、『〈パワーポーズ〉が最高の自分を創る』（早川書房、二〇一六年）

二〇一三年、ハンドメイド作家向けの見本市を兼ねたイベントに参加するため、私はラスベガスにいた。何百人もの作家が、繊細で高価な品物が詰まった箱や容器をトラックに積み、全米からはるばるこの地へ集まっていた。フットボールフィールドほどの広さの展示場の内部に、作家は個々に目立つよう工夫してブースを設ける。見本市が正式に開場して有名バイヤーが押

し寄せてきたときに、彼らを引きつけて商品を買ってもらいたいからだ。

私はイベントが始まる前夜に到着し、教育セッションの講演者として、設営中の場内を案内してもらった。優美なビーズ作品、絵画、金属スクラップ製の彫像、手描き生地、ガラス製品など、あらゆるものを扱うブースが延々と並んでいるのを見て回った。それぞれ多少違いがあるとはいえ、基本的には同じものを売っているブースが多い。私はたちまち既視感を覚えた。一番奥の列に近づくと、美しい手吹きガラス製品で埋め尽くされたブースがあった。色鮮やかな渦巻き模様が施された、平皿、大皿、コップ、盛り鉢の数々。ガラス製品のブースを見るのは今回の見本市で初めてではなかったが、この売り場ははっきりと私の目を引いた。私はブースにいた男性に声をかけた。半分は好奇心から、半分は実験として、彼がストーリーを語ってくれるかどうかを試してみたかった。

「こちらはあなたの作品ですか？　きれいですね」

「ええ、私が作家です。ありがとうございます」

「作品のことを教えてもらえませんか」。私はいったん間を置き、微笑んだ。「あなたの芸術についてもっとお聞きしたいんです。何が創作の原動力になっているんですか？」

彼は私を見て言った。「こちらは飾り皿です」

私が期待した答えとはやや違っていた。吹きガラス業界のアントレプレナーが、自分以外のガラス作家三〇人と展示会で差別化を図ろうとしている状況には、なおさらふさわしくない答えだった。そこでもう一度聞いてみた。

「いつからこのお仕事をされているんですか？　始めたきっかけは？」「一九八七年です」

展示会が始まる前だったのでスイッチが入り切っていなかったのだと、このオーナー兼作家は弁明するかもしれない。いずれにしても、ストーリーテリングが期待できないのは明らかだった。ちょうどそのとき、主催者のひとりがブースにやってきて、作家に私を紹介してくれた。「こちらはキンドラ・ホールさん。ストーリーテリングの専門家です。ブランドを差別化するストーリーの語り方について、明日の教育セッションでプレゼンをしてくれます」

作家は、はっと何かに気づいたような表情を浮かべた。その表情を見るかぎり、彼は以前どこかで誰かから、ストーリーを語るべきだと言われたことがあるようだ。しかし彼が何かを言うより早く、私は主催者から退場を促された。彼女と一緒に引き返そうとすると、「待ってください！　待ってください！」と叫ぶ作家の声が聞こえた。振り返った私に彼は言った。「よかったら戻ってきてくれませんか。お話しできる実に素晴らしいストーリーがあるんです」

きっとさぞ素晴らしいストーリーだったにちがいない。チャンスがあるときに、彼がそれを語れなかったのが残念だ。

どんなビジネスにもストーリーがある

どんなビジネスにも創業者のストーリーがある。

どんなビジネスの背景にも、どのようにすべてが始まったのか、誰がそれを始めたのかとい間のストーリーがある。創業者がビジネスを思いつく以前のストーリー。アイデアが最初にひらめいた瞬間のストーリー。これは現実のビジネスになるかもしれないと、創業者が気づいた瞬間のストーリーがある。

社員が語るにしても、起業した本人が語るにしても、ファウンダーストーリーの効果は保証つきだ。どれだけ大規模でも、どれだけ小規模でも、どれだけ古くても、どれだけ新しくても――それが完全にまっさらな状態から生まれたものでないかぎり――、会社や製品を私に紹介してくれたら、すべてが始まった経緯をストーリーに仕立ててみせよう。例外は存在しない。

これは朗報だ。

というのも、ビジネスの世界は、まったく同じものを提供する競合ブースがひしめきあうラスベガスの展示場によく似ているからだ。ファウンダーストーリーは、こうした世界で頭ひとつ抜け出し、見込み客とのギャップに橋渡しをする優れた手段になる。

事業の初期段階に投資家から出資を取りつけようとするとき。混雑して騒がしい市場で差別化を図ろうとするとき。最高の人材を集めて事業規模の拡大をねらうとき。ファウンダーストーリーは、さまざまな方法とさまざまな理由をもとに、これら三つの状況に対処する。

投資家とのギャップを埋めるファウンダーストーリー

いまから何年か前、同じ大学に通っていたふたりの男性が、サンフランシスコで共同生活を始めた。あなたがサンフランシスコに住んだ経験があるかどうか、または住んだ経験がある人を知っているかどうかはわからないが、この街が手頃な住宅地として有名でないのはご存じだろう。サンフランシスコには多くの特徴があるとはいえ、財布に優しいところはない。だから想像してもらえるだろうが、この男性たちも家賃を支払う時期になると、必死でお金をかき集めなくてはならなかった。

彼らが家賃の支払いに苦労していたちょうどそのとき、街で大規模なデザインカンファレンスが開かれることになった。とにかく大きなイベントだったので、主催者が宿泊先として提案するホテルは予約で一杯だった。サンフランシスコの宿泊施設には、デザイナーを受け入れる余裕がまったくなかったのだ。それなら、来場したデザイナーはどうすればいいのだろう？　路上で寝る？　他人の家の床で寝る？

「ちょっと待った。もし……」

街のホテルが満室で、宿を探し続けている人がたくさんいると聞いたとき、サンフランシスコの困窮した（文字どおりにも比喩的にも）二人組は斬新なアイデアを思いついた。もし、何人かのデザイナーに部屋を貸せるとしたら？　よその街からやってくる人は泊まる場所を確保できるし、二人組はゲストの宿泊料で家賃をまかなえる。

完璧なアイデアに思えたが、ひとつ大きな問題があった。彼らには余分に貸せる個室もなければ、余分なベッドもなかったのだ。ただ、予備のエアマットは数枚あり、リビングルームの床は空いていた。それで十分だろうと判断し、彼らは部屋を貸し出すことにした。

二人組がエアマットのことを宣伝すると、三人から反応があった。完全に接点のない人たち。それでも、彼らの体験は完全に素晴らしいものになった。ゲストはカンファレンスで有意義な時間を過ごし、二人組と楽しい時間を過ごした。二人組もまた、ゲストをもてなしながら充実した時間を過ごした。

そのとき、二人組にある考えが浮かんだ。これを続けてみたらどうだろう？　このアイデアを拡大し、一カ月分とはいわず毎月の家賃を稼いでみるというのは？　うまくいけば、誰もがエアマット数枚分の初期費用で部屋を貸し出し、その場かぎりの素晴らしい体験を提供できるのではないか。

現在の私たちが知るエアビーアンドビーは、こうして始まった。[1]

無論、ここまでの話は彼らのストーリーの一部に過ぎない。結末に至るまでに、彼らは予想外の展開に見舞われながら、知恵を働かせてそれを乗り越えてきた。たとえば、

- 経営が苦しい初期にはクレジットカードで資金を調達し、何百万円もの借金をため込んだ。
- 市販のシリアルを「オバマ・オーズ」と「キャプテン・マケイン」の特製パッケージに詰め直し、その売り上げを借金返済と生活費に充てた。
- ブログに掲載されれば多少は注目されると見込んで、どれだけ読者の少ないブロガーにもエアビーアンドビーの宣伝を依頼した。[2]

今日、こうしたストーリーはエアビーアンドビーの伝説と化している。だが見落とされがちなのは、この会社の創成期において、ストーリーテリングがどれほど重要な役割を果たしたかという点だ。いまや何百万人に増えた顧客が二人しかいなかった時代、エアビーアンドビーが生き残りをかけて闘っていた時代に話を巻き戻そう。

スタートアップの日常

スタートアップは常に課題に直面する。そしてエアビーアンドビーには、さらに乗り越えるべきいくつかのハードルがあった。家の余剰スペースをシェアリングエコノミー型のビジネスに変えるという発想は、いまでこそ当たり前に感じられる。しかしエアビーアンドビーの創業当時はそうではなかった。考えてみてほしい。誰かがあなたにこう言ってきたとしよう。「今週末、知らない人を家に泊めてあげたらどうだろう？……えっ、何だって？　いや、泊めるのはあなたの友達じゃない。あなたの友達の友達でもない。たまたまインターネットであなたを見つけた他人だ。よかったら、彼らに朝食も用意してあげてほしい」

多くの人は即座に「ノー」を言うだろう。そして多くの投資家も、このアイデアに「ノー」を突きつけた。ベンチャーキャピタルのアンドリーセン・ホロウィッツでゼネラルパートナーを務める、ジェフ・ジョーダンもそのひとりだ。アンドリーセン・ホロウィッツは本来、一〇年先のユニコーン企業（設立一〇年以内で評価額一〇億ドル以上の、未上場のＩＴ企業）を嗅ぎ分けられる会社である。スカイプ、フェイスブック、ツイッターへの投資は、彼らの実績のほんの一部に過ぎない。

そんなジョーダンが「エアビーアンドビーのことを初めて耳にしたとき、これまで聞いたなかで最も愚かなアイデアだと思った」[3]と発言したのだから、その衝撃は想像してもらえるだろう。このコメントに心を砕かれたアントレプレナーのなかには、ブライアン・チェスキーもいた。だがチェスキーの場合は、他のアントレプレナーよりそれを受け止めやすかったかもしれない。エアビーアンドビーの創業者のひとりである彼は、会社を始めた当時、ジョーダン以外からも「最も愚かなアイデア」という意見を頻繁に聞かされていたからだ。

事業を始めた最初の年、チェスキーは売り込みをかけたすべてのベンチャーキャピタルから投資を断られた。彼はファスト・カンパニー誌にこう語っている。「みんなが私たちをクレイジーだと思っていました。彼らは言うんです。まったくの他人同士が一緒に過ごしていいはずがない、恐ろしい事件が起きる、と」[4]

当時のチェスキーの心境は想像できる。自分が何かをつかんでいると確信しているにもかかわらず——そして実際に何かをつかんでいるにもかかわらず——、権力者に否定され続けている人々は、独特の怒りや不満を抱えているものだ。グラミー賞を五回受賞したレディ・A（旧称レディ・アンテベラム）のスター、ヒラリー・スコットもかつてはそうだっただろう。彼女はヒットチャートの一位を獲る前、『アメリカン・アイドル』のオーディションで二度落とされたとき、チェスキーと同じ気持ちを味わったはずだ。J・K・ローリングが最初のハリーポッター本の企画を一二の出版社に断られたときも、やはりチェスキーと同じ気持ちを味わったはずだ。

いずれの場合も、才能とチャンスはそこにあった。しかし、手のひらの上で千載一遇のチャンスを与えることも、夢を握り潰すこともできる投資家に対して、どうすれば自分の可能性を効果的に伝えられるのだろうか？　スタートアップの場合は、どうしたらそのビジネスに投資する価値を、成功の裏づけがない段階で投資家に理解させられるのだろうか？　あまり確実とはいえないビジネスを提供するときに、どうすればリスクを取るよう投資家を説得できるのだろうか？　何らかのチャンスが訪れ、アイデアの実現に十分な資金と信頼を持ち合わせる人の前に立てることになったら、あなたは何を話すだろうか？

どれも適切で、アントレプレナーなら誰もが自問自答する問いである。これらの問いに挑んだのはエアビーアンドビーの創業者たちが初めてではなかったし、彼らの後にも続くだろう。アントレプレナーに特有のこのジレンマは、何百万人が見守る前で披露されることもある。

自分を売り込む

アメリカでは、毎週数百万人がＡＢＣのテレビ番組『シャーク・タンク』にチャンネルを合わせる。週一回、候補のアントレプレナーが威圧的な審査員団の前に立ち、いずれかの投資家《シャーク》に投資してもらえるのを期待して、アイデア、ビジネス、製品、またはサービスを売り込むという内容だ。この番組はエンターテイメントとして優れているだけでなく、アントレプレナーが直面する橋渡しの難しさにも光を投じている（その光の多さは、すべての照明クルーが当てる光の量に匹敵する）。

テレビ向けに脚色されているとはいえ、彼らの闘いは本物だ。

ドラマチックな音楽が流れるなか、候補者のアントレプレナーは気圧されそうな通路を進み、自分の運命と対峙する――待っているのは一生に一度のチャンスか、あるいは夢の終わりか。

売り込みの始まり方はだいたい同じだ。アントレプレナーは自己紹介し、希望の投資条件を述べ、自分の製品やビジネスを手短に説明する。そこから先は、いくつかの選択肢が考えられる。

わかりやすい選択肢は、数字の話をすることだ。投資の目的は金儲け（それ以外ないに等しい）だと思い込んでいるアントレプレナーは、投資家を何とか言いくるめ、このリスクにぜひ賭けてみるべきだと説得を試みる。厳然たる揺るぎない事実を提示する以上に、人を説き伏せる優れた方法があるだろうか？　論理を並べることは常に最善の策だ。頼るべきは数字である。市場規模、コンバージョン率、ＲＯＩ（投資利益率）、限界費用。数字はアントレプレナーに自信を与える。意思決定者にとっても、信用に足るものと聞こえる。

ここで言っておきたいのは、数字を直接示すのはもちろん重要だということだ。しかし前章で学んだように、直接的な数字それだけでは決して十分ではない。

であれば、人生を変えるような取引を成立させるには、どんな秘訣がいるのだろうか？

ファウンダーストーリーを語ることは、少なくともそのひとつだと思われる。

実際、『シャーク・タンク』の第六シーズン（全放送分のちょうど中間にあたるシーズン）を分析してわかったことがある。私たちのストーリー基準にもとづき一一六件の売り込みをすべてコード化したところ、放送された売り込みの七七・六パーセントでストーリーが語られていた。しかもストーリーが語られた売り込みは、語られなかった売り込みと比べて、取引の成約率も高かった。

新たな製品やアイデアを扱うときにストーリーが効果を発揮する理由は、おそらく、何にも増して自分を売り込む側面が強くなるからだろう。

懐疑論者を信者に変えるストーリー

ブライアン・チェスキーの売り込みは全米にテレビ放送されたわけではなかったが、彼とエアビーアンドビーも、自身のシャークたちと泳ぎ続けていた。起業に必要な資金を提供してくれる誰か、エアビーアンドビーを疑いながらも心の底ではその素晴らしさを理解している誰かを探していた。

だが、アントレプレナーと投資家のギャップを埋める数字は、世界中のどこにも存在しなかった。エアビーアンドビーのアイデアは圧倒的に説得力を欠いており、投資家はそれが結実する未来を見通せなかった。理屈では手詰まりになったため、この若い会社はストーリーの力に頼り、話をもちかけた投資家を説得するしかなくなった。そのストーリーを語れる人間は、創業者ただひとりである。そして、彼が持っていた唯一のストーリーは、彼自身のストーリーだった。

ジェフ・ジョーダンを覚えているだろうか？　エアビーアンドビーはそれまで聞いたなかで最悪のアイデアだと考えていた、あのベンチャー投資家のことを。彼はその発言を否定しない一方で、チェスキーと会話をして投資をする気になった、と言い添える[5]。

ジョーダンいわく、彼はチェスキーと面会して「二九分間で、完全な懐疑論者から完全な信者になった[6]」。なぜか？　チェスキーがストーリーテラーだったからだ。ジョーダンはビジネス・インサイダー誌にこう語っている。「偉大な創業者はみな、偉大なストーリーを上手に語る。人々を納得させて信者に変える能力は、創業者にとって重要な資質のひとつだ[7]」

チェスキーはひとつのシンプルなストーリー、すなわち彼自身のファウンダーストーリーを語って、ジョーダンが言うところの「創業者と製品の適合性」を証明した。ファウンダーストーリーは、アイデアが誕生した経緯を明らかにする。この方法でこのアイデアを思いついた人間は現時点までに自分だけだということを、本質的に述べる。

『シャーク・タンク』のファンが口を揃えて言うように、アイデアへの投資は、アイデアそのものより大きな意味を持つ。会社への賭けを競馬にたとえるなら、投資家が賭けるのは馬ではなく、騎手のほうだ。会社をトップに押し上げたいという情熱を持った人間に賭けるのだ。身をもって語られるファウンダーストーリーは、その創業者が本物であるという確信を投資家に抱かせる。数字を超えた信頼を生み出し、労せずして投資家の疑問を解消する。欠落したパズルのピースを埋めるように、創業者がそれまでどこにいて、今後はどこへ向かうのか、なぜこの創業者に賭けるべきなのかという情報を与える。

著名な億万長者への売り込みがハリウッドのスタジオで行われるにしても、シリコンバレーの会議室で行われるにしても、潜在的投資家は創業者を凝視してから、レーザー光線のごとく鋭い視線を投げかける。そこでは、こんな暗黙の会話が交わされている。

投資家　この創業者は逆境を乗り越えられるだろうか？
創業者　乗り越えてみせます。
投資家　この創業者は全力を尽くしているだろうか？
創業者　会社のロゴは私の血の色です。
投資家　この創業者はビジネスに気持ちを注いでいるだろうか？
創業者　配偶者には秘密ですが、私の人生において最も幸せな日は、自分の結婚式ではありませんでした。私が最も幸せを感じたのは、会社の法人設立定款を届け出たときです。

これらの答えを聞くだけでは十分ではない。投資家は、これらの答えを実感したいと望んでいる。そして、ストーリーテリングの効果を私たちと同様に理解している創業者なら、自分のストーリーを上手に語り、必要とするすべての感情を引き出せる。

その運命の日、アントレプレナーとして極めて強烈な体験をしたブライアン・チェスキー。

彼のストーリーは、懐疑論者を信者に変えた。すべての反対意見を屈服させ、信仰を生み出し、ついにチェスキーにイエスを勝ち取らせた。約一一二億円の投資へのイエスである。[8]

顧客とのギャップを埋めるファウンダーストーリー

現時点で、あなたが投資家を引きつけることを事業計画の一部にしているかどうかはわからない。創業者の多くは投資家の資金を利用しないので、資金確保のためにファウンダーストーリーを利用する機会もないだろう。多くの場合、起業家は自分の資金で収益を上げ、利益を再投資して成長を促進する。実際そのケースが多い。

カウフマン・インデックスによると、アメリカでは毎月五四万人の新規事業主がアントレプレナーの道を歩み始める。[9]決してあなたの読み間違いではない――なんと五四万人だ。イントゥイットの調査では、小事業主の六四パーセントが一〇〇万円足らずで創業し、七五パーセントが個人貯蓄に頼って事業を始めていることもわかった。[10]

つまり、五四万人の潜在的競争相手、五四万人の創業者が一様に飢え、個人貯蓄を積極的に投じ、手段を選ばず行動しているということだ。これを読んであなたの心拍数が少しでも上がったなら、その気持ちはよくわかる。

私にもおせっかいな友人や知り合いがいて、私へのサポートを示そうと、ストーリーテリングを扱う専門家、会社、イベントに関する記事やブログやプレスリリースをよく送ってくる。

ストーリーテリングの大切さを教え広めていく人々が増えるのは願ってもないことだが、送られてくる記事を読むたび、私はちょっとたじろいでしまう。なぜなら、それらの記事は競争相手の存在を意味するからだ。どんなアントレプレナーも信じたくはないだろうが、そこにいるのは私だけではない。

すでにシリーズBの資金調達をしている人も、あるいは私と同じく、検索しなければその意味がわからなかったという人も、いずれは競争や模倣に直面するだろう。そんなときには、ファウンダーストーリーの力を借りて差別化を図ろう。

差別化したいのに紛れてしまう？

それは二〇一五年の出来事だった。デザート・スター建設の創業者であるジェリー・ミークは、すでに多くの経験を積んでいた。第三世代の建築業者であるミークは、コーヒー缶いっぱいに入ったくぎと（父親に使用を許されて以降は）金づちで遊ぶのが好きな子供だった。ミークのポートフォリオを見れば、高級住宅雑誌のページをめくる人々が昔から繰り返してきた質問――「この家って本物？」という質問への答えをもらえる。そのとおり、家は本物だ。そして、それらを建てたのはミークである。

正直に言えば、ミークがそれらを建てた唯一の人間だったら、大したストーリーは生まれないだろう。もちろん、高級住宅の建設業者はデザート・スター建設以外にも存在する。アリゾナ州だけでも、ミークが拠点を置く税金が軽い地域では、高級住宅建設市場の競争が激化している。

エアビーアンドビーの創業者と同様に、ミークはみずからが提供するものに自信を持っていた。アプローチに優れ、チームに優れ、長い建築プロセスにおけるクライアントへの献身度に優れているという自覚があった。しかし、彼も多くの事業者と同じように、建築への愛を伝えることに苦労していた。その愛がマイホーム建築を夢見る見込み客にどんな意味をもたらすのか、うまく伝えられずにいた。伝えようとはするのだが、他の建設業者の言葉と同じに聞こえてしまうのだ。ミークは何らかの方法で、差別化を図らなければならなかった。

彼に必要なのは、ストーリーを語ることだった。

ミークが直面していたのは、小事業主を昔から悩ませてきた難問だった。会社はもはや初期段階にはない。納品は完了している。製品やサービスを受け取った顧客は、それを使用し、気に入っている。システムもチームも整備されている。会社にとって新規顧客の開拓は、始動のために追いかける目標から、成長を続けるために継続して取り組むべき課題に変わっている。確立ではなく差別化に重点を置く時期が来た。

残念ながら、差別化を実現するのは、私たちが望む以上に難しい。まったく同じ言い方で違いを主張する他社と同類に見られることなく、みずからの独自性を打ち出すには、どうすればいいのだろうか？

それで思い出すのが、夫と付き合い始めたころのことだ。私は彼の気を引くためなら何でもしようと思って、アメフトを見たり（この話はすでにご存じだろう）、『アリ・G・ショー』を見たりしていた。そう、あの評判どおりのくだらない番組だ。前提の説明は省略して、エピソードをひとつ紹介しよう。コメディアンのサシャ・バロン・コーエン演じる主人公が、食料品店の乳製品コーナーで従業員にインタビューする。さまざまなチェダーチーズのブロックや袋が並んだ棚を指差し、コーエンは「これは何？」と尋ねる。従業員は「チーズです」と答える。コーエンは二歩進み、今度はスイスチーズらしきものが並んでいる列を指差す。「これは何？」と彼が尋ねると、「チーズです」と従業員が答える。コーエンはさらに数歩進み、「じゃあこっちは？」と尋ねる。指差しているのは、チェダーでもスイスでもない別のチーズだ。従業員の答えは「チーズです」。この描写の面白い点は、一〇〇種類以上のチーズが棚の上にあるにもかかわらず、すべてがまったく同じように説明されているところだ。

みんな違ってみんな同じ

ビジネス書の傑作『エッセンシャル思考』（かんき出版、二〇一四年）が出版される二年前の二〇一二年、著者であるグレッグ・マキューンは、ハーバード・ビジネス・レビュー誌に次のようなタイトルの記事を寄稿した。「陳腐な言葉で埋め尽くされたミッション・ステートメントをこれ以上読んだら、私は叫び出したくなるだろう」[11]（ハーバード・ビジネス・レビュー日本語版タイトル「壮大なミッションより明確な戦略的意図：ブラッド・ピットが示した好例」）

この記事は、三つの会社と三つのミッション・ステートメントが登場するクイズ形式で始まる。読者に課せられるのは、会社とそれが掲げているミッションとを一致させることだ。一見とても簡単そうだが、やってみると難しい。なぜなら、これらのミッション・ステートメントはほぼ似たり寄ったりの、交換可能な言葉のかたまりでできているからだ。「収益性の高い成長」「優れた顧客サービス」「顧客と株主の利益」「最高の倫理基準」。彼らが独自性と考えていたもののおかげで、ミッションはかえって区別がつかなくなってしまった。

同じ業界から集まった多くの会社を対象に、私も似たような実験をしたことがある。「みなさんのなかで、『卓越性へのこだわり』を差別化要因としている会社はどのくらいありますか？」。聴衆全員が手を挙げる。「『顧客サービス』で差別化できているという会社はどれくらいありますか？」。聴衆全員が再び手を挙げる。「『情熱』こそが他社との違いだという会社はどれくらいいありますか？」

結果は想像してもらえるだろう。

こういう場面で、ぴりぴりした空気のなかにも笑いが起きるのは救いだ。私たちはいっせいに、自分を差別化するはずの要因——自分をユニークな存在にする特徴——が互いにまったく同じだったことに気づく。少なくとも、伝え方においてはそうだ。

差別化を図ろうとして苦しむのは、チーズ売り場の従業員や、業界のイベントに集まる人々だけではない。あらゆる製品、サービス、企業に関わる人々が、同じ苦しみを味わう運命にある。

その最も強力な対抗手段は？　ファウンダーストーリーだ。

条件が同じなら勝つのはストーリー

細身に仕立てられたシフト・ドレスのインナーを探すとき、ノードストロームの棚に何が掛かっていようとも、私はそれを買わずに毎回スパンクスへ直行する。理由はなぜか？　サラ・ブレイカリーのストーリーを聞いたからだ。

それはブレイカリーがチャンスをつかみ、会社を始めるまでのストーリーだ。彼女は熱心に売り込みをかけ、ついに巨大百貨店のバイヤーとの貴重な商談にこぎつけた。座って話をしているとき、この女性バイヤーはあまり腑に落ちない表情でブレイカリーの話を聞いていた。そこでブレイカリーはバイヤーを説得して一緒にトイレへ行き、下着の効果を実演してみせた。エクストラガムの場合と同じく、ヒップやウエストを同じように細くするとうたう下着が目の前に大量に並べられたら、私は自分好みのストーリーを持った製品を選ぶ。

ちょっとぜいたくをして髪をブローしてもらおうと決めたときにも、私は同じ選び方をする。カットもしないし、カラーもしない。ただ乾かしてスタイリングしてもらうだけ。このサービスは、私がここ一〇年のあいだ六週間おきに通っているサロンを含め、どこのサロンに行っても受けられるだろう。それでも私はドライバーに行く。なぜか？　ファウンダーストーリーを聞いたからだ。アリ・ウェッブは、自身がドライバーを創業するまでのストーリーを、雑誌、オンラインインタビュー、ポッドキャスト、女性向けイベントなどで語ってきた。あなたが思いつくプラットフォームや媒体でも、彼女はきっとストーリーを披露しているはずだ。私も何度か聞いたことがあるし、さまざまな角度から分析もしたが、ウェッブの話はいつ読んでも聞いても面白い。たとえば、彼女自身が巻き毛で、子供時代にそれをどう思っていたかというエピソード（髪質のせいではないが、私も常におどおどしている子供だったので共感できた）。高額なブローについてのエピソード（私はサロンで一本一万円だと知らずにシャンプーを買い、銀行口座がマイナスになったことがある）。友人たちに安い値段でブローを提供するため、ロサンゼルスを車で走り回ったというエピソード（私も友人のカバーレター、結婚の誓い、受賞スピーチのために、何時間もかけて数え切れないほどのストーリーを書いてきた）。ウェッブの兄が彼女を信じ、夢を追いかけるよう励ましたというエピソード（私も夫に仕事を辞めてはどうか、フルタイムでストーリーテリングの方法を研究したらどうかと言われたことがあるが、それが何を意味するのかはわからない）。ブレイカリーのストーリーには、あらゆる苦闘、あらゆるリスク、あらゆる思い切った挑戦、そしてあらゆる成功が詰まっていた。これ以上何を望めるだろうか？

アリエルが人間になってエリック王子と結婚したとき、私の娘が笑顔とともに見せた驚きは、大人である私が上手なファウンダーストーリーを聞いたときに感じる気持ちとそっくりだ。夢は叶う！　プリンセスは逆境に打ち勝てる！　人魚が人間に変身したり、人形が本物の少年に変身したりするのと同じくらいありえないことに聞こえるかもしれないが、それでも夢は現実になる。ファウンダーストーリーと自分のストーリーとが混ざり合うと、私はブランド信奉者になってしまう。

正しく語られれば、ファウンダーストーリーはこうした効果を発揮する。人間のコアな部分で揺れ動いている欲望に訴えかけるのだ。創業者が現状でどこまでアントレプレナーとして成功しているかにかかわらず、彼らの初期のストーリーはおとぎ話のように読まれることが多い。だからこそ、あなたはそれを語り続けていくべきだ。

もちろん、ファウンダーストーリーがなくとも、忠実な顧客を抱えるブランドや企業は数多く存在する。けれど、あなたが差別化に苦労している小事業主なら、ファウンダーストーリーの力を決して過小評価してはならない。たとえあなたが、自分のストーリーとディズニー映画とを比べ、こんな話はちっぽけで興奮も感動も呼ばないのではないか、話すのをやめたほうがいいのではないかと思ったとしても、だ。ファウンダーストーリーにおいて重要なのは、ストーリーの大小ではない。それを語るという決断である。

そして、この決断に踏み切ったのが、デザート・スター建設のジェリー・ミークだった。

彼のストーリーは決してスケールの大きいものではなかった。涙を誘うものでもなかった。ハリウッドでの映画化も当面は見込めないだろう。しかし、ミークの関心はハリウッドにはなかった。彼が関心を寄せていたのは、建築への情熱をどうすればうまく伝えられるのかということだけだ。デザート・スターが夢のマイホームを建てるうえで最高のパートナーである理由を、どうすればはっきり伝えられるのか。その目標を達成するため、ミークは記憶をさかのぼる必要があった。

彼は記憶をさかのぼり、自分の子供時代にたどりつく。友人たちはスポーツやＧ・Ｉ・ジョーで遊んでいたが、ミークはそのどちらもしなかった。ミークはものづくりをしていた。傾斜した屋根のついた、本物の砦をつくった。金づちとくぎと木材でつくった砦だ。あるときには、裏庭の半分を占めるほど大きな砦を築いた。ミークはその屋根の上に座り、次は何をつくろうかと夢想した。

このストーリーを聞いて、泣く人はいるだろうか？　おそらくいないだろう。このストーリーは誰かの人生を変えただろうか？　それもなさそうだ。でも問題ない。ミークはそういうことを目指していたわけではないのだから。ミークがクライアントに理解させたかったのは、彼はたまたま建築業者になったのではなく、生まれながらに建築業者だったということだ。顧客が住宅建設のためにデザートスター建設を選んだなら、ミークのチームは子供のような好奇心で計画にアプローチし、高級住宅業界での長年にわたる経験を組み合わせて、理想的な「夢のマイホーム」を完成させる。

ミークは、動画を通じてこのストーリーを伝えるのが一番だと考えた。そこでクルーを雇い、カメラに向かって直接ストーリーを語ることにした。視覚の隙間を埋めるための映像素材は、彼が手がける高級住宅の建設現場で撮影する。数週間かけて脚本が書かれ、調整され、仕上げられた。完璧な計画に思われたが――突然、その予定が狂った。

運命のいたずらなのか、動画を撮影する予定の日は、高名な見込み客がミークに面会を求めている日でもあった。建設されればアメリカで最大級の住宅地となる、パーソナル・リゾートについての面会だ。デザート・スター建設は最終受注候補の一社に残っており、ミークはこの信じられない機会に興奮していた。プレゼンの準備をするのは当日の午後。したがって、ミークは何としてでも参加したいその計画の最終の売り込みに出発する前に、短時間で慌ただしく撮影をこなさなければならなかった。

彼らはそれをやってのけた。映像素材も手に入った。ミークは自身のストーリーを語り、「終了！」というクルーの声がかかるやいなや、一世一代の売り込みへ出かけていった。ミークはクライアントチームの前に立つと、いつもどおりに売り込みを始めようとした。が、ここで、その日の撮影で語った砦のストーリーが頭をよぎった。

運任せの決断だった。ミークは競合他社のような紋切り型のミッション・ステートメントを避け、子供時代につくった砦のストーリーを語り始めた。建設現場を離れる日が来るたび、最初につくったその砦を思い出し、次は何を建てられるだろうかと考えてわくわくするのだと話した。

デザート・スターは仕事を勝ち取った。

とても、とても大きな仕事を。

当然ながら、デザート・スター建設は『シャーク・タンク』の候補者と同様に、自分のやるべきことを理解し、交渉できるぎりぎりの価格を伝え、クライアントの代弁者となる必要があった。数字やデータに加え、みずからの突出した競争力や、圧倒的な能力を示さなければならなかった。

しかしながら、互いにまったく遜色ないスキルを主張できる高級住宅建設業者が競い合ったその日、最後に勝負を決したのはストーリーだった。のちにクライアントが詳しく語ったところでは、ミークのストーリーには何かがあったのだという。子供時代に砦を築いた話を聞いて、クライアントはミークの情熱を感じ、彼から届けられるものを信じる気になったそうだ。

シンプルなストーリー、すべての始まりのストーリー、最初の成功または失敗にまつわるストーリーさえあれば、ほとんどの場合は十分だ。会社の初期はストーリーに埋め尽くされていて、ユニークなもの、人と差をつけられるものがいくらでも生まれてくる。ファウンダーストーリーは、すべての条件が同じ場で、競争相手との差別化を可能にしてくれる。あなたと顧客を有意義な形で結びつけ、イエスを引き出しやすくする。

人材とのギャップを埋めるファウンダーストーリー

投資家とのギャップ、顧客とのギャップに続いて、創業者が橋渡しをすべき三つめのギャップは人材とのあいだに生じる。そこに橋が架かれば、人材はその橋を渡る気になり、結果としてチームに加わってくれる。ワンマン型を目指すビジネスもないわけではないが、通常ビジネスを拡大し、その潜在能力を最大限に引き出そうと思えば、創業者は他人を巻き込まなければならない。しかも、ただの他人ではなく、最高の他人が必要だ。夢を共有し、成果に投資し、創業者と大きな賭けに出ることをいとわない人々が求められる。

こんなアナロジーを聞いたことはないだろうか。一頭の荷馬が引ける重さは約三五〇〇キロだが、二頭の荷馬なら約一万一〇〇〇キロの重さを引ける。力を合わせることで、個々の努力の倍をはるかに超えた結果を出せるというわけだ。それが真実でもそうでなくても（この問題についてはネット上でも意見が分かれている）、アナロジーの教訓は変わらない――チームを正しく整備すれば、飛躍的に大きな成功が手に入る。

問題は、優秀な人材がそう簡単に見つからないことだ。たとえ見つかったとしても、複数の競合他社がその人材に目をつけている可能性は高い。私は二〇一七年の大半を費やして全米のさまざまな都市に出向き、マスターマインドグループの会員である何百社のＣＥＯや主要リーダーに向けて講演を行った。人脈づくりや基調プレゼンを目的とした一日のイベントには、事業規模や業界の垣根を超え、各社を代表する何千人もの幹部が集まった。彼らはみな、会社にとって最大の問題を解決するための新たな方法、学ぶべきベストプラクティスを探していた。

調査で明らかになっているとおり、二〇一七年にはどの都市でも――サンディエゴからシカゴ、ピッツバーグからシアトルまで――、人材の確保が企業の大きな問題となっていた。事業が繁盛するときには、必ず優秀な人材が力を奮っているものだ。したがって、会場に集まったリーダーはみな、人材を引きつける方法を知りたがっていた。彼らを説得してチームに参加させ、単なる従業員から信者へと変えるには、どんな方法が最善なのか。

ファウンダーストーリーは、そのギャップを埋めるための大きな一歩になる。

ファウンダーストーリーを探すべき場所

もっとも、エアビーアンドビーと同じではない会社、同じになりたいとは思っていない会社もあるだろう。ただ確実に言えるのは、ビジネスを始めた人は、誰もが創業者だ。ファウンダーストーリーなど自分にはないと思っている人もいるかもしれないが、それを持たない人はいない。私が保証しよう。不安に思うなら、キックスターターでストーリーを見てみればいい。彼らは自分自身のファウンダーストーリーを語る、実在の人物だ。

自分のストーリーを見つけるための各種戦略については、第8章で詳しく見ていこう。ここではひとまず、ファウンダーストーリーがよく潜んでいる場所、それが見つかりやすい場所をいくつか紹介しておきたい。

記憶をさかのぼる

私は以前、成績優秀で絶好調な女性ファイナンシャルアドバイザーのグループと仕事をした。彼女たちはアントレプレナーであると同時に、それぞれが自身の顧客リストを構築する責任を負い、顧客サービスに尽力し、彼らのかけがえのない財産を管理し増やす手助けをしていた。一方では、各人が競争の厳しさを認識し、いつもどこか神経質な見込み客の態度を感じ取っていた。自分が情熱的で信頼に値する人物であるかをうまく伝えられるかどうかで、アドバイザー個人の成功は完全に決まる。だが彼女たちは同時に、自分とまったく同じことをしている約二五万人の競合ファイナンシャルアドバイザーのあいだで、差別化も図らなくてはならなかった。[12]

その解決策は？　ファウンダーストーリーを見つけることだ。

この課題に取り組むため、女性たちの多くは記憶をさかのぼった。初めて銀行口座を開いたときのことや、おもちゃを買うために初めて貯金したときのことなど、お金に情熱を見出した最初の瞬間を振り返った。

ある女性は、小さいころからお金が好きだったのを思い出した。幼い彼女にとって、お金はお気に入りのおもちゃだった。貯金箱は持っていたが、そこにお金を入れておく機会はめったになかった。お金をつかんで仕分けし、積み上げ、あちこちへ移動させるのが楽しかったからだ。チャンスがあればいつでもお金で遊んでいたが、彼女の母親はそれを大いに不満に思っていた。

「お金で遊ばないで！」。母親は怒鳴る。

「なぜいけないの？」。少女は尋ねる。

「なぜって」。小さな子供を納得させられる理由をあわてて探し、母親は母親らしくこう言った。「汚れているからよ。お金は汚れているの。だからそれで遊んではだめ」

少女はがっかりした。お金が大好きな彼女は、それに触れずにはいられない。半面、母親を怒らせたくない気持ちもあった。彼女は決心し、両方を満足させる解決策に打って出た。裏庭に行き、小さなバケツにお湯を張って、食器洗い洗剤を入れる。その中でコインを一枚ずつ、お札を一枚ずつ、丁寧に洗った。

すると途中で、母親が裏口の玄関から現れた。

「いったい何をやっているの⁉」。彼女は怒鳴った。「お金で遊ばないでと言ったでしょう！」

「だっておかあさん、お金は汚れてるって言ったじゃない。だから見て、洗ってるの！」

その瞬間、大人になったファイナンシャルアドバイザーは、ストーリーをこう締めくくった。

「言うまでもなく、資金洗浄は良くないといまはわかっています。でもお金に対する私の愛情は変わりません。みなさんのお金を扱うときも、それにふさわしい愛情と敬意を注ぎますので、どうぞご安心ください」

彼女は幼少期にさかのぼり、完璧なファウンダーストーリーの原点を見つけた。これは、デザート・スター建設のストーリーにも使われた戦略であり、語るべきファウンダーストーリーを探すときに誰もが利用できる戦略だ。

「もっと良い方法があるはず」と思った瞬間を思い出す

青年が飛行機に眼鏡を置き忘れ、冷たく、厳しく、心をくじかれるような現実のコストに直面したその日、ワービー・パーカーの共同創設者である彼は、「もっと良い方法があるはずだ！」と心のなかでつぶやいた。

同様の気づきを得たことがある人、それまでの方法は最善ではないと感じた瞬間がある人にとっては、それがファウンダーストーリーの原点になるかもしれない。

　しばらく時間をかけて、その考えが最初に浮かんだ日のことを思い出してみよう。理想的な方法はどんなものかと模索を始めたのはいつだった？　当時のあなたの心境は？　誰がそこにいた？　出来事はどのように展開していった？　あなたは何を疑問に思い、何に不信を感じていたのか。いま振り返ってみると滑稽だったり、常軌を逸していたり、いとおしさを感じたりするエピソードはないだろうか。私が「時間をかけて」と言ったのは、実際にそうしてほしいという意味だ。創業者であれば、会社の現状に没頭したり、会社の向かう未来に集中したりして、すべてが始まった瞬間を忘れがちになる。それでも、最高のファウンダーストーリーのいくつかを生むのは、「もっと良い方法があるはずだ！」という瞬間だ。

血と汗と涙を探す

『シャーク・タンク』第五シーズンでの出来事だ。歯を見せて笑う投資家たちの前に、ひとりの母親が立った。ベビー用モカシンを売り込むためにやってきた彼女は、自分のやるべきことをよく理解していた。ビジネスに関する難しい質問をシャークから投げかけられても、彼女は毎回きちんと回答した。利益についても、顧客獲得費用についてもそうだ。シャークは質問し、彼女は答えを出した。

　それでも、水槽の水はよどんでいた。

　シャークは誰ひとり投資に興味がなさそうに見えた。それが変わったのは、ユタ州からやってきたこの母親が、自身のファウンダーストーリーを語るチャンスを見出したときだ。その内容は必ずしも靴のことばかりではなかった。むしろ、彼女が売り込もうとしている別のもの――つまり、彼女自身の話が中心だった。

母親は、会社を始めるために何が必要かを話した。彼女にはアイデアがあったが、アイデアの実現には当然お金がかかる。そして彼女に大きく不足していたのが、そのお金だった。最初の製品をつくる資金を稼ぐため、彼女は夏のあいだ、窓ガラスを割ってアルミサッシから外す作業に従事した。とにかく過酷で、汗と血のにじむ仕事だった。

ガラスを取り除いた後、彼女はアルミサッシを廃棄物回収場に持って行き、合計で二万円ほどを手に入れた。その二万円で生地を買い、最初のモカシンを数足つくった。

彼女の話を聞くと、シャークは餌づけされたかのように活気づき、水槽内は狂乱状態に陥った。それまでぬるま湯の状態が続いたのは、現実として、たとえモカシンであっても、ベビーシューズというコンセプトが決して目新しいものではなかったからだ。シャークは誰ひとり、ベビー用モカシンには興味を持たなかった。彼らが興味を持ったのは、「どんなことでもやる」「夏の太陽の下で汗を流す」「肉体労働だっていとわない」「二万円を数億円に変えてみせる」というこの母親のストーリーだった。現在、彼女のモカシンをいたるところで見かけるようになったのは――ノードストロームでも、私の友人の赤ちゃんの足にも――、彼女が血と汗と涙のストーリーを語ったからにほかならない。

ファウンダーストーリーを探すときには、通りの太陽の当たる側に急いで行こうとはしないでほしい。つい成功に目を向けたくなるかもしれないが、より効果的なのは、影の部分を見つめることだ。虹やユニコーンばかりではないその瞬間に注目しよう。エアビーアンドビーのファウンダーストーリーは、「私たちは優れたアイデアを得て、懸命に働いた。才能にも頭脳にもとにかく恵まれていたので、いまや一〇〇億円の会社になった」というたぐいのものではない。エアビーアンドビーの実際のストーリーは、輝かしさとは程遠い。だが、そこが素晴らしいのだ。

ビジネスの何もかもがうまくいかなかったときのことを、あなたは覚えているだろうか？泥沼に陥ったときのことを。友人や家族から「すべての物事には理由が……」と散々言われ、思わず彼らの顔を殴りたくなったときのことを。

覚えているだろうか？

覚えているならよかった。

なぜなら、その瞬間があなたのストーリーの原点だからだ。ストーリーはそうした苦闘のなかにある。血と汗を流し、「泣き叫び」ながら闘って、最後に勝利したという記憶。そこにあなたのファウンダーストーリーの種が眠っている。

ファウンダーストーリーの四つの落とし穴（そしてそれらを避ける方法）

インスタグラムを眺めていると、「＃失敗」とタグづけされた写真がひっきりなしに流れてくる。ネット上で紹介されていた料理が簡単できれいに見えたので、実際につくってみると、笑えるほどの失敗作になったというものだ。これは、ファウンダーストーリーにも言えることである。簡単そうに見えるかもしれないが、難解で、落とし穴にはまり、失敗につながる語り方は多い。

落とし穴その一　ファウンダーストーリーとバリューストーリーを混同する

大事なことは最初に確認しておこう。話を先へ進める前に、ここで重要な区別をつけておきたい。それは、ファウンダーストーリーはバリューストーリーではないということだ。ファウンダーストーリーとは、基本的には創業者についてのストーリーである。場合によっては、違う種類のストーリーと重なることも、提供される製品やサービスの価値を必然的に示すこともある。とはいえ、ファウンダーストーリーが製品だけをテーマにすると、それはバリューストーリーになってしまう。創業者がバリューストーリーを語れないわけではもちろんないが、両者が同じでないことは知っておいてもらいたい。製品のみをテーマに話をしているとき、あなたが売り込んでいるのは製品であって、あなた自身ではない。一方、あなたがファウンダーストーリーを語っているとき、あなたが売り込んでいるのは、何よりもまずあなた自身だ。

落とし穴その二　ファウンダーストーリーに飽きて語るのをやめてしまう

ここ数年は毎晩そうだが、ニューヨーク西四六丁目通り周辺に足を踏み入れると、そこにはパニック寸前の光景が広がっている。土地勘のある人ならご存じのとおり、西四六丁目通りはタイムズスクエアに位置する。つまり、曜日や時間を問わずごった返している。しかし、それを踏まえても、西四六丁目通りは特別な場所だ。

この通りには、リチャード・ロジャース劇場がある。ブロードウェイの「ハミルトン」を観賞したくなったとき、人々はリチャード・ロジャース劇場に向かう。

劇場の外は騒然としている――建物を取り囲むように客が並び、スタブハブで購入した五万円以上のチケットが本物であることを願いながら、緊張した様子で正面玄関から入場するのを待っている。劇場内はさらに大混乱だ。心の広い言い方をするとしても、完全に組織化された無秩序状態である。トイレには一〇〇人が長い列をつくり、プラスチックカップに注がれたワインが二〇〇〇円で売られている。だが、それを気にする人はいない。

最安値の飛行機より足元が狭い座席を目指し、一三一九人の観客は嬉々として会場を進む。誰もが心の準備をしながら一生に一度の体験を待っているせいか、場の空気は興奮に満ちている。

一方、舞台裏では、出演者がショーに向けて準備を整えている。私はブロードウェイの楽屋へ行ったことはないが、そこに流れるエネルギーが客席よりずっと落ち着いているのはたしかだろう。考えてもみてほしい。俳優たちは西四六丁目通りにある同じ劇場に週六日間通い、ときには一日に二回も公演を行うのだ。彼らは毎回、同じ衣装を身につけ、同じ歌、同じ歌詞を、同じ調子で歌う。どのショーでも、同じステージの同じ場所まで、同じように歩いていく。

あなたはどうかわからないが、私は時折、大人の生活にありがちな単調さに――同じことを繰り返す毎日に、ちょっとした不安を覚えることがある。それが仕事だったらと想像してみてほしい。どの時点で、あなたは正気を失いかけるだろうか？　どの時点で、仕事そのものの意味を疑い始めるだろうか？　どの時点で、違う歌を歌いたくなったり、違うストーリーを語りたくなったりするだろうか？

ファウンダーストーリーも、ブロードウェイによく似たところがある。時間が経つにつれ、同じ調子で歌うこと、同じストーリーを届けることに飽きてくるのだ。語り手は俳優組合の世話になっているわけでもなければ、自分の台詞が次の役者の台詞に影響するわけでもないので、それを変えたいという誘惑に駆られる。ストーリーを語るのではなく、刺激的で目新しい開発の話や、新しい統計データの話がしたくなる。とにかく新しければ何でもいい！　歌い飽きた古いメロディ以外の何かが欲しくなる。

そんなときは、あの劇場のブロードウェイ俳優たちを思い出そう。たとえ台詞が毎回同じでも、彼らは、公演の主役は自分たちではないと理解している。公演は俳優のためにあるのではない。彼らが毎晩舞台に立ち、同じストーリーを語るのは、リチャード・ロジャース劇場にやってくる毎回違う一三一九人のためだ。生まれて初めて見る「ハミルトン」を心待ちにしている人々のためだ。

ブロードウェイ俳優がそうであるように、また、説教壇で二七〇〇年前と変わらない題材を扱う牧師がそうであるように、あなたはときにストーリーを語ることにうんざりするかもしれない。そういうときは、自分から聞き手へと意識を移してみるといい。

そう、あなたはストーリーの主役であっても、それを伝えるときの主役ではないのだ。あなたにとっては古くさい話でも、初めて耳にする人にとっては、その日起きたばかりの新鮮な出来事のように聞こえる。だからこそ、彼らはそれを楽しんで聞いてくれる。

落とし穴その三　ファウンダーストーリーは創業者にしか語れないと思い込む

本章は、会社の創業者やアントレプレナーなど、あらゆる事業を始めた人々に向けて書いている。しかし、あなたが創業者でない可能性も十分にあることを、私は忘れないでおくべきだろう。たとえば、読者のなかにはこういう人もいるはずだ。あなたは創業の責任者ではないが、チームの献身的なメンバー、または大義に尽くすリーダーとして、ファウンダーストーリーと結びつき、それを語る重要性を理解している。

そんなあなたには、こう伝えなくてはならない――ファウンダーストーリーを語る資格は誰にでもある。むしろ、誰もが語ることが望ましい。たとえあなたがすべてを動かす立場にないとしても、社員番号三三〇四であっても、ファウンダーストーリーの内容を知っているのなら、それを語っていいと私が認めよう（むしろ、ぜひそうしてもらいたい）。語る際の秘訣は、ストーリーは変えずに、ストーリーのつなぎ方だけを少し変えることだ。

まずはストーリーの冒頭。「この会社をつくった日を私は決して忘れません」と言うべきところでは（ファウンダーストーリーの始め方として雑すぎるという初歩的な問題はあるが、ひとまず先へ進めよう）、「ここＸＹＺ社ですべてがどのように始まったのかを聞いた日を思い出します」と言おう。次に、そのストーリーを聞いた状況を簡単に説明する。それは面接中の出来事だったのか？　あるいは事前にネット上で読んでいたのだろうか？

説明がすんだら、「私が聞いたところでは、ストーリーの始まりは……」と続ける。その後は通常のファウンダーストーリーのように話をつないでいくが、ひとつ注意すべき点は、一人称で話す（私はこう感じた、私はあれをやった）のではなく、三人称を使う（彼はこう感じた、彼女はあれをやった）ことだ。

そうして通常のファウンダーストーリーを語り終えたら、最後に自分の経験を一言か二言添えて、すべてを包み込む。「そのストーリーを聞いて、私は○○を理解しました。みなさんにもそう感じていただけたらいいのですが」。これで完成だ。

ファウンダーストーリーは、できるだけ多くの声で語られる必要がある。現実として、あなたは会社を始めた人間ではないかもしれない。しかし、だからといって、すべてが始まった経緯を語ることに尻込みしていてはいけないのだ。

落とし穴その四　消極的な創業者がファウンダーストーリーの共有を許さない

あるカンファレンスで講演を行った後、ひとりの女性からメールを受け取った。彼女はある会社のマーケティング部門で働いていて、その会社の偉大なファウンダーストーリーを語ろうともがいていた。

問題は？　創業者が彼女にそれを許さなかったことだ。

こういう話に聞き覚えがあるという人には、まず言わせてほしい。あなたの気持ちはよくわかる。

会社は語るべき偉大なファウンダーストーリーを持っているが、あなたがその創業者でないとき、事態は難しくなりやすい。ただし前のセクションとは違って、ここで難しいのは、自分なりの語り方を見つけることではない。ストーリーが語られる状況そのものをつくり出すのが難しいのだ。

これは珍しい話ではない。創業者、特にX世代以前に生まれた人々は、自分のストーリーをほとんど共有したがらないからだ。その理由はさまざまだが、創業の思い出話をするなど、時代遅れのうぬぼれたリーダーのやることだと信じている人もいる（たしかに間違った語り方をすれば、ファウンダーストーリーは堅苦しく大げさで、安っぽくも聞こえかねない）。自分についても話すのではなく、「社員と会社と顧客について」話してこそストーリーだと主張する人もいる。

直前の一文を書いたとき、私は身震いしてしまった。

創業者がそれらのどれかを理由に挙げて、ストーリーの共有を許さないとき、あなたは何をするにしても、絶対にそれを受け入れてはならない。これらがファウンダーストーリーを語るべきでない理由として完璧かつ崇高に聞こえたとしても、結局は見当違いの言い分だからである。

本書で説明したフォーマットに従い、必須の要素（本物の感情、希望と失望、それまでに学んだすべての経験）を盛り込めば、ストーリーは自己陶酔に陥ることなく、聞き手から愛されるものになるだろう。人間は人間とビジネスをしたいと願っている。そしてファウンダーストーリーを聞いた人は、ウェブサイト、マーケティング、証券取引所の先物価格の背後に、すべてを始めた生身の人間がいることを思い出す。

ファウンダーストーリーを語る許可が下りるまでには、多少の時間と説得が必要かもしれない。「当社は卓越性と整合性を信じており……」といった、創業者にありがちなビジネストークを一新するには、かなりの努力と試行錯誤もいるだろう。けれどあなたには、その努力を続けるよう勧めたい。ストーリーのなかで爆発として機能しそうな瞬間を探し続けてもらいたい。それが見つかったら、創業者のためにストーリーを書こう。思い出してほしいのは、自分についてのストーリーは、自分自身にはストーリーに聞こえないということだ。自分についてのストーリーは、単なる自分の日常にしか聞こえない。創業者についてのストーリーも、創業者自身にはストーリーに聞こえないだろう。あなたがストーリーを語ることで、彼らは初めて、そこにある本当に美しい何かに気づくのだ。

他者のために存在するストーリーテラーにとって、それは特別に誇らしい瞬間だ。その瞬間、あなたが創業者にストーリーを語り返すまで、彼らはそこにストーリーが存在することさえ知らないのだから。

ファウンダーストーリー――要素の分析

資金を調達したいとき、より多くのクライアントや顧客を確保したいとき、ドリームチームをつくる人材を募集したいとき、ストーリーを語ればそれは解決される。ただのストーリーではない。語るべきはファウンダーストーリーだ。

幸いにして、ストーリーテリングの必須要素さえ揃えば、ファウンダーストーリーは基本的にはおのずと書かれていく。ここでは、ファウンダーストーリーの文脈における四つの要素がどんなものなのかを見ていこう。

共感できるキャラクター

すでにお気づきかもしれないが、ファウンダーストーリーとは根本的に、創業者を軸に展開するストーリーである。特定のアントレプレナーを、アイデアという船の理想的な船長として位置づけるために編まれ、語られるストーリーである。したがって、共感できるキャラクターに該当するのは、一般的には創業者といえよう。創業者を主役に据えて前面に押し出すことは、その人を知ってもらい、信じてもらい、応援してもらうための唯一の方法だ。

これほどわかりやすい話はない。

にもかかわらず、多くのファウンダーストーリーはそこでつまずいてしまう。

数年前、自社のストーリーを伝えたいと願うひとりの創業者が、私たちのチームに依頼をもちかけてきた。彼らは、会社に望みうるすべての条件を兼ね備えていた――仕事への情熱、優れた製品やサービスを生み出そうという真摯な努力。それでいて、売上や社会的公正の面では、粗悪品をつくる同業他社に勝てないことを不満に思っていた。

私たちはこのプロジェクトに張り切って臨んだ。理由はいくつもあったが、お決まりのように叫ばれるキャッチフレーズとは違った、ひとつの偉大なファウンダーストーリーを語るだけでいいと思っていたことも大きかった。このケースのように、飽和状態の市場で誰もがほぼ同じ話をしているときには、時間をかけてよく練られたファウンダーストーリーがブランドを強力に後押ししてくれる。

しかしあいにく、このストーリーの結末はハッピーエンドにはならなかった。

何週間もの取材、下書き、修正を経て、私たちは立ち止まってしまった。問題は？　創業者が、ストーリーに人間を登場させたがらなかったことだ。

ストーリーの最初の案は、定番のファウンダーストーリーだった。創業者自身を共感できるキャラクターに設定し、そのあるべき姿を描いた。だが、創業者はこの案を却下し、自分についてのストーリーにはしないでほしいと言ってきた。そこで次の案では、最初の問題を回避するため、別のキャラクターを主役にした。キャラクター以外の要素も活用しながら、ファウンダーストーリーに欠かせない売り込み効果を引き出そうとした。ところが、創業者はこの案にも納得しなかった。結局のところ、彼はストーリーに人間が出てくることを望んでいなかったのだ。彼が主役にしたかったのは「卓越性へのこだわり」や「優れた素材」だった。もうおわかりだろうが、この創業者は、競合他社とそっくり同じことを言おうとしていたのである。

ファウンダーストーリーの大きな強みは、共感できるキャラクターを簡単に設定できることだ。しかも人間は――投資家、顧客、有望な人材――顔の見えない企業と働くのではなく、人間と働きたいと思っている。だからこそ、創業者のような固有のキャラクターをストーリーに登場させることは、語り手と聞き手の双方にとってメリットになる。

残念ながら、私のチームと会社はこの点で合意に至らず、物別れに終わった。彼らが誰なのかを明かしてもいいが、おそらく誰も聞いたことのない名前なので、あまり意味はないだろう。

本物の感情

私たちが研究で学んだとおり、ストーリーを親近感のわくもの、抗えないもの、記憶に残るものとするには、感情を盛り込む必要がある。出来事を時系列に並べるだけでは、聞き手と有意義な形で結びつけない。

ファウンダーストーリーにおいては、それぞれの聞き手が気にかけている内容を考えることが、感情を加えるための最初のステップになる。あなたがストーリーを語った後、聞き手が何を感じてくれたら、あるいは何を理解してくれたら望ましいのか？　いくつか例を挙げてみよう。

投資家が最も気にかけているのは、あなたが創業に伴う試練や苦痛を乗り越えられるかどうかだ。逆境に対処できるか、見かけ倒しの夢想家でないか、敗北の痛みを経験しているか、そこから強い決意で立ち直ったことがあるかどうかを知りたがっている。したがって、投資家向けのストーリーを用意するときには、あなたが経験したネガティブな感情を取り入れよう――たとえば、不満、裏切られた無念、猜疑心などだ。あなたがこれらの感情を抱き、乗り越えてきたことは、投資家にぜひ知らせなければならない。

ただし、投資家向けのファウンダーストーリーで重要なのは、ネガティブな感情と、そこから育ったポジティブな感情――たとえば、決意、安堵感、誇りなどのバランスをとることだ。この両者の対比が、ファウンダーストーリーを偉大なものにする。

顧客が最も気にかけるのは、あなたが製品やサービスとつながっているかどうか、彼らの生活向上のために尽力しているかどうかだ。あなたが生身の人間かどうか、ロゴや値札の裏には夢や解決策を持った人間がいるかどうかも気にしている。この点の伝え方は、投資家向けのストーリーと基本的には同じだ。創業の天国と地獄を生き抜いたときの心境を語ればいい。

見込み客にストーリーを語るときは、投資家向けのそれとはやや異なり、あなたが解決策を生むきっかけとなった初歩的な感情を盛り込んでもらいたい。あなたは何に不満を感じていたのだろうか？　どんな問題に対処していたのだろうか？　エアビーアンドビーの創業者たちは家賃を払えず、収支を合わせるための解決策を探していた。必要な支払いができないという恐怖は、部屋を貸し出しているエアビーアンドビーの多くの顧客にとって現実のものだ。エアビーアンドビーのファウンダーストーリーは、そうした現実的な側面を含んでいるので、見込み客の心に響く。彼らの見込み客とはすなわち、副収入を得る術を探しながら、自宅の余剰スペースがそれを可能にするとは気づいていない人々のことだ。

新たな人材が最も気にかけるのは、あなたの仕事に対する熱意だ。彼らが求めるのは、献身的で、情熱的で、自分の仕事を愛している創業者である。情熱は伝染する。だからこそ、新たなチームメンバーにファウンダーストーリーを語るときは、そこに愛がなければならない。父親になった男性の目を輝かせるような、運命の相手を見つけた女性の目を輝かせるような愛。「少年が少女と出会う」のではなく、「創業者が会社をつくる」という形の愛が必要だ。

当然ながら、これらの感情は互いに矛盾するものではない。投資家と顧客は、あなたが熱意を持って仕事に取り組んでいるかどうか気にしている。新たな人材は、あなたが困難にぶつかって乗り越えた経験があるかどうか気にしている。ファウンダーストーリーには一貫性が必要で、あなたの過去の感情は聞き手に関係なくストーリーの一部でなければならない。ただしストーリーテリングの名人は、ひとつの感情に重ねるように別の感情を加えていく。

瞬間

ファウンダーストーリーにおいて、最も簡単かつ最も頻繁に見落とされる要素は瞬間だ。多くの人は、特定のポイントや場所や瞬間を絞り込むのをおろそかにして、時間をざっくりと切り取り、大まかな言及ですませようとする。この無用なミスを避けるためにも、特定の瞬間はストーリーを用意する過程で盛り込んでおこう。たとえば、あなたが初めて自分の机の前に座ったとき。初めてオンライン注文が入ってくるのを見たとき。玄関の看板を「閉店」から「営業中」へ掛け替えたとき。それらの瞬間にスムーズに移行するには、「私はあの日を忘れません……」「最初の時間は忘れられません……」「思い出すのは……」といった言葉で始めるといい。日にち、曜日、天気などのごく簡単な情報でも、瞬間を求める聞き手のニーズに応えられる。

具体的なディテール

先に述べたように、ディテールは聞き手に応じて変えるべきである。あなたが聞き手について知っていることに応じて、さまざまな情報の断片をファウンダーストーリーに加えていこう。この断片が、あなたの経験を聞き手の経験と結びつけてくれる。確実なのは、聞き手にとって普遍的なディテールを話すことだ。顧客が親になったばかりなら、新米の親が共感できるようなディテールを取り入れる。聞き手が新たな人材なら、自分が心から大切にしているものの一部になるという感覚を、詳しく具体的に話す。

つまるところ、ファウンダーストーリーを本質的に親しみやすくするのは、創業者が人間であるという現実だ。重要なのは数字ではない。市場占有率ではない。ロゴやソーシャルメディア戦略ではない。起業とは、ひとりの人間が道に立つことに等しい。そして、自分が選んだ道であれ、そのとき偶然そこにあった道であれ、道を進んでいくのが人間だ。

チャンスは一度きり

突き詰めて言えば、ファウンダーストーリーの力とは、その人が始めたビジネスに人間性を与える力である。建物やロゴや銀行残高証明書の背後に、すべてを始めた人間がいることを思い出させる力である。あなた自身が創業した場合でも、または素晴らしい創業者のストーリーを持つ会社で働いている場合でも、話をするときは必ずファウンダーストーリーから始めてもらいたい。事実や数字や情報ではなく、その会社の背後にいる人たちのストーリーから始める必要があるのだ。

そこから始めないと、ファウンダーストーリーを語る機会は最後まで得られないだろう。ただし、二〇一三年にラスベガスでハンドメイド作家の見本市に参加していた、あの吹きガラス作家の場合は別だ。私の質問に会社を始めた年を答え、ガラスボウルはガラスボウルだと教えてくれた（わかりやすい説明に感謝）、あの作家である。彼は私がストーリーテラーだと知ると、ちょうど立ち去るところだった私を呼び戻そうとした。「お話しできる素晴らしいストーリーがある」と言って。

私はこれをメタ・ストーリーテリングのチャンスと捉え、翌日にブースを再訪した。すると、今度は作家のほうからストーリーを語ってくれた。

はっきり言われたわけではないが、作家の両親は、彼を弁護士にしたいと考えていた。ただ、法律家としてのキャリアとそれに伴うすべて――名声、安定、経済力を追うべきだというかすかなプレッシャーは常にあった。しかし彼は心の奥底では、自分が芸術家であると昔から知っていた。ものづくりをしているときが何よりも幸せだったし、芸術活動は万事順調だった。それでも、両親を失望させたくなかったので――ありがちな話だとわかっている様子で、彼は肩をすくめた――ロースクールへ通い、地元の法律事務所に就職した。彼はよくやった。実に見事な仕事ぶりだった。素晴らしい手腕だった。だが、彼はそれを嫌っていた。喜びの少ない長時間労働。一瞬一瞬に嫌気がさしていた。

悲しみを紛らわすため、彼は犯罪に走った。

その言葉が口から出たとき、彼は微笑んでいた。本書の読者であれば、決して外見で人を判断することはないだろう。ただ、この穏やかな話し方をする、巻き毛の銀髪で、眼鏡をかけた人の良さそうな中年男性は、優しい笑顔を浮かべてそう言った。札付きの犯罪者が、叫ぶように罪を告白したわけではない。

彼が手を染めた犯罪は、捨てられたガラスの破片を盗むことだった。

彼は毎晩、ガラス製造工場の前を通って、法律事務所から自宅へ戻っていた。彼の勤務時間は長く、帰宅するときはいつも定時を大きく過ぎていたので、ガラス会社はたいてい夜間休業中だった。ごみ箱は置きっぱなしだった。そこで、彼は毎晩ここに立ち寄り、ガラス会社のごみ箱を漁って、捨てられたガラスの破片を手に入れた。それを自宅のガレージへ持ち帰り、明け方近くまで作業して、現在展示している作品のつくり方を独学で学んだ。

「そしていま、これが私の仕事になりました」。彼はブースを見回した。その顔にかすかに浮かんでいた表情は、自分の子供の前で、いとおしく誇らしい気持ちや満足感を示す父親のそれを思わせた。彼自身が父親のそういう表情を見たことがあるかどうかはわからない。が、もはやそんなことは関係ないと思えた。

「ありがとうございます」。私は言った。「打ち明けてくださってありがとう」

「こちらこそ、戻ってきて聞いてくれてありがとう。そんな話があることすら忘れていました」

ファウンダーストーリーは、語ることを忘れられがちなストーリーのひとつだ。なぜなら、会社を軌道に乗せるまでのさまざまな修羅場が続くあいだに、ファウンダーストーリーは混乱のなかに消えてしまうからである。ビジネスにおいては、ストーリーがストーリーとして響きにくく、単なるスタートアップの日常の一部として受け取られるという側面もある。だがファウンダーストーリーを見過ごすと、投資家とつながり、競合他社との差別化を図り、成長するチームの人材を確保する絶好の機会まで逃すことになるだろう。あの吹きガラス作家は、戻ってきて話を聞くよう私に懇願したので、私は彼の言うとおりにした。しかし多くの場合、ストーリーを語る二度目のチャンスは訪れない。

エアビーアンドビーのように成功した創業者は、やがて創業者以上の存在になる。彼らの新興ビジネスは、より大きな何か、それ自体が命を宿した何かへと成長する。より多くの顧客がやってくる。より多くの従業員がやってくる。ガレージにいた二人の男は、テック界の巨人に変わる。床に置かれた三枚のエアマットは、世界中で何十万台ものベッドに変わる。かつては小さく、機敏で、予測不可能だったスタートアップが、組織に変わる。

同時に、創業者も変容していく。創業者が創業者であることに変わりはないが、彼らはそれまでと違った存在に――リーダーになるのだ。

そして、彼らがいうように、それはまったく別のストーリーだ。

第6章　パーパスストーリー――同調と刺激を可能にする、偉大なリーダー流ストーリーの利用法

The Purpose Story: How Great Leaders Use Story to Align and Inspire

ストーリーはリーダーが持つ唯一最強の武器である

――ハワード・ガードナー、ハーバード大学

二〇〇八年七月。

世界各地の営業担当者二〇〇人以上が、あるホテルの宴会場に集まった。新製品について学び、営業の新たな見識を得て、会社の成功を祝うためだ。常に一年のハイライトとなるこのイベントでは、大規模なパーティーが開かれ、歓声があふれ、熱のこもった激励と称賛が飛び交う。それはこの年も変わらないはずだった。ひとつだけ、いつもと違う事情を除いては――。

本章の一行目をもう一度読んでほしい。

二〇〇八年七月。

営業の仕事をしている人なら誰でも、特に、一〇〇パーセント歩合制の営業担当者なら誰でも、そして米国民なら誰でもそう言うだろうが、二〇〇八年は決しておめでたい年ではなかった。慰めの年？　イエス。節約の年？　イエス。でも、おめでたい年だって？　それなら聞かせてもらうが、熱のこもった激励スピーチが葬儀でどれだけ受け入れられると思っているのか？　そのとおり。それが二〇〇八年だった。

すべての人にとって二〇〇八年の現実はつらいものだったが、ある幹部チームのメンバーにとって、事態はことのほか複雑だった。この若い男性こそ、あなたもすでにご存じのマイケル、つまり現在の私の夫だ。マイケルは二〇〇二年以来、会社の裏方で財務担当として働いていた。財務担当なら誰もがそうするように、彼はたゆまぬ努力で会社の帳簿をきちんと管理し、キャッシュフローを健全に保ち、経営陣の戦略的パートナーとして、激動の財務状況を乗り切った。マイケルは本当に優秀だったので、経営陣は彼に、もっと表立った役割を与えることにした。なぜこの秘密兵器をいつまでも隠しておくのか？

二〇〇七年の終わりと新たな年の始まりを告げるボールが落とされる（タイムズスクエアのカウントダウンイベント）と同時に、マイケルの役割は変化した。その公式なお披露目のパーティーの場として設定されたのが、二〇〇八年七月の年次営業イベントだ。マイケルはそこで三〇分の時間を与えられ、新興リーダーとして自己紹介しつつ、会社が置かれた現状についてスピーチすることになった。

経営者にとって、これは新たなリーダーの評判を高め、翌年に向けて販売力を強化するチャンスだった。

マイケルにとって、そこは困難な問題が潜む地雷原だった。

物事が好調に進んでいるときには、この種のスピーチをするのはさほど難しいことではない。語り手のリスクは低く、聞き手の士気は高いからだ。好景気のなかで繁栄している組織を指揮する人なら、立ち上がって、多少なりとも声を張り上げ、こんなふうに演説すれば押し通せるだろう。「この場に来られてとても感激しているよ！　君たちは最高だ！　去年はよくやってくれたね。今年は二倍の努力でやっつけよう！」。要するに、ガッツポーズやハイタッチを交えながら基調演説をすれば、拍手喝采を浴びてステージを降りられるというわけだ。

だがこの年、市場は落ち込んでいた。空はいまにも落ちてきそうだった。マイケルが対峙するのは、沈みゆく船の乗組員ではないにしても、強い敵対心と不安を抱えた聴衆であることはたしかだった。ガッツポーズは拍手に変わるよりも、拳での殴り合いに発展する可能性のほうが高かった。

マイケルは、彼らが直面している課題を誰よりもよく知っていた。というのも、彼はやはり数字を扱う人間だったからだ。「やっつけよう！」というスピーチは空虚に響くだけでなく、利益以上に害をもたらすだろう。マイケルは早い段階でそう考えていた。会社が深刻な混乱に直面するなか、彼は、不安と猜疑心に満ちた聴衆と深いレベルでつながらなくてはならなかった。聴衆が求めていたのは、会社が置かれた現状についてのスピーチでも、激励の演説でもない。

彼らが求めていたのはストーリーだった。

実際の、生の、本物のストーリー。

すべての標識が船から飛び降りろと示唆していても、そこに留まって耐えるべき理由を、やめるべきではない理由を教えてくれるストーリー。

マイケルに必要だったのは、目的を伝えるストーリーだった。

パーパスストーリー

簡単にまとめておくと、ビジネスを成功に導くストーリーには重要な四種類がある。これまでに検討したもののうち、ひとつめのバリューストーリーは、製品やサービスが利用者にもたらす効果を説明する。ふたつめのファウンダーストーリーは、利害関係者から創業者への信頼を強めるために用いる。以上の二種類のストーリーは、ビジネスではたいてい初めに語られる――ビジネスにおいてまず誕生するのがこのふたつだからだ。アントレプレナーと、彼らが世間に持ち込もうとしている価値は、ビジネスの旅において常に最初の訪問地になる。

ただし、ビジネスが拡大すると、あることが必ず起きる――新たな人材が加わるのだ。従業員、請負業者、臨時職員、フリーランサーが、成長するベンチャー企業で役割を果たすようになる。彼らは会社の成長にとって不可欠だ。特定の規模を超えると、会社は人手を増やさずには成長できなくなるが、新たな人材には問題点もある――彼らは創業者ではないということだ。

創業者と同じスキルはないし、創業者と同じモチベーションで動くわけでもない。会社が何をしているのか、何を目的にしているのかを、ほとんど明確には理解していない。

最終的に小さな軍隊のように人々を同調させ、彼らを刺激して日々行動させるのは、困難ながら重要な仕事だ。リーダーがこの仕事に取り組む場合は、ストーリーテリングに頼るのが賢明だろう。パーパス（目的）ストーリーは、確立された組織のメンバーに対して、毎日出勤する理由を与え、尽力し、協力し、何かを一緒に成し遂げるべき理由を与える。

目的は利益を上回る

ポール・ザックを覚えているだろうか？　オキシトシンの研究者で、信頼と互恵性の大切さを教えてくれたのが彼だった。ザックはこう述べている。「私たちも知ってのとおり、人々のモチベーションを実質的に高めやすいのは、取引的な目的（いかに商品やサービスを売るか）ではなく、組織の超越的な目的（いかに生活を向上させるか）である」[1]

超越的な目的か、取引的な目的か。組織にいる人々は、究極的には自分たちが販売する何かに夢中になるのかもしれない。しかし、彼らをもっと夢中にさせるのは、その何かを販売する目的のほうだ。これは、パーパスストーリーの中心的な考え方であり、リーダーがチームのためにギャップの橋渡しをできる理由でもある。[2]

トムスの靴と、彼らの「ひとつ買ってひとつ寄付」というアプローチについて考えよう。ボンバスの靴下も同様の約束をしている。ワービーパーカーも、販売した数と同じ数だけ寄付をしている。考えてみてほしい。靴下の会社、靴の会社、眼鏡の会社が、一度につき一足または一本を寄付して世界を救おうとしている。この事実から、人間とビジネスの関わりについて何が言えるだろうか？

私たちの生活には、真に「目的」が必要だということだ。

目的を求める気持ちの一部は、私たちの生まれつきの性質だろう。物事に意味を与えようとするのは、私たち人間が持つほぼ不可避の習性だ。進化の観点からすれば、目的指向や目的主導の行動は利点になる。たとえば、当てもなく放浪するのと、狩猟や採集をするのとでは、まったく違う結果が得られる。どちらも歩くのは同じだが、前者では飢え死にしてしまう。

私たちは生まれつきの傾向として、目的を求め、物事に意味を与えようとする。パーパスストーリーが重要なのも、仕事において目的が非常に重要なのも、一部にはそのためである。真空状態に置かれても、私たちは何も存在しないところに意味を与えるだろう。仕事でも同じことをする。人間は目的を求めている。与えられなければ、自分でつくり出そうとする。だからこそ、誰かが語る前にパーパスストーリーを語ろう。そうでなければ、他人があなたにかわってパーパスストーリーを語るかもしれないし、その内容をあなたは気に入らないかもしれない。

パーパスストーリーの目的

それでは、パーパスストーリーの中身を見ていこう。パーパスストーリーは、極めて汎用性が高いタイプのストーリーなので、社内に生じたあらゆる種類のギャップに橋渡しをする。パーパスストーリーが根本的に目指すのは、人々を同調させ、刺激することだ。これらふたつの事柄は、組織が大きくなればなるほど重要になる。同調と刺激は組み合わさることで目的を生み出すので、両者が揃わなければ、進歩は実現しない。幸いにして、パーパスストーリーはさまざまな方法とさまざまな理由のもとに、チームを同調させてくれる。

目標や計画を通じて同調する

人間が自分自身と世界に対する理解を結びつけ、整理する手段としてのストーリーテリングの効果は、長年にわたって研究者たちに調査されてきた。そして近年、研究者たちは、ストーリーテリングがチームの内部に与える影響を――ストーリーがチームの心理モデルにどう影響し、メンバーが自分に関連ある情報をどう理解するのかを調べようとした。同調する力が強くなると、チームのプロセスが促進され、パフォーマンスが向上する[3]。研究者たちは、準備プロセスにストーリーを取り入れることで、チームの機能が向上し、メンバーが問題解決に向けて団結し、共同作業の効率が上がるかどうかを見極めようとした。

このことをはじめとするさまざまな仮説を検証するため、研究者は実験参加者を三人ずつのグループに分け、各グループの参加者には警察官、消防士、危険物取扱者の役をそれぞれ割り当て、一連のオンライン・シミュレーションを行なった。このシミュレーションは危機的な状況を設定したもので、グループのメンバーは「大学構内で空気媒介性の化学物質が放出された」[4]という課題に対処するよう求められた。

ストーリーテリングの効果を確かめるため、半分のグループはストーリーが含まれた教育ビデオを視聴した。このストーリーでは、化学実験室で事故が起き、対応チームの連携がうまくいかなかったために学生が重傷を負ったという内容が伝えられた。一方のコントロール・グループも、協力とタイミングの重要性を簡潔に述べるビデオを視聴した。ただし、このビデオは、協力とタイミングがなぜ重要なのかを説明するストーリーを含んではいなかった。

結果的に、ストーリーを伝えられたチームは、「ストーリーを含まない形式で同じメッセージを伝えられたチームと比べて、事故をどう収束させるかというメンバー間の考え方が近くなった」[5]。全員の足並みを揃えるためには、ストーリーを用いたアプローチのほうが効果的だとわかったのである。

これは決して意外な研究結果ではない。ストーリーテリングは、集団をまとめ、目的を明確化し、やる気を引き出す方法として、ビジネスの内外を問わず、あらゆる目標や計画のために利用され続けてきた。

二〇一八年の中間選挙が行われた火曜日の夜、私はフィラデルフィアのホテルの部屋に座り、ルームサービスを注文し、ベッドに腰掛けて、好奇心からテレビのチャンネルを何度も切り替えていた。ふたつの異なる政党の側につく、ふたつの主要ニュース局のあいだを行ったり来たりしていたのだ。赤か青かの結果次第で、二局は各候補者に正反対のコメントをしていたが、ひとつだけ差が見られない点があった。それは、どちらの陣営も、各候補者が遊説中に語ったストーリーに繰り返し言及していたことだ。両陣営が、候補者に語られたストーリーの力を認め、ストーリーが語られなかった場合には明らかな物足りなさを訴えていた。

人々を同調させ、人々にやる気を起こさせるストーリーは、もちろん政治的努力以外にも利用できる。私が考えるのは、数点差をつけられてハーフタイムにロッカールームへ引き揚げたチームのことや、勝利への意欲を高めるためにコーチが語るべきストーリーのこと、ゴーファウンドミーで見かけた何百人分ものプロフィールや、夢の実現に必要な寄付を求める彼らのストーリーのことだ。そして私は、ある会社のワークショップを手助けしたことを思い出した。この会社は、チームメンバーにセキュリティプロトコルを守らせるという目標を第一に掲げていて、プロトコルが守られていなかった時代のストーリーを共有することで、この目標に取り組むチームの意識を高めていた。

チームを結束させたいが、何らかの理由でそれが難しい場合、あなたが探し求めていた架け橋になるのはパーパスストーリーかもしれない。

扱いづらい話題を通じて同調する

大手テック企業の全国営業カンファレンスで講演をしたときのこと。私のセッションが予定されていたのは午前半ばだったが、他の基調講演、つまり会社の幹部による講演にも参加できるよう、早めに会場に向かった。満員の会場に残っていた最後の座席を見つけて座ると、ちょうど営業担当部長が登壇するところだった。この部長は明らかに尊敬されていた。彼は、会社の現状を伝えるスピーチをストーリーから始めた。

部長の話によると、彼の長女は高校卒業を控えているという。彼女に父親として知恵を授ける日々が終わりに近づいていることを、はっきり感じているそうだ。そこで部長は、娘と二人だけで特別な夜を過ごすデートを企画した。そこで、会場は笑いに包まれた。娘が選んだのは、街で一番高級なレストラン。最初に彼女が自宅の階段を降りてきたとき、部長は着替えを命じた。店にふさわしくない格好をしていたからだ。娘はパンの入ったかごを見てあざ笑い、食事にはほとんど手をつけず、プロムのドレスが似合う体型になりたいとかなんとかつぶやいていた。

部長はめげずに、娘に知恵を授ける計画を続行した。「すべての知恵を授けるのではなくて、知恵をひとつだけ授けることで、ちょっと調整はしましたがね」。聴衆は部長に合わせて笑った。いまや彼は不憫で愚かな父親そのものだ。ウェイターが前菜の皿を下げるとすぐ、部長は細部に注意を払うことの大切さを娘に説いた。「どんな物事においても」と彼は言った。「おまえが教室にいるときも。仕事や勉強をしているときも。友情でも。恋愛でもそうだ」

娘を見ると、彼女は明らかに関心のない様子だった。それでも、部長は我慢した。「細部に注意を払う」。レクチャーを二〇分続けても、娘からの反応はなかった。部長はついに耐えかねた。「あのなあ」と彼は言った。「父さんだけか？　おまえが話を聞いてすらいないように見えるのは」。娘は無表情で部長を見つめた。「父さんは授けようと……」。思い直して、こう言った。「細部の大切さを教えようとしているんだ。細部がどれだけ重要かを！」。興奮を抑えきれなかった。「でも、おまえは気にもしていないみたいだな！」

一瞬の間。

娘は部長をじっと見ている。

彼は眉をつり上げて、娘に合図を送った。「さあ、何か言ったらどうなんだ」。娘はあきれた表情で答えた。「そんなの、真剣に聞けっていうほうが難しいよ。細部に注意を払うことが大事だって言いながら、お父さんは両足で違う靴下を履いているじゃない」

会場は静まり返った。独善的な馬から落ちた痛みを、その場にいたみなが分かち合った。部長はきまり悪そうに笑い、娘の言うとおりだと認めた。そして何より、この会社も自分と似たような罪を、つまり言行不一致という罪を犯していると語った。

「私は理解しています。ときとして、わが社が分断されているように感じられることを。会社のオフィスがあり、みなさんのように熱心な営業担当者がいる。本部にいる私たちは、矛盾したメッセージをしょっちゅう伝えている。既存顧客との関係を深めるのがいかに大切かを説きながら、私たちがみなさんに報いるのは、みなさんが新しい顧客を連れてきたときだけです」。

薄暗い会場内でも、営業担当者たちが目配せしているのがわかった。「そのことをお詫びしたい」。部長は言った。「そしてお約束させてください。今後はもっと一貫性を持ち、言葉と行動を一致させるよう心がけると」「それから娘については」と彼は微笑んだ。「彼女は大学でも無事にやっていけると思います。私の知恵があろうとなかろうと」

信じられなかった。それは完璧に語られたパーパスストーリーだった。感動的になりすぎず、強い親近感を与え、要点を完璧に説明していた。この部長には当然、登壇して会社の計画について話したり、「現場の声にもっと耳を傾けると約束します」と話したりする選択肢もあったはずだ。しかし、本章冒頭のストーリーでマイケルが案じていたように、そうした言葉が空虚で陳腐に響くリスクはとても高い。

かわりに、この幹部は、気まずい会話をストーリーに仕立てる道を選んだ。彼の語る「自分の過ちに気づかされた」場が、仕事以外の場だったことで、聴衆はメッセージ全体を受け入れやすくなった。

情熱を通じて同調する

ソデクソ（フランスに本社を置く多国籍企業）は食を愛している。

この食品サービス企業の飲食部門は、そのことを世間に知らせたいと考えている。世間に知らせたいのはもちろんだが、顧客や見込み客には特に知らせたいと願っている。世界中にある会社のオフィス、病院、集客施設などで働くシェフを募集するとき、彼らはそのシェフたちに、ソデクソが食への愛と情熱を共有する会社であることを知ってほしいと願っているのだ。

当然、そこには問題もある。「私たちは食への情熱を持っています」とか、「私たちは食を愛しています」と言うだけでは不十分だということだ。ソデクソは人々に愛を感じてもらいたい。人々を感動させたい。食に関しては、損益計算書に掲載される以上の気持ちを持っていることを、誰にも疑ってほしくない。ソデクソは食を愛している。

人を駆り立てるこの目的を、彼らはどうやって伝えたのだろうか？

もうお気づきかもしれない。彼らはパーパスストーリーを語ったのだ。

そのストーリーは、私たちが二〇一六年に開いたストーリーテリングのワークショップで誕生した。そこから磨かれ、脚本化されて、二〇一七年にはショートビデオに生まれ変わった。ビデオを制作してくれたのは、シアトルに拠点を置く映画会社、リトルフィルムズの才能あるチームだ。

ワークショップでは、一〇〇人の参加者が小さなグループに分かれ、グループごとにストーリーの発掘と創作を行った。ストーリーの条件は、優秀な料理チームの本質に関する、極めて重要なメッセージを表現するものであること。あるグループには、「食への愛」というコンセプトが課題として割り当てられた。いろいろなアイデアを出し合った末、ひとりの男性シェフが、食への愛にまつわるストーリーを語った。

シェフがニューデリーに住む八歳の少年だった当時、彼の家にはたくさんの家族が住んでいた――両親がいて、おばたちがいて、おじたちがいて、いとこがいた。多くの人がそれぞれ違う方向へ進んでいた。騒々しく、混沌としていて、喜びに満ちた家だったという。

彼らは毎晩、テーブルを囲んで食事をした。毎晩その時間になると、それぞれが一日の出来事についてのストーリーや、料理の話や、夢の話を共有した。

彼はそうした経験を振り返り、家族との食事こそが、自分がシェフになった理由なのではないかと考えた――ただし、その理由は、私たちが考えるようなものとは違っていた。

彼が一三歳になったころから、家族は離散しはじめた。食事の時間も、ストーリーも、すべてが変わってしまった。彼はそれから何年もかけて、当時のレシピを、少年時代にニューデリーの食卓で食べた料理を夢中で勉強したが、料理を再現することはできても、同じ味にはならなかった。

それがなぜかわかったのは、彼がシェフになってからだった。

シェフになったいま、彼が仕事中にふと顔を上げると、見慣れた光景が目に入ってくる――まったくばらばらな方向に進む多くの人々が、一箇所に集まって、彼の料理を食べている。シェフたちは笑いながら、作業をし、料理をつくっている。その場は騒々しく、混沌としていて、喜びに満ちている。すると、彼の心は突然ニューデリーに引き戻され、テーブルを囲んで家族と夕食をとっていた記憶が蘇った。

そのとき彼は気がついた。何度試みても、レシピだけでは思い出の味を再現できなかったのはなぜなのか。

それは、料理に食材以上の意味があるからだ。食への愛は、人と人とが共に過ごす時間から生まれる。ストーリーや夢を共有する人々から生まれる。彼自身、シェフは料理をつくる存在だと思っていた時期もあった。でもいまは違う。シェフとは経験をつくり出す存在であり、それがソデクソでの日々の仕事だと理解している。

シェフのラジが、ワークショップに参加した全員の前でそのストーリーを語ったとき、誰もが目に涙を浮かべた。私もそのひとりだ。当日は終始明るくポジティブなムードが漂っていたが、彼がストーリーを共有した後には、顕著な変化があった。強い誇りと、彼らがその場にいることの大きな意味が生まれた。

誰もが頭では、ソデクソの食に対する愛を理解していた。しかし、彼らがその意味を実感したのは、ラジのストーリーを聞いたときだった。彼らはつながり合い、活力を得た。ワークショップの後、部屋にいた多くの人々が私に賛辞を送ってくれた。けれど、あのワークショップが意義深く充実したイベントに終わったのは、私が提供した六時間の内容のおかげではない。明らかに、ラジをはじめとする人々が共有してくれたストーリーのおかげだった。

パーパスストーリーはたったひとつで、チーム全員を団結させる。彼らを、彼らの仕事が持つ深い意味と結びつける。

成功するパーパスストーリーの鍵

成功するパーパスストーリーを語りたければ、そこに盛り込むどんなディテールよりも、どんな要素よりも重視すべきことがある。パーパスストーリーの生死を分けるのは、そのストーリーがどれだけうまく、どれだけ強く、特定のメッセージを支えているかだ。パーパスストーリーの成功は、第一にメッセージの明瞭さ、第二にそのメッセージを表現するストーリーのわかりやすさにかかっている。

つまり、すべてのパーパスストーリーは、こんな本質的な質問に始まる――自分はどんな点を主張したいのか？　言い換えれば、このストーリーを聞いた結果として、聞き手に何を考え、何を感じ、何を知ってもらいたいのか？　どんな行動をとってもらいたいのか？

これらの質問への答えは、あなたの「北極星」だ。展開するストーリーが決まった段階で、あなたを導いてくれるものだ。時間や関連性の問題から、ストーリーのどの部分を残し、どの部分を削るかを決める手がかりとなるものだ。

第２章に登場したマリコパ医療センターのチームを覚えているだろうか。財団に必要な資金調達のため、心のこもった真実のストーリーを語って寄付を募ったあのチームだ。当日は、寄付の呼びかけと夕食の提供に先立って、病院の新たなＣＥＯがスピーチを任されることになった。本来なら、その内容は一般的な現状の報告でもおかしくない。だが、いくらかの混乱に対処している組織の新CEOである彼は、単なる報告以上のスピーチをする必要があり、さらにそれはパーパスストーリーでなければならなかった。たった一回のチャンスで、会場にいる最も重要な利害関係者たちを納得させなければならない。病院を信じ続けるべき理由を――CEOを信じ、何より組織全体を信じるべき理由を――、現実的かつ確実かつ感動的な方法で伝えなければならなかった。

CEOが主張したかった点は？　それは、病院のあり方を誰もが誇りに思うべきだということだった。病院の象徴的な性格――置き去りにされがちな人々のための高品質な医療、最も弱い立場にある人々への思いやり――を誇りに思ってもらいたかった。

これらの点を真北に置いて、私たちは仕事に取りかかった。そしていくらか掘り下げたところで、参加者と病院の目的とを結びつける完璧なストーリーが見つかった。資金集めを兼ねたイベントの夜、CEOは統計の話をして幕を開けるかわりに、ストーリーを語った。

それは、彼が新CEOとして初期に臨んだイベントにまつわるストーリーだった。切実に必要な資金調達のため、地方債発行を可決させようと、タウンミーティングを開いたときのことである。会場となったコミュニティビルの多目的室には、金属製の折りたたみ椅子が何列も並べられ、奥のテーブルに水のボトルと市販のクッキーが用意された。CEOが見守るなか、人々は列を成して入場し、席に着いた。しばらくして講演者が集まった人々を歓迎し、CEOも登壇の準備を整えていると、視界の隅で何かが目に止まった。ひとりの男が、足を引きずりながら部屋に入ってきたのだ。

遠目に見ても、この男に経済力がまったくないのは明らかだった。おそらくはホームレスだろう。彼が会議に参加するつもりでやってきたのか、たまたま群衆に出くわして様子を見に来ただけなのか、ＣＥＯにはわからなかった。いずれにしても、男は部屋の前方へ移動し、講演者が立っている場所のすぐ近くで止まった。

他の場所や、他の誰かが主催する公開フォーラムであれば、必ず数人のスタッフがこの身なりの乱れた男に近づき、「ここはあなたの来る場所ではありません」とささやいて出口へ連れて行くだろう。出席者はみな、男がひと悶着起こすことなく去るのを期待しながら、迷惑そうに席を移動するはずだ。

ところが、このフォーラムはそうではなかった。

たしかに、何人かは立ち上がってすぐ男のもとに向かったが、それは彼を追い払うためではなかった。ひとりは彼に水のボトルを持ってきた。もうひとりは金属製の折りたたみ椅子を持ってきて、彼を座らせた。クッキーの盛り合わせをナプキンと一緒に持ってきた人もいた。

ストーリーのこの部分に差しかかると、ＣＥＯはいくらか間を置いて、情景を人々の心に染み込ませた。資金集めのイベントに集まった潜在的寄付者たちは、息も漏らさなかった。ＣＥＯはスピーチを再開した。病院の近年の業績に触れながら、資金調達イベントの冒頭あいさつには定番の情報を手短に伝えた。しかし、誰かが咳払いを始めるよりずっと早く、ＣＥＯは身なりの乱れた男のストーリーに戻った。

「あの夜のフォーラムを思い出します。他の場所では除け者にされていた、あの男性のことを考えます。みなさんは――わが市民、わがマリコパのコミュニティは――水のボトルと一握りのクッキーだけで、彼に尊厳ある瞬間を与えました。みなさんが遺産を残すのは、まさにそういう瞬間です。素晴らしい初年度の経験をありがとうございました。みなさんと日々共にあることを、私は恐れ多くも、誇りに思います」

スピーチは以上だった。

CEOは演壇を離れ、聴衆の大喝采のなかに消えていく。聴衆自身、正確にはまだ何が起きたのかを把握できていなかったのではないだろうか。司会者はCEOに感謝の言葉を述べると、観客を歓迎した。夕食と「各席に置かれた特別なクッキー」を楽しんでほしいと言い添えて。

ひとつのストーリーと、そのストーリーに合った明瞭なメッセージ。新CEOはこれらを用いることで、やや懐疑的だった利害関係者を仲間に引き入れ、全体的な目的を達成した。

注意点

とはいえ、パーパスストーリーの成功には難しい面もある。主張したい究極のポイントであるメッセージと、最終的に語るストーリーとを調和させることにおいては、間違いを許される余地がほぼないのだ。

（要素に関する本章のセクションで学ぶとおり）パーパスストーリーはその性質上、語り手であるリーダーを主役に据えるのがふつうだ。それで構わないし、まさにそうあるべきだろう。しかし、実際にリーダーが主役になる点からいっても、通常あなたは何らかの指導的立場にいてパーパスストーリーを語る機会を与えられている（それを理解しているだろうか？）という点からいっても、メッセージがストーリーをうまく表現できなかった場合や、「結局何が言いたいの？」という疑問が聞き手のなかに残った場合には、あなたはストーリーテリングにおける究極の罪を犯したことになる。それはストーリーのためにストーリーを語るという罪だ。よく注意してストーリーをメッセージに調和させないと、非常に有害な逆効果が生まれかねない。あなたは人々を鼓舞するリーダーとみなされるどころか、傲慢なリーダーというレッテルを貼られる恐れがある。

もちろん、言いたい人には勝手に言わせておけばいい。だが、ストーリーの最後に特別な時間をとって、チームが実際の計画や使命や目標をよく理解しているかどうかを確認すれば、あなたはかなりの苦痛から解放されるだろう。

パーパスストーリーを語るコツ

パーパスストーリーを語るのは簡単に思えるのではないだろうか？　ただメッセージをはっきりさせて、それに合ったストーリーを見つければいいのだから。何の大きな問題があるだろう？　いちども挑戦したことがない人はそう考えるだろうが、パーパスストーリーを語るのは、実は見かけよりずっと難しい。以前パーパスストーリーを語ろうとしてうまくいかなかった人も、どうか落ち込まないでもらいたい。おそらくあなたはメッセージを持っていたけれど、ストーリーの実践的な経験を積めていなかっただけだ。人生に近道はないし、ただで手に入るものはない。それでも、単純な方法を使えば、あなたのパーパスストーリーを発掘し、それを隠れ家である心の洞窟からおびき出すことができる。

伝えたいメッセージをはっきりさせたら、次のステップでは、自分にこう問いかけよう——この教訓を学んだのはいつだった？　この真実を発見したのはいつだった？

話をテック企業の営業担当部長に戻すと、彼はメッセージを通して、会社の発言と行動が時折矛盾することと、それが問題であることを指摘しようとした。そこで「過去に同じ教訓を学んだのはいつだったか？」と自問自答してみると、娘とディナーに行ったというストーリーが浮かんできた。マリコパ医療センターのＣＥＯは、利害関係者たちを団結させ、彼らがそこにいる本当の意義を誇りに思ってくれるようなメッセージを伝えたかった。「私たちの真の目的が達成された瞬間を見たのはいつだったか？」と彼は自問自答し、丁重に扱われていたホームレスの男性を思い出したのだ。

では、本章の冒頭に登場した若手幹部、全国的な金融危機のさなかに営業職に転身したマイケルはどうだったか。彼が伝えたかったのは、「つらい状況はわかっているが、諦めれば後悔が残るだろう」というメッセージだった。マイケルはいつその教訓を学んだのか？　それは、彼が水球チームに所属していた大学四年生のときだ。

カンファレンスでの登壇時間がやってくると、マイケルは心の準備をしていたにもかかわらず、あがってしまった。営業カンファレンスで元財務担当者が行うスピーチだと考えればなおさら、自分のアプローチは聞き手が期待するものとは違うとわかっていた。

司会者から紹介されると、マイケルはすっかり緊張してステージに上がった。心を落ち着かせ、高校の英語の授業以来となるスピーチに臨む。最初に語ったのは、彼の高校時代のストーリーだった。

それはマイケルが一年生のときの出来事だ。入学してまもないある日、校内を歩いていると、中庭の向こうから教師に声をかけられた。水球のコーチだった。「やあ」とコーチが言った。「お父さんの身長はいくつ？」

「うーん、一八〇センチくらいかな」。マイケルは高校生にしか許されないような口調でつぶやいた。

「君、水球をやるべきだよ」とコーチが言った。

それまで挑戦したこともなければ、ほとんど知識もないスポーツに勧誘された経験と関連づける形で、マイケルはみずからの謙虚さや驚きを表現した。コーチはどうにかしてマイケルを口説き落とそうと、彼をディビジョン１の大学水球選手権に連れて行った。この日の試合は、ＵＣＬＡ対スタンフォード。

マイケルは語った。スタンドに座り、冷たい金属のベンチから、プールにいる選手たちを憧れの眼差しで眺めたこと。水球をするだけでなく、いつかは選手権の試合でプレーしたいとその場で決心したこと。

当然、大学選手権に出場できるチャンスが来るのは何年も先だ。時間はマイケルの味方だった。彼はこの時間を有意義に活用し、まずは練習の妨げになることを克服しようとした。エッグビーター（お菓子づくりではなく水泳に使うほう）の意味を知らないとか、競泳用水着がやや苦手だとか、その程度のちょっとしたことだ。これらの問題に邪魔はさせまいと、マイケルは努力を始めた。

それ以来、マイケルはプールに最初に入って最後に出てくる選手になった。地獄の週と一日二回の練習を乗り切り、さらにジムに通ってウエイトトレーニングをした。精神面の鍛錬も怠らなかった。怒りっぽい性格を自覚していたので、短気をコントロールし、その感情を厳しいプレーに向けようとした。

多くの時間、多くの労力が必要だったが、やがてそれは実を結んだ。

二年生のとき、マイケルはチームのキャプテンになった。実際にリーダーの立場になったのはこれが初めてだった。四年生になると、ＵＣＬＡの選手としてスカウトされた。すべては計画どおりに進んでいた。

ストーリーのこの時点で、マイケルはいったん間を置く。劇的な効果を狙ったわけではなく、ここでストーリーが現実味を帯びるからだ。彼は一息ついた。「大学に入ると、事態は変わりました。プレーのレベルが上がったのです。自分より身体が大きく、上手な人ばかりでした。

私にはもっと努力が必要でした。もっと体重を増やし、もっと筋肉をつけて、とにかくすべてを増やさなければならなかったんです」

入学当初は、やるべきことに取り組んでいた。しかし少しずつ脱落していった。マイケルはもう、プールに最初に入って最後に出てくる選手ではなくなっていたのだ。関心も意欲も薄れていった。厳しい戦いになることはマイケルにもわかっていたし、それを恐れていたわけではない。ただ、その厳しさは彼の予想をいくらか超えていた。

ある日、コーチはマイケルを呼び寄せて言った。「よく聞け。ここには、おまえより若く、おまえより速く、おまえより熱心な選手がいる。おまえはもっと強くなるか、そうでなければ、チームを去るかのどちらかだ」

当時、マイケルは四年生だった。どこか限界だと感じたので、彼は辞める決断をした。

「大学時代を振り返ってみると」聞き入っている聴衆に向かって、マイケルは説明した。「あれはビジネスの低迷期のようなものだったと、いまはわかります。人生における自然な浮き沈みの一部だったと。ですが当時の私には、経験も、成熟した考えも、分別もありませんでした。なので、苦しい時期というものが、実際にはそれを突破して前進するチャンスなのだと気づけなかったのです」

マイケルがそう言い終えたとき、会場は静まり返っていた。彼はステージの前に移動した。

「私は一四歳のとき、あの選手権の試合を目標に据え、選手たちを見て、いつか同じプールに入るのだと誓いました」

彼は再び息をついた。

「七年後、私はそこにいました。懸命に努力し、絶えず向上を目指し、やがて辞める決断をするという七年を過ごした末、気づけばスタンドに戻っていました。自分のチームが全国選手権で優勝するところを、冷たい金属のベンチから見ていたのです」

マイケルはわずかに首を振った。

聴衆はごくりと唾を飲む。

ベンチに座っていたマイケルが学んだのは、人を問わず、時代を問わず必要とされる教訓だった。そしてそれは、二〇〇八年のあの日、落胆した営業担当者が集まる会場にまさに必要な教訓でもあった。

マイケルはストーリーを通して、営業担当者たちが自分と似た選択を迫られているのだと伝えた。つらいときこそ前に進むチャンスと信じて、プールや職場に入っていくか。それとも、辞めてしまうか。

「私はその試合をスタンドから眺めていました。水球を辞めたことは、私が人生で最も悔やんでいる決断です。いまの状況が厳しいのはわかっています。プールの水が冷たすぎることも、練習時間が長すぎることも、報われる日が遠すぎるように見えることもわかっています。ですが、これは私たちの決勝戦です。私は勝つまで諦めません」

二〇〇八年七月の基調講演は、マイケルと会社の双方に転機をもたらした。そこにはもう敵対的な聴衆も、無関心な聴衆も存在しなかった。マイケルは会場にいた人々を仲間に変え、共通の目標の下に結集させ、彼のパーパスストーリーはチームを刺激した。そしてパーパスストーリーが、仕事に全力を尽くす理由になった。不況の嵐を乗り切り、これまで以上に強く優秀な会社として浮上するという共通の目標に向かう理由に。そこに後悔はなかった。

パーパスストーリー――要素の分析

伝えたいメッセージがはっきりしたら、あなたのキャリアや人生をさかのぼり、そのメッセージを支えるのに最適なストーリーを見つけよう。私が紹介したコツを使ってもらってもいいし、あなた自身のやり方で探しても構わない。それができたら、次はストーリーを定着させる四つの要素を盛り込もう。

共感できるキャラクター

他の必須ストーリー（ときに顧客が主役になるバリューストーリーや、ときに利害関係者が創業者にかわって主役になるファウンダーストーリー）より顕著な傾向として、パーパスストーリーの場合、親しみをもてるキャラクターになるのはほぼ常に語り手だ。教訓を学んだリーダー、何らかの経験をした人物が主役になる。それ以外の誰かに関するパーパスストーリーを語れないわけではないが、最高のパーパスストーリーは、語り手その人についてのものだ。

これは刺激的であると同時に、難しいことでもある。

刺激的なのは、あなたが語れるパーパスストーリーの選択肢が、あなたが生きてきた日数だけ存在するという点だ。これは実存的な意味ではなく、文字どおり「あなたが生きてきた日数」ということ。つまり、適切なメッセージと組み合わせさえすれば、あなたは共感できるキャラクターとして、人生のあらゆる瞬間をパーパスストーリーに変えられるというわけだ。

たとえば、私のお気に入りのパーパスストーリーは、ある講演者が聞き手を団結させ、目的に駆り立てようとしていたときに聞いたものである。この講演者が共有したのは、破産して、ガールフレンドと一緒に引越しを余儀なくされたという彼自身の経験だ。当時の彼のオフィスは、ベッドの隣に押し込まれた小さな机だった。ある夜、ガールフレンドが帰宅すると、彼はその小さな机で仕事をしていた。ベッドの上には、ありとあらゆる請求書と破産の書類が並べられている。ガールフレンドは彼の邪魔をしたくはなかったが、もう遅い時間だったのでベッドに入り、書類の下敷きになったカバーの下に潜り込んだ。山積みの書類の下で眠る彼女を見て、彼は思った。金輪際、重たい請求書の下で彼女を眠らせたりはしない、と。その瞬間が諦めないための燃料になった。

共感できるキャラクターとして自分を主役に据えれば、あなたのパーパスストーリーの題材は無限に広がる。だが歴代のスパイダーマンなら知っているように、大いなる力には大いなる責任が伴う。主役になるのはたいていリーダーだが、だからこそ、ストーリーの本当の主役は聞き手でなければならない。マイケルの水球のストーリーは、マイケルを主役にしながらも、聞き手が彼の立場になって考えられるよう設計されていた。マリコパ医療センターのＣＥＯのストーリーは、彼が初めて主催したフォーラムに焦点を当てながらも、聞き手がその会議に出席する自分自身を想像し、当時の出席者全員が共有していた誇りを感じられるよう、特別に設計されたうえで語られた。

　親しみをもてるキャラクターをパーパスストーリーで使いこなす鍵は、あなた自身のディテールを明らかにすることだ。その日に着ていた服や、見たことや考えたことなど、ごくシンプルな内容で構わない。ただし内容を選択するときには、あくまでも聞き手の存在に留意しよう。彼らはどんなディテールに自分との関連性やつながりを見出すだろうか？　彼らはどんなディテールを聞いて「ああ、これは私のことだ」と言いたくなるだろうか？

本物の感情

　共感できるキャラクター（リーダーであるあなた）の経験を聞き手の経験と融合させるには、感情に寄り添うのが効果的だ。

　一連の出来事をどれだけ明確に暗唱できたとしても、パーパスストーリーがうまく伝わるとはかぎらない。パーパスストーリーの成功は、そうした出来事から得た感情を、どれだけ巧みに、どれだけ意欲的に語れるかという一点にかかっている。その感情は必ずしも大きなものである必要はない。実際、普段の人間は無関心な状態でいることがほとんどだ。大きくなければいけないのは――とにかく大きければ大きいほどいい――ビジネスの現場でほとんど共有されない自分の一面を共有し、無防備であろうとする積極性である。

もう、おわかりだろう。無防備さが重要なのだ。ビジネスリーダーシップにおいて無防備さがいかに重要かは、おそらく耳にしたことがあるのではないだろうか。ビジネスパーソンにとって決して受け入れやすい流行語ではないが――自分をさらけ出したい人はいないだろう――ビジネスにおける無防備さが成功への推進力となることは、研究でも繰り返し証明されている。研究者であり、作家であり、無防備さの専門家として有名なブレネー・ブラウンはこう述べる。「無防備さはまぎれもなく、革新性と創造性の鼓動である。無防備さのないところに革新はない」[6]。誰もが知っているとおり、ビジネスを究極的に前進させるのは革新性と創造性だ。それでもなお、私たちは無防備になるのをためらう。

無防備になるのをためらう気持ちは、無防備さを見せた瞬間に、自分がどう認識されるかという思い込みから生じている部分もある。ブレネーが言うとおり、無防備さと弱さは同一視されがちだが[7]、実際はその逆で、無防備さは強さに等しい。成功するビジネスを運営していれば、リスク、嘲笑、挑戦した結果の失敗――事業を拡大するという挑戦、大きな買い物をするという挑戦――に無防備になるのは避けられないからだ。

無防備さは、従業員との交流においても大きな役割を果たす。ブラウンの研究によると、社会的なつながりの根源は無防備さに根ざしているという。私たちが職場で無防備になると、人間的なレベルでのつながりが生まれる。リーダーと従業員とのあいだの信頼や忠誠心が高まり、アイデアが共有されやすくなる[8]。

幸いにして、パーパスストーリーは、心を開いて自分をさらけ出すのに最適な場所だ。そのうえ、職場で起きたストーリーだけを語らねばと気負う必要もない。パーパスストーリーが極めて刺激的で自由なのは、会社の外や、自分の役割が負う責任の外にストーリーを求められる点だ。宿泊キャンプで変容の瞬間があった？　素晴らしい。友人と仲違いして大切な教訓を学んだ？　それも有望な選択肢だ。パーパスストーリーは、無限に題材を提供してくれるだけではない。オフィスを離れた場所でストーリーを選べば、あなたは会社の象徴としてだけでなく、ひとりの人間としてチームとつながるチャンスを得る。あなたが本物のロボットでないかぎり、これは大きな利点だろう。

瞬間

前述した二種類のストーリーと同じく、パーパスストーリーもまた、特定の瞬間を盛り込むことで訴求力が高まる。これを実現するには、聞き手がイメージしやすい特定の時間や場所、たとえば、観客席に座って水球の試合を見たという内容をストーリーに加えるといい。

私が見たところ、パーパスストーリーでは特に、瞬間と爆発とが重なることが多い。瞬間とは、語り手が何かに気づく前の一瞬を指す。物事がいつもどおりに動いている日常と、物事が突然変わる瞬間とが交差するポイントともいえる。このポイントで、あなたは教訓を学び、新しい視点を得て、新たな日常に足を踏み入れる。

瞬間は、現実生活においては一瞬の出来事かもしれない。ただストーリーにおいては、この出来事をいくらかスローモーションのように感じさせる必要がある。つまり、対象をクローズアップし、時間をかけて語るということだ。

ある幹部グループの社外研修会でワークショップを開いたときの話を例に挙げよう。幹部たちはさまざまなストーリーに取り組んでいたが、そのうちのひとつは、ワークライフバランスの模索をテーマにしたパーパスストーリーだった。ある女性がストーリーを通して、子供と過ごす時間が欠けていたという気づきを共有したのだ。けれど、彼女はただ「子供と過ごす時間が自分にどれだけ欠けていたかに気づいた」と話したわけではない。気づいたときの状況を正確に描写することで、瞬間の要素を巧みに盛り込んでみせた。「私はあの瞬間を決して忘れません。車の中にいて、ハンドルを握り、高速道路を走っていたときのことです。一時間の通勤時間のうち、三〇分が経とうとしていました。私は気づきました。この運転が、私と家族からあまりにも多くの時間を奪っていると」。彼女が語り終えた後、このストーリーの良かった点をグループに聞いてみた。すると、車内での瞬間が際立っていて引き込まれたという意見に誰もが同意した。

具体的なディテール

パーパスストーリーの成功は、実際には自分に関するストーリーを、聞き手に関するストーリーとして響かせるリーダーの手腕に左右される。このことを心に留め、常にできるかぎり、聞き手にとっての普遍的な真実をストーリーに組み込もう。聞き手の大半が確実に親しみを感じるような、ディテール、状況、感情が望ましい。あのテック企業の部長は、聞き手の多くがティーンエージャーと暮らしているか、または暮らした経験があることを知っていた。たとえ親でなくても、どこかの時点では誰もがティーンエージャーだったので、会場全員がストーリーに共感できた。マイケルがストーリーを語ったとき、彼は、会場の人々が退職を考えて岐路に立たされていることを知っていた。そして実際に彼らの多くは、マイケルが語ったような瞬間のさなかにいた。私は自分のストーリーのひとつを語るとき、マイリトルポニーの夢の城をディテールとして取り入れたことがある。なぜなら、私の聞き手は八〇年代から九〇年代育ちで、当時大切にしていたおもちゃをきっと覚えていると思ったからだ。聞き手のほとんどがY世代であろうとわかっていたときには、ムーチーズ・トゥーチーズという靴のブランドをディテールに使用したこともある。

どの例からもわかるように、具体的なディテールは、共感できるキャラクター（リーダー）と聞き手のあいだの境界線を曖昧にする。これにより両者が一体化・同一化すると、その瞬間にあなたの目的は彼らの目的になる。

パーパスストーリーと最後の企業文化のフロンティア

二〇一〇年、エモリー大学の心理学者が、子供を感情的に健康で幸福にする条件を見極めるため、小学生にテストを実施して何らかの手がかりを得ようとした。[9] このテストはイエスノーの簡単な二〇問で構成され、家族の歴史に対する生徒の理解度を測定できるようにつくられていた。

おじいさんとおばあさんが育った場所を知っていますか？
お父さんとお母さんが通っていた高校を知っていますか？
お父さんとお母さんが出会った場所を知っていますか？
家族がかかった病気や、家族に起きた恐ろしい出来事を知っていますか？
あなたが生まれたときの話を知っていますか？

研究の結果は驚くべきものだった。家族の歴史をよく知っている子供ほど、自分の生活をコントロールしている感覚が強く、自尊心が高かったのだ。この「知っていますか？」という質問は、子供の感情的な健康度と幸福度を予測するうえで、単一では最も信頼性の高い基準であることがわかった。

私たちのチームは、これと同じことが組織にも当てはまると考えずにはいられなかった。自分のリーダーや会社のストーリーを知れば知るほど、その人は、組織全体とのつながりを強く感じるようになるのではないか？　私たちは検証に乗り出した。

私たちが実施した全国調査は、米国で常勤として働く一八歳から六五歳までの一〇〇〇人を対象に、彼らが会社のストーリーについて何を知っているかを尋ねるものだった。会社のストーリーをよく知っている場合は、それが仕事の全体的な満足度に影響を与えているかどうかも確認し、調査では、次のような質問を投げかけた。

あなたの働いている会社がどのように始まったか／誕生したかというストーリーを知ってい

ますか？

あなたの働いている会社が、その歴史のなかで困難や挫折に直面したことがあるかどうかを知っていますか？

これらふたつの質問に「はい」と答えた参加者は、「私たちの会社の仕事は世界を変える」という質問を肯定する確率が四〇パーセントも高かった。

簡単なストーリーテリングを用いると、社内の人々は大いに目的に駆り立てられ、その目的意識が継続的な成功を導く。パーパスストーリーによって、チームは自分たちの仕事の重要性を理解する。あなたとタイムゾーンを三つ離れた寝室の机でコードを書いている女性は、会社の挑戦にとって自分がどれだけ重要な存在かを認識していないかもしれない。あなたと三つ離れた小部屋で働いている男性もそうだろう。おそらく彼らはみな、自分がもっと大きな何か、もっと大切な何か、もっと強力な目的を持つ何かの一部であることを知らない。しかし彼らには、それを知ってもらう必要がある。

私たちはよく、売り込みをかけるべき相手は顧客や投資家だけだと考えてしまう。注意を引くべき相手、感化すべき相手、変容させるべき相手は彼らだけだと。しかし、あなたはリーダーとして、部下に対してもまったく同じ仕事を抱えている。彼らを巻き込んで感化できなければ、小切手を書いて、部下がそれを正当化するだけの働きをしてくれるよう祈るしかない。

それは日々の戦いだ。いますぐ戦い始めなければ、負けていくばかりである。

あなたは正しいストーリーを語れているだろうか？

企業文化を確立するものは、大部屋のオフィスや従業員マニュアル、スタッフ用バスケットボールコートや昆布茶とビールのサーバーであってほしいと私たちは信じたくなる。もしそうなら、簡単な改装工事をしてサーバーを導入するだけで準備が整うからだ。しかし、意図的に忍耐強くストーリーテリングに取り組まなければ、企業文化は本当の意味で構築されることも、維持されることもない。

文化とは、人々を刺激して調和させるストーリーの集合体だ。会社の歴史を知ったとき、従業員はつながりや幸福感を感じやすくなる。どんな浮き沈みがあったのか、すべてはどこで始まったのか。それ以上に、会社が逆境に直面して生還したことを知ったとき、従業員は、自分の会社が困難を切り抜けられると確信する。

こうしたストーリー――こうした歴史感覚――は、従業員にとって、家族から子供へ語られる原点のストーリーに等しい。その文化を知ることで、従業員は会社に帰属意識を持つようになる。

正しいストーリーを語れば、あなたの成功は約束される。間違ったストーリーを語れば、あなたと部下をつなぐ橋は、子供の遊び場でよく見る遊具のようにぐらぐらしたものになり、足元が不安定になり、立場が揺らいでしまう。

あなたのチームは、会社が設立された経緯を知っているだろうか？　会社が獲得した最も大口の取引は？　最大の失敗は？　最大の試練にどうやって打ち勝ち、大惨事からどうやって立ち直ったかを知っているだろうか？

毎日の出勤にうんざりしたとき、チームが目標を達成できなかったとき、組織が逆境に直面したとき（当然そういう時期は来るだろう）、あなたの部下は、自分が大きな何かの一部であることに気づけるだろうか？

あなたがストーリーを語れば、それが叶えられる。

病めるときも健やかなるときも

物事がうまくいっているとき、パーパスストーリーは優れた文化を通じて、ビジネスのさらなる向上を促進する。かつてのマイケルの会社のように、物事がうまくいっていないときには、パーパスストーリーこそが生き残りの手段になる。状況に関係なく、誰もが――特にあなたが――語れるのがパーパスストーリーだ。そして、たいていはうまくいく。

ただもちろん、それはすべてのストーリーに当てはまるわけではない。ストーリーのなかには、あなたが語ることのできないものもある。それを次章で紹介しよう。

第7章　カスタマーストーリー——爽やかに香る脇の下と、あなたが語れないストーリー

The Customer Story: Sweet-Smelling Armpits and the Story You Can't Tell

あなたのブランドとは、あなたが部屋にいないとき、あなたについて語られることだ。

——ジェフ・ベゾス

人前で話をするのは、このうえない恐怖だといわれる。それはいささか大げさな思い込みだと思うが、たしかに、演壇に立つ前に不安を感じるのは珍しいことではない。プロの講演家だって不安になる。むしろ、この仕事では日常茶飯事だ。

私が一流のプロでいる秘訣？　それは最高の制汗剤を使うこと。

あなたの言いたいことはよくわかる。人前でうまく話したいと思っている人には、あまり役に立たないアドバイスだ。けれど、お粗末な制汗剤のＣＭをつくろうとしている人には、このアドバイスが考えるきっかけになるかもしれない。

安っぽいアナウンサーにキューが出される。

キンドラ・ホールはプロのストーリーテラーだ。ストーリーに行き詰まると、彼女は制汗剤を使って仕事をやり遂げる。それが、彼女がアクメ・ファーニチャーを選ぶ理由だ。アクメは世界中のストーリーテラーに最も信頼されるブランドである。

うんざりだ。

私がこういうマーケティングを嫌う理由はいくつもある。ひとつは、安っぽく聞こえるからだ。アクメのためにも公平にいわなければならないが、これは誰にとっても油断ならない問題である。メッセージを伝える側にいるかぎり、偽物やまがいものとみなされるリスクからは逃れられない。

だがそれ以上に腹が立つのは、こうしたメッセージが会社の機会を失わせていることだ。そこにはストーリーが存在するのに、アクメはそれを上手に語る努力をしなかった。

幸い、この問題には、商業そのものと同じくらい古い解決策がある。先ほどのアクメのＣＭは架空のものだが、理解を深めるため、現実世界で行われている対照的なマーケティングを観察してみよう。

ネイティブの制汗剤を買うという私の体験は、一般的なオンラインショッピングの体験と同じように始まった。購入し、メールで送られてきた領収書を保管し、商品を受け取る。ごく普通だ。しかし普通ではなかったのは、ネイティブのマーケティングの秀逸さだった。彼らは明確でわかりやすい価値――安全で効果的な国内製の制汗剤――を提案し、それを前面に押し出している。ネイティブのウェブサイトを三秒ほど見れば、彼らが何を解決しようとしているのかがはっきりとわかる。

だがネイティブが真に優れているのは、彼らの独特なストーリーの使い方にある。つまり、製品が使用された後のストーリーを顧客から集めることに長けているのだ。ネイティブは、カスタマーストーリーをほぼ使いこなしていると言っていい。四種類のストーリーのなかで、おそらく最も難しく、捉えにくいが、非常に強力なのがカスタマーストーリーだ。

カスタマーストーリー

あなたはすでにカスタマーストーリーをよく知っているはずだ。それが反映されているもの、たとえば、テスティモニアル、レビュー、エンドースメント、リファラル、レコメンデーションなどは見たことがあると思う。消費者が製品を称賛する（または酷評する）のは、長い歴史を持つ娯楽だ。

顧客体験が従来のマーケティングより当たり前に優れているのは、それがアクメのストーリーにはない「信用性」を備えているからである。あなたが誰かに、あなたの製品の素晴らしさを伝えたとき、その行為はマーケティングと呼ばれる。消費者が別の消費者に製品の話をしたとき、その行為はリファラルと呼ばれる。リファラルは画期的なレベルの影響力を持っており、レビューとリファラルが消費者の行動を大きく変えることは、研究でも一貫して示されている。イェルプやアンジーズ・リストのようなソーシャルメディアやレビューサイトの力によって、レビューの投稿や閲覧はこれまで以上に簡単になった。ブライトローカルの消費者レビュー調査では、次のことがわかっている。

- 消費者の八五パーセントは、オンラインレビューと個人のレコメンデーションを同程度に信頼している。
- 肯定的なレビューが書かれていると、消費者の七三パーセントはローカルビジネスへの信頼を強める。
- 消費者の四九パーセントは、四つ星以上の評価を見てからでないと、ビジネスを利用する決断をしない。
- 消費者は平均で七つのレビューを読んでから、ビジネスを信頼する。[1]

この調査によれば、消費者はレビューをわざわざ探して読む一方、疑心暗鬼に駆られて嘘のテスティモニアルを見つけ出そうとする傾向も強いようだ。

二〇一六年のピュー研究所の調査では以下のことが判明した。「各オンラインレビューサイトに掲載される情報の妥当性や信ぴょう性に関しては、事業主も消費者も懸念している。この問題について尋ねたところ、アメリカ人の回答はほぼ二分された。オンラインレビューを読んでいる人の約半数（五一パーセント）にとって、一般のレビューは、製品の質を偽りなく正確に伝えてくれる情報源だ。しかし、ほぼ同じ割合の人々（四八パーセント）は、オンラインレビューの信ぴょう性や偏りを判断するのは難しいと考えている[2]」

そこで役立つのがカスタマーストーリーだ。

リファラル、レビュー、テスティモニアルなどの共有された顧客体験は有益かもしれないが、これらは必ずしもストーリーとしてパッケージ化されてはいない。つまり、ストーリーが持ちうるほどの影響力はないということだ。レビューは疑問に答えてくれるかもしれないが、日常――ストーリーの枠組みの第1部――はまず含んでいないし、イメージが浮かぶようなディテールで消費者を引き込むこともない。テスティモニアルは事実を述べているかもしれないが、訴求力ある感情が盛り込まれていることはめったにない。製品レビューはビジネスを有利にするかもしれないが、それをカスタマーストーリーに変えれば、ビジネスはもっと有利になる。カスタマーストーリーは、人々を引き込み、人々に興味を持たせ、連帯感を与える。そして何より、カスタマーストーリーを聞いた人は、自分が理解されていると感じる。「私と似た誰かが、私と似たようなことを感じて、私が欲しかったものを欲しくなり、解決策を見つけた。私も同じものが欲しい。買っちゃおう」

そのとおり。上手に語られたカスタマーストーリーは、すべてを可能にするのだ。

ストーリーの切り替え——カスタマーストーリーか、バリューストーリーか

さて、ここで触れておかなければならないのは、カスタマーストーリーとバリューストーリーとが混同されている可能性があることだ。カスタマーストーリーは、製品の価値を説明するストーリーの一種なのではないか？　だとすれば、この章は読み飛ばして構わないのか？

答えはノーだ。本章は読み飛ばさないでもらいたい。

バリューストーリーとカスタマーストーリーは、同じゴールを目指す別々の手段であり、両者には見過ごせない違いがある。あなたの競合相手がそのことを理解し、あなたより優位に立っても構わないなら、もちろん話は別だ。その場合は、先に進んでもらいたい。読みたくない章はすべて飛ばしてもらっていい。

バリューストーリーについて復習しておくと、このストーリーの特徴は、ステラ社のストーリーテリングの枠組みを用いて、製品の価値を明らかにすることだった。営業やマーケティングを成功させるのは、通常はバリューストーリーである。共感できるキャラクターになるのは、それぞれの日常を生き、問題を抱えている顧客だ。日常に続いて爆発が起きると（製品またはサービスが登場すると）、その問題は解決される。

日常→爆発→新たな日常

アンバウンスが、新たなオンラインコンテンツの作成とテストに苦労しながら、予算と開発者のボトルネックに対処しようとするマーケターのストーリーを語ったとき、彼らは顧客を主役にした。ワーキバが、ある製品によって時間を節約し、夢を叶えた意欲的なトライアスリートのストーリーを語ったとき、彼らは顧客を主役にした。いずれのストーリーも、顧客を主役にしたバリューストーリーだった。

カスタマーストーリーはそうではない。

カスタマーストーリーには独特のひねりがある。

カスタマーストーリーは価値を表現する場合もあるが、その語り手が顧客自身だという点で、バリューストーリーとは異なる。ネイティブのウェブサイトを見てみればわかる。そこに並んでいるのは価値を表現するストーリーだが、それを語っているのは顧客だ。エイミー・Hから寄せられた、この五つ星コメントを読んでみてほしい[3]。

嫌な匂いを完全にシャットアウト

乳がんの家系なので、リスクを下げるために天然の制汗剤を試すことにしました。「いいね！」がついていた某製品は、ネイティブと成分は似ていましたが、使うと脇の下に化学薬品のやけどができました。値段はネイティブよりも数百円安かったです。他の製品も試しましたが、どれを使っても、玄関から外へ出ると汗が出てきます。こちらは南部なので、暑くてじめじめしています。私は汗っかきで、制汗剤を使わないのは不安でした。ネイティブは値段が比較的高めなので、渋々注文したのですが、いまは一〇〇パーセント買ってよかったと思っています。とにかく手間がかからないし、暑くて湿気の高い南部でも効果があるんです。一日中臭わない！　私の犬にもたっぷり塗ってあげられたら、私の世界から悪臭が消えるでしょうね。

キャロリン・Ｄからも、こんな短いコメントが寄せられた。[4]

おばあちゃんも愛用中

孫娘が浴室のカウンターに置いていったので、使ってみようと思いました。この七七年間、とにかく多くのブランドを試してきましたが、ネイティブはサイクリングをしていてもしていてもパドルサーフィンをしても臭わないので本当に驚いています。いまちょうど、ココナッツ・バニラの香りを初めて注文したところです。届くのが待ちきれません！

一見すると、これらは、顧客の抱えている問題が解決されるというバリューストーリーに見えてもおかしくない。だがそこには、カスタマーストーリーを成立させるひとつの重要な要素がある――顧客が語っている、という要素だ。

これらが本当にバリューストーリーなら、同じキャラクター（エイミー・Ｈまたはキャロリン・Ｄ）が登場し、同じ爆発（ネイティブの制汗剤）が起きる。同じ結果が起こり、同じ価値がもたらされる。しかしバリューストーリーが特異なのは、語り手がネイティブではなく、エイミーやキャロリンだということだ。その差があらゆる違いを生む。

仮に、ネイティブがアクメのようにストーリーを語るとしたら、こんな感じになるだろう。

エイミー・Ｈは乳がんの家系にいたので、従来の制汗剤に伴うリスクを減らそうとした。彼女が試した天然の解決策は、化学薬品によるやけどの原因になるものや、湿気の多い南部では役に立たないものばかりだった。そんなトラブルから彼女を救ったのがネイティブだ！

キャロリン・Ｄは孫娘の使っていたネイティブを拝借した。七七年間さまざまなブランドを試してきた彼女だったが、ネイティブを使うと、サイクリングをしてもパドルサーフィンをしても臭わないので心底驚いた。

どちらの説明もバリューストーリーに変換できる。少しだけ感情を加え、日常を構築し、微調整すれば、秀逸なビデオ広告、オンラインコピー、感動的なポスターや看板に変わるだろう。だがそのように調整しても、カスタマーストーリーにあってバリューストーリーにはない重要なレバレッジポイント――すなわち、本質的な信用性を引き出せはしないだろう。

カスタマーストーリーが信用される理由

売り手がストーリーを語ると、それを信用できるかできないかという論争が起こる。その騒々しい声を退けるという点で、カスタマーストーリーは他のストーリーと一線を画す。カスタマーストーリーの語り手は、会社ではなく人間だ。私たちと同様に製品を試して気に入った人間、感想を伝えたところでまったくメリットはない人間である。

私たちは消費者として、昔に比べてはるかに賢くなった。かつてないほど多くの力と情報を市場で有するようになった。結果的に現在の私たちは、ビジネスの現場で語られることを、疑うまではいかないが、少なくとも警戒している。ストーリーとて例外ではない。それでも正しく語られれば、カスタマーストーリーは私たちの疑念をひとつ残らず解消してくれる。その理由は、エイミー・Hとキャロリン・Dのレビューが説明している。

重要なのは情報源

ちょっと想像してみよう。ネイティブが、「嫌な匂いを完全にシャットアウト」といったマーケティングの常套句で彼らの製品を紹介し、それをバリューストーリーに組み込んで共有したらどうなるだろうか。本物の顧客から聞く声とは、どこか違って感じられるのではないだろうか。エイミーのレビューは、単純に情報量がもっと多かった。また、製品の価格の高さにも触れていた。高いだけの価値があるとネイティブが言うと、それは言い訳に感じられるが、同じことをエイミーが言えば事実だと感じられる。

ここでの話題は、あなたが三年生のとき、作文の授業の二〇分間で集中的に教わったことと同じに聞こえるかもしれない。一人称か三人称か、私か彼（彼女）か。あなたの考えは正しい。正確に言えば、最も重要になりやすいのは情報源だということだ。

マクドナルドはイギリスでこれを学んだ。

彼らは二〇一七年、ひとりの少年の映像で始まるＣＭを公開した。一〇代になる前の不安定な少年が、ベッドの上に座っている。彼が漁っているのは、がらくたが入った箱に見えるが、すぐにその中身は貴重な形見の品々だとわかる。眼鏡。腕時計。手書きのメモ。すべてが形ある思い出だ。

箱を調べた後、少年は母親に尋ねる。「お父さんはどんな人だったの？」

母親は息子を見てから、彼を散歩に連れ出し、父親の素晴らしい特徴を話し始める。石造りの古い教会を通り過ぎるとき、お父さんは建物みたいに背が高かったのよ、と母親は言う。少年はわずかに胸を張って、背を高く見せようとした。サッカーの試合を通りかかったとき、お父さんはサッカーが得意で、しかもチームのキャプテンだったのよと母親は話す。少年はぎこちなくボールを蹴ってピッチに戻そうとするが、彼がサッカーのキャプテンになる器でないのは明らかだ。ベンチに腰掛けているとき、お父さんはおしゃれで、自分の姿が映るくらいぴかぴかに磨かれた靴を履いていたのよと話す。少年は自分の汚れたスニーカーを見る。その顔には落胆の表情が浮かんでいる。

散歩の終わりに、彼らはマクドナルドで食事をする。少年は子供向けバーガーの箱を開け、フィレオフィッシュを取り出してかぶりつく。もぐもぐと食べていると、カメラは母親にパンする。お父さんもフィレオフィッシュが好きで、いつも顎いっぱいにタルタルソースをつけていたわ、と母親は悲しげに語る。そんな彼女の声がうわずったのは、自分のハンサムな息子が、顔にソースをつけているのを見たときだ。

少年は興奮した。ついにあった。お父さんとの共通点が。

このCMに対する視聴者の怒りは、急激に広まった。私がコーヒーを飲みながらニューヨークタイムズ紙を読んでいると、こんなことが書いてあった。よくもまあ、死別した家族を利用したものだ！　フィレオフィッシュを食べているときに誰が両親を必要とする？　CMは放映後まもなく取り下げられ、マクドナルドは陳謝した。

私がこの記事を読んだのはCMを見る前だったが、頭のなかにははっきりとふたつのことが浮かんだ。ひとつは、自分の父親とトマトジュースについての思い出だ。

大学生のとき、母と一緒に飛行機に乗った。客室乗務員から飲み物の注文を聞かれ、私はトマトジュースを頼んだ。すると突然、母が私を見た。

「なあに!?」。私は答えた。「ブラッディマリーは頼んでないよ。ただのトマトジュースだってば」（母と一緒にいると、たちまち一〇代の自分に戻れるから驚いてしまう）。

「いいえ」。母は言った。「そうじゃないの。父さんも飛行機では必ずトマトジュースを頼むのよ。他の場所では飲まないのに、飛行機の中でだけ」

その瞬間、私が感じた深い誇らしさを忘れたことはない。それはたしかに、トマトジュースという単純な共通点だった。だが、その瞬間に感じた父との結びつきや、娘としての喜びは、いまでも思い出せる。

そう言うと、私が子供のころに父を亡くしたのではないかと考える人もいるだろう。だからこそトマトジュースのようなものが、私にとって大きな意味を持つのではないか、と。しかしそれは誤解だ。父は元気そのもので、しょっちゅう私と話をしている。父が健在だという事実の前でも、私が彼との共通点を知った意義深さは、まったく薄まりはしなかった。であれば、父親と死別した少年が、ファストフードのハンバーガーをきっかけに父とのつながりを喜んだとしても不思議はないだろう。

あるフリーランスのジャーナリストも、私とは異なる体験を持ちながら、同様の気持ちをガーディアン紙に寄稿している。このジャーナリストの母親は、彼女がまだ幼かった一九八五年に世を去った。彼女は次のように書いている。「私はいまでも、母に関する情報のかけらを必死に探している……新たな事実を発掘したり、母の知り合いから私たちの共通点を聞かされたりすると、考古学のような驚きを感じる」[5]

私の頭に最初に浮かんだのは、父と、トマトジュースと、自分たちが似ているのだとわかったときの誇らしさだった。

その次に考えたのは、こんなことだった。あのマクドナルドの広告は実話なのだろうか？

死別した父親との共通点にたまたま気づいた少年が実在して、それがどういうわけか、マクドナルドの耳に入ったのだろうか？

もしかしたら、少年の母親がマクドナルドにストーリーを語り、広告代理店がそれに胸を打たれたのかもしれない。代理店はマーケティングの貴重な題材になると判断し、このストーリーを語ろうと決めた。共感できるキャラクターもいるし、感情も盛り込まれている（当然この時点で私たちの研究は完了していなかったので、要素に名前はついていなかった。だが、私の言いたいことは理解してもらえると思う）。代理店はストーリーの舞台を設定し、キャラクターを演じる役者を選んだ。すべては実話であったにもかかわらず……。

彼らは、少年自身にカスタマーストーリーを語ってもらうのではなく、バリューストーリーを語る道を選んだ。そうして知らず知らずのうちに、ストーリーを台無しにしてしまった。

もうおわかりだろう。良くも悪くも情報源は重要なのである。

ディテールの重要性

ことわざにもあるとおり、真実に勝るものはない。キャロリン・Dのカスタマーストーリーは、そこに真実味を与える小さなディテールに満ちている。一〇代の孫娘が浴室のカウンターに制汗剤を置いていった（典型的なティーンエージャー）という描写にしても、キャロリンが楽しんでいる具体的な趣味（サイクリングやパドルサーフィン）の描写にしてもそうだ。彼女の年齢も七七歳とはっきりしていた。他に何か気づいたことはないだろうか？　キャロリンのレビューでは、「しても」という文字が重複している。些細なミスではあるが、重要なポイントだ。カスタマーストーリー、つまりソースから直接語られるストーリーでは、真実の響きが極めて重要になる。印刷物にしても動画にしても、カスタマーストーリーにきれいに整えたくなることもあるだろうが、笑い声や不自然さ、不完全さは、ストーリーの現実味を増す要素と心得よう。もちろん、ストーリーは枠組みに合わせたうえで、必須の要素を盛り込まなければならない。あまりにもミスが大きい場合には、顧客に恥をかかせないための工夫もいるだろう。とはいえ、判別不能なほどに編集するのはご法度だ。カスタマーストーリーの美点は、その生々しく不完全な現実にある。

一〇〇人のコピーライターを一週間部屋に閉じ込めたとしても、キャロリンが書いたようなレビュー、言葉の背後に実在の人物がいると信じられるようなレビューは生まれないだろう。彼女のディテールは、ストーリーを膨らませて信ぴょう性を高めただけでなく、ネイティブの利用者の人となりを世間に知らせる役割も果たした。年齢に関係なく、大胆で活力があり、生命力に満ちた人々がネイティブの顧客であることを明らかにしたのだ。

悪魔は細部に宿るかもしれないが、それは喜びや信用性にも言えることである。

ネイティブに学ぶ、カスタマーストーリーの見つけ方

会社がレビューを集めるのは、いまに始まったことではない。アマゾンはずいぶん前からや

っているし、その一〇〇年前にやっていた会社もある。ただ、ネイティブの手法はとりわけ優れているうえに、誰でも真似できる。ここでは彼らの先例に倣って、カスタマーストーリーをキュレーションするふたつの簡単なルールを紹介しよう。

ルール１――依頼する

制汗剤が届いて数日後、ネイティブからメールが届いた。

宛先　キンドラ・ホール様
題名　キンドラ、ご支援をありがとう！

こんにちは、キンドラ。

元気にしていることと思います！　ネイティブの制汗剤を支援してくださってありがとうございます。私たちは家族経営の小さな会社ですので、心から感謝申し上げます。

ネイティブの制汗剤をお試しになって数日経ったころかと思いますので、よろしければ製品の感想をお聞かせください。特にお聞きしたいのは、ネイティブに切り替える前はどんな制汗剤をお使いだったかということです。また、ネイティブを試してみようとお考えになったきっかけは何ですか？　現在までに、ネイティブの体験に満足されていますか？　ネイティブで素晴らしい経験をされた場合は、こちらに製品レビューをご投稿いただければ幸いです。

どんなご意見でも大歓迎いたします。ご不明な点がございましたら、お気軽にメールでお問い合わせください。

それでは、素敵な一日を！

心を込めて、
ジュリアより

追伸　レビュー動画をお送りいただいた方には、バータイプの制汗剤を無料で差し上げます。詳しくはこちらをご覧ください。

このメールはいくつかの驚くべき特徴を持っているが（詳しくは後述）、送信された時点での最も重要な仕事は、私にレビューを書かせることだ。私のカスタマーストーリーをネイティブに語ってほしいと促し、リクエストすることである。このリクエストは現在までに七〇〇八件の回答を集めており、ネイティブのテレビＣＭでも大きく紹介されている。

簡単に見えて、これを実践している会社は少ない。このメールは、カスタマーストーリーにとって最も重要な最初のルールを——カスタマーストーリーが欲しければ、それを語ってもらうよう頼まなければならないというルールを示している。顧客の自主性に任せる手紙をたまに送るだけで、はっきりと依頼しなければ、カスタマーストーリーのキュレーションには当然何年もかかってしまう。

依頼するのは難しいことではない。システムさえあればいいのだから。ネイティブのようにフォローアップのメールを導入すれば、この仕事をごく簡単にこなしてくれる。

ただし、注目すべきは以下の点だ。ネイティブが依頼を新たなレベルに引き上げているのがわかるだろう。

- ネイティブのメールは製品到着後に届く。メールの送り状のなかに、「ここにレビューをどうぞ！」というリンクを張っておくことは誰にでもできる。しかし、顧客が製品を受け取っていなければ、そのリンクはほとんど役に立たない。顧客にレビューを頼むべきタイミングは、彼らが製品やサービスを体験した後だ。
- このメールは本物の名前を持つ本物の人間、ジュリアから送られてくる。ジュリアは親切な人で、彼女の家族経営の会社にとって私が重要な存在であることを教えてくれる。彼女の存在がどこか嘘っぽく感じられたとしても、私は気にしない。少なくとも彼女は、自動化された、顔の見えないチャットボットやロボットとは違うからだ。私がジュリアに連絡すれば、彼女は返事をくれるだろう。

・プレゼントがもらえる。レビュー動画を制作すれば、ネイティブからバータイプの制汗剤が無料で送られてくる。お礼のプレゼントや無料のプレゼントほど、人間の反応を引き出しやすいものはない。また、顧客自身に動画を撮影させれば、ネイティブはマクドナルドのような失敗の可能性を完全に回避できる。

依頼には技術がいる。しかし、頼んでみないことには何も始まらない。必要以上に難しく考えるのはよそう。まずは頼んでみてから、自分の求める方向に向かって微調整すればいい。

ルール2――具体的に頼めば、理想的なレビューが届く

ネイティブのメールは依頼するのみならず、パズルのもうひとつの重要なピースを完成させるお膳立ても行う――私の反応を誘導し、現実のストーリーが共有されるよう仕向けているのだ。

ここでも結局はストーリーが重要になる。私たちは、星や、サムズアップや、平凡な褒め言葉をただ求めているのではない。私たちがストーリーを求めるのは、それが何よりも効果的だからである。

ジュリアのメールは、ネイティブを試す前に使っていた製品や、ネイティブを数日使ってみた感想を具体的に尋ねている。何か気づくことはないだろうか？　ネイティブは私に、ストーリーを語るための枠組みを用意してくれているのだ。驚いたことに、その枠組みはステラ社のものと完全に一致する。このようにコメントを求めることで、ジュリアは私の反応を誘導している。そして彼女の指示に従えば、私のコメントは、日常・爆発・新たな日常の形に完全に組み立てられ、ネイティブの制汗剤で爆発が起こるストーリーとして戻ってくる。

私がネイティブの思惑どおりに反応しなかった場合は、レビューページでも同様の働きかけを受ける仕組みになっている。小さな働きかけを繰り返し受けて、私のレビューは効果的なストーリーの形に整えられていく。

こうした誘導のおかげで、ネイティブのウェブサイトには高品質なストーリーが数多く集まるようになったのだろう。誘導されて、エイミーは余すことなくストーリーを語った。キャロリンは自分のストーリーに、浴室のカウンターでネイティブを見つけたというエピソードや、孫娘の使っている制汗剤を試してみたかったというエピソードを盛り込んだ。どちらも全体にクールさと現実味を与え、おばあさんのささやかな冒険心を強調するエピソードである。つまり、カスタマーストーリーを探すときは、あなたが求めている反応を引き出す質問をしなければならない。

カスタマーストーリーは、おそらく最も使いやすくて、最も強力な種類のストーリーだ。あなたに顧客がいれば、そこにはカスタマーストーリーがある。あなたはそのストーリーを見つけるだけでいい。自分でゼロからストーリーを構築するのではなく、それらをただキュレーションして語るのが、あなたの仕事だ。

カスタマーストーリーが森に紛れ、それを誰も語らないときは……

当然のように、ストーリーは語られなければ価値がない。自分が主任学芸員になったと想像してみてほしい。カスタマーストーリーの博物館のために展示品を集めても、それを実際に飾らなければ意味がないことがわかるだろう。

それなら、その展示品はどこで見つければいいのか？　カスタマーストーリーはどこにあるのか？

この問いに答えるため、私と一緒に子供時代にさかのぼり、登校前の朝を思い出してもらおう。目を覚ます。台所に行く。シリアルの箱を取り出す。シリアルを牛乳と一緒にボウルに入れる。そして、箱の裏を見ながらシリアルを食べる。そんな経験があなたにあるかと聞かれたら、もちろんだと私は答える。同じシリアルの箱を何時間読み続けたかわからない。そこに書かれている情報を手当たり次第に読み、砂糖入りのパフを口に突っ込みながらクイズを解いたものだ（私は八〇年代育ちで、当時みんなが食べていたのは砂糖入りのパフだった）。

いまの子供たちはシリアルを食べなくなったが、当時を思い出すと、こう考えずにはいられない。もしシリアルの会社が、あの箱にストーリーを印刷していたら？　最低でも二五分間は、私の注意を引きつけられたのではないか――なぜなら、朝食をとっているあいだ、読むべきものはそれ以外に何もなかったからだ。

私はなにも、シリアルの箱にあなたのカスタマーストーリーを印刷しろと言っているのではない（そうしても構わないが）。そうではなく、顧客の生活に潜む空っぽの空間を考えてみてほしいと言いたいのだ。顧客はその空間を何かで満たしたいと思っている。顧客はストーリーを好む。それをわかっているなら、その空間にストーリーを置いてみたらどうだろう？　ウェブサイト、ニュースレター、動画、基調講演。展示会のブース、ビッド、提案書。営業の電話、チームミーティング。そして地下鉄の車両内にも、ストーリーを配置することはできる。

ネイティブにとって、彼らのカスタマーストーリーの博物館はウェブサイトだ。私が以前利用したカナダのホテルでは、宿泊客が自分の体験を自由に書き込めるよう、部屋に日記帳が置いてあった――そのホテルに泊まった理由、そこでの行動、宿泊で気に入った点などが書き込まれていた。この日記帳こそ、彼らのカスタマーストーリーの空間だった。また、ソーシャルメディアもカスタマーストーリーの展示にはうってつけの場所だ。要するに、顧客が心に余裕を持っているときにそこを訪れ、ストーリーを語りたくなる場所であればどこでもいい。

カスタマーストーリー――要素の分析

本章を読んでいて何かにお気づきだろうか？　自分のストーリーテリングが滑らかになって

きたと感じる？　そのとおり。私たちはカスタマーストーリーの議論を通して、共感できるキャラクター、本物の感情、瞬間、具体的なディテールを検討してきた。現実としてストーリーは、そうした要素の総和と切り離すことはできない。

カスタマーストーリーはあなたのものではなく、顧客のものである。したがって基本的に操作がしづらく、その可能性を十分に引き出すには、各要素への深い理解が必須となる。ここでは、カスタマーストーリーの効果を最大限に高めるための、四要素の使い方を詳しく紹介しよう。

共感できるキャラクター

あっと驚くような知らせがある。カスタマーストーリーにおける共感できるキャラクターは、ずばり顧客だ。あなたの言いたいことはわかる。何をいまさら？　カスタマーストーリーのキャラクターに関しては、誰を使うかというより、どう使うかが重要になる。特定の顧客を、共感と信頼を呼ぶキャラクターに仕立てるにはどうすればいいのだろうか？　その答えは、ストーリーを共有する手段に応じて変わる。

ネイティブの制汗剤のように、顧客レビューを中心としてストーリーの博物館を構築するなら、顧客の真の個性が表現されるようなプロセスや質問を使用しなければならない。親指を立てていようがいまいが、絵文字を見ただけでは、その親指の持ち主の人となりはほとんどわからないからだ。

カスタマーストーリーとさらに積極的に関わりたいとき――顧客に動画を撮影してもらった

り、インスタグラムに画像つきのストーリーを投稿してもらったり、ステージやライブイベントで共有してもらったりするとき――は、挑戦してくれそうな顧客を数人絞り込もう。そのうえで、こう覚えておいてもらいたい――完全さはあなたの敵だ。あまりにも滑らかすぎると疑われてしまう。

二〇〇三年の映画『ラブ・アクチュアリー』のコメンタリーつき特典映像を見たとき、ラストシーンで監督が話していたことは忘れられない。小学生くらいの女の子がクリスマスの名曲「恋人たちのクリスマス」を熱唱するのだが、最初は上手すぎて、普通の子供らしく見えなかったそうだ。そこでもう一度、今度はいくらか調子を外して歌ってもらう必要があった。キャラクターに真実味を持たせるため、レコードに傷をつけなければならなかったのだ。

子役の歌手が実際そこまで上手いかどうかという議論は、また別の機会にしよう。ひとまず共感できるキャラクターについては、完璧に見せたくなる衝動や、荒削りなところを滑らかに整えたくなる衝動に抗わなくてはならない。映画やコマーシャルには俳優が必要だが、カスタマーストーリーには顧客のありのままの姿が必要だ。

本物の感情

本物の感情はどんな言葉にも生きている。それがカスタマーストーリーの大きな強みであり、手間をかけてこのストーリーを探すべき理由だ。あなたの提供する何かが顧客の人生を変えたとき、彼らから自然に湧き出る言葉ほど信頼に足るものはない。しかし、製品やサービスを体験した後の感情より価値があるのは、その体験以前の感情だ。カスタマーストーリーの生死は、日常のパートで共有される感情によって決まる。

カスタマーストーリーを探したり語ったりするときには、こう心得ておこう――顧客があなたを見つけた後に感じた喜びや安堵（本物の感情）は、彼らがあなたを見つける前に感じていた気持ちと対比させてこそ意味を持つ。

瞬間

これまで紹介した三種類のストーリーと同様、カスタマーストーリーも、特定の瞬間が盛り込まれると効果が強まる。カスタマーストーリーの操作には限界があるが、「当社の製品を初めて試したとき、どこにいましたか？」と聞いたり、「当社のサービスを初めて耳にしたとき、どこにいたか覚えていますか？」と聞いたりすれば、ストーリーに瞬間が追加されやすくなるだろう。これらの質問は、顧客に瞬間を思い出させることを意図している。したがって、あなたの望む瞬間は、その答えに含まれているだろう。

具体的なディテール

前述したように、具体的なディテールは、カスタマーストーリーに抗しがたい真実の響きを与える。逆に大雑把なコメントや、現実を小さく見せるようなコメントは、無価値なものとみなされる可能性が高い。もちろん、学びを深めたあなたは、絶対にそんなことはしないはずだ。

具体的なディテールの追加は、カスタマーストーリーで最も満足感を得られる、楽しい作業と言えるだろう。あなたはこの作業を通して、ふつうは知り得ないような、顧客体験の独特なディテールを聞くことができるのだから。私の顧客（基調講演を聞いた人や作品を読んだ人）もストーリーを利用した経験をメールで教えてくれることがあるが、私はそれらのメールを一生飽きずに読んでいられるだろう。彼らはいろいろなディテールを報告してくれる。人脈作りのイベントで知り合った人にストーリーを共有したとき、こんなオードブルが出されていたとか、大きなプレゼンの前にＣＥＯがしびれをきらしてペンをクリックしていたが、顧客がストーリーを語り始めるとそのクリック音が止まったとか。

顧客があなたにストーリーを伝えてくれたときは、そうした小さなディテールに耳を傾け、あなた自身の想像力に注意を払おう。どんなディテールが、あなたの共創的な反応を喚起するだろうか？　あなたの潜在意識が拾い上げ、同調するのはどんなディテールだろうか？　それを最終的に共有すべきディテールの手引きとしよう。

カスタマーストーリーの最後の真実

この章を終えて本書の最終パートに入る前に、私は一瞬バラ色のメガネを外し、いまあなたが考えていることに対して、声を大にして忠告しなければならない。

カスタマーストーリーを語るのは簡単ではない。

私が以前協力したある国際的なブランドは、顧客のひとりを主役にしたストーリーを語りたいと考えていた。しかし、どんなカスタマーストーリーを選ぶかという議論に入った途端、チームは実際の顧客を見つけるのではなく、顧客をでっちあげようと提案した。ペルソナを作成し、俳優を雇って役を演じてもらう。そのほうが簡単だからと彼らは考えた——たしかにそのとおりである。顧客を見つけ、彼らと対話し、彼らの真実のストーリーを聞き出すには、特別な手間がかかる。顧客の話に耳を傾け、質問を投げかけ、本物の感情や具体的なディテールを明らかにするには、多大な時間がかかる。

ストーリーを語るのはたいていマーケティングチームの役割だが、彼らは顧客との交流をまったく持たない場合がほとんどだ。これは批判ではなく現実である。マーケティングチームは、壁がホワイトボードになった役員室に座って、架空の顧客をつくりあげることを仕事にしている。その一方で、実際に顧客と交流しているのは、受付にいるスタッフや、カスタマーサービスのコールセンターのスタッフだ。

カスタマーストーリーはあなたのものではなく、顧客のものである。それゆえ基本的に操作がしづらく、語りづらい。しかし私が思うに、カスタマーストーリーの真の難しさは、ビジネスにおけるもっと大きな問題から生じている。その問題とはつまり、顧客と会社との分断が当たり前になっているということだ。顧客とのコミュニケーションはサイロ化され、自動化され、結果としてストーリーの荒れ地が生まれた。実際の対話がなければ、データや調査に基づいて、架空の顧客をつくりあげるしかない。

カスタマーストーリーには特別なステップと努力が必要だ。それでも、顧客の真実の声に耳を傾けてカスタマーストーリーを探すよう、チームにも自分にも働きかけることができたら、どれほどの変化が起こるだろうか。想像してみてほしい。

あなたに必須のストーリーの創り方

いよいよ第２部も終盤だ。ここまでは、ビジネスの成功に欠かせない四つの必須ストーリーを紹介してきた。第３部では、次に挙げる三つの具体的な方法を、段階的に説明していきたい。

- 最適なストーリーの種類を選び、語れる可能性のあるストーリーを集めて、あなたのビジネスに役立ちそうなストーリーを探す。
- 仕事をできるだけ簡単にする立証済みのテクニックと、ステラ社のストーリーテリングの枠組みを利用して、最高のアイデアを素晴らしいストーリーに仕立てる。
- あらゆる聞き手とのギャップを埋め、記憶に残るストーリーにするために、あなたのビジネスに必須のストーリーを確実な方法で語る。

ストーリーテラーがよく言うように、「事態はますます面白くなってきた」。さあ、本題に入ろう。

第3部　ストーリーを創る――ストーリーを見つけ、仕立て、語る

第８章　ストーリーを探す――いたるところでストーリーを見つける方法

Finding Your Story: How to Find Stories Anywhere

人間であるということは、語れるストーリーがあるということ

――アイザック・ディネーセン

二〇〇六年一〇月、私は講演者として、アリゾナ州メサで開かれたメサ・ストーリーテリング・フェスティバルに招待された。当代きっての語り手が集まることで有名なフェスティバルだ。熱心で積極的な聴衆に向けてストーリーを語る機会を得たことはもちろん、イベント全体の目玉となる講演者を紹介する栄誉に浴したことでも、私は言いようのない興奮を感じていた。その講演者とは、私の師であり、私のアイドルでもある、ドナルド・デイビスだ。

デイビスの講演の直前、私は彼の隣に座っていた。ステージではまだ別の語り手が講演中だった。私は座ったまま姿勢を変えたり、指をいじったり、激しく脚を震わせたりしていた。父親以外の、自分の人生で最も重要な男性を紹介することに緊張し、その気持ちをどうにか解放しようとしていたのだ（当時私はマイケルと付き合い始めたばかりだったが、そのマイケルもデイビスには到底敵わなかった）。

私の態度とはまったく対照的に、デイビスは落ち着き払っていた。手には、擦り切れた紙がゆるく握られている。人前であがらないための戦略が書かれた紙なのかと思い、私はその内容を懸命に読み取ろうとした。するとデイビスの肩越しに、彼のものとわかる手書きの文字が並んでいるのが見えた。人の名前。状況や出来事や瞬間のメモ。四列か五列にわたって、それぞれ二〇語以上の単語が綴られていた。覚えているのは、紙に書かれた言葉が、私が集めている『フレンズ』のＤＶＤのエピソード一覧に似ているなと思ったことだ。たとえば、「ジョーイの新しい脳の話」とか、「チャンドラーは犬が嫌いだった話」とか。

そのときふいに、私は紙の正体に気づいた――それはストーリーの候補だった。デイビスが握っていたのは、彼が講演で語る可能性のある、何百ものストーリーのリストだった。私はわずかに身を乗り出し、そのリストを盗み見た。とにかくたくさんのストーリーが書かれていた。

私の観察は拍手の音で中断された。ステージ上の語り手が講演を終え、私の番がやってきた。私は登壇し、マイクを手にして、デイビスの素晴らしさを伝えようと全力を尽くした。私が彼の名前を言うと、デイビスはストーリーのリストを決然と折りたたんでポケットにしまい、蝶ネクタイを直してステージに向かった。それからの九〇分間、私は畏敬の念を抱きながら、彼が選んだストーリーに耳を傾けた。リストに書かれていた他のストーリー、今日は語られなかったストーリーを聞けるのはいつになるだろう、と考えずにはいられなかった。

ストーリーを語ることを阻む唯一最大の障害は、先延ばしにする癖でも、共有する恐怖でも、舞台に立つ不安でもない。自分にはそもそもストーリーがないと考えることだ。


私が自分のストーリーを語れずにいたのも、元々はそれが原因だった。二〇〇〇年代の初めに、私は初めて自分の人生のストーリーを語りたくなった。しかし躊躇した。自分にストーリーを共有するどんな権利があるというのだろう？　中産階級の家庭で愛されて育った、二〇代そこそこの若い自分が――。私のストーリーは特別つらいものではない。特別暗いものでもない。自分のなかに留めておくべきものだ。そう思っていたが、オクラホマシティーでのオープンマイクの夜、平凡な失恋のストーリーを共有したときに初めて気がついた。話の規模が大きいか小さいか、内容が楽しいか悲劇的かにかかわらず、それが現実のものであるかぎり、人はストーリーとつながりを感じるのだと。

たとえ小さくても、あなたはストーリーを、語る価値のあるストーリーを持っている。

そうはいっても、「自分にはストーリーがない」という恐怖からは誰も逃れられない。壮大なストーリーを持っている人でさえ、自分にはストーリーがないと思い込んでいる。私が忘れられないのは、飛行機の座席で、隣の紳士をちらりと見たときのことだ。彼は小柄で控えめな五〇代半ばの男性で、ねずみ色がかった茶色の頭髪に、眼鏡をかけていた。私が着席しても、彼はほとんど顔も上げなかった。電話での会話に夢中になり、しかめ面をしてタブレット端末を見つめていた。私が座席に滑り込んだところで、彼の会話が断片的に聞こえてきた。ドナルド・デイビスとのストーリーテリング・フェスティバルのときと同様、私は興味をそそられ、彼のスクリーンに目をやった。私の見間違いでなければ、そこに映し出されていたのは、地中から大きな炎が上がっている画像だった。

男性は、火事の画像を拡大したり縮小したりしていた。会話に夢中になるあまり、私に見られているかどうかを気にもしていない。私がそれを悟って画像を覗き込むと、盾を持った男が火に近づこうとする様子がはっきり写っていた。

隣の男性は、地面に落ちているコンクリートの破片のこと、掘削装置が損傷していること、そして、彼自身が中東へすぐ引き返す必要があることなどをつぶやいた。電話を切ると、彼はまた別の人に電話をかけ、七週間分の荷物をまとめて中東行きの一番早い便に乗るようにと伝えた。

電話を終え、彼はため息をついた。

突然の沈黙にいたたまれなくなった私は、その場しのぎの会話で間を持たせようと、頭上の荷物入れについてぎこちないジョークを飛ばした。飛行機でのよくある会話を交わした後、男性は事情を説明してくれた。母親の九〇歳の誕生日に合わせて、彼女を訪ねる予定だったのだという。

「ですが、中東にすぐ引き返さなければならないようです」

私は努めて無邪気なふりをして聞いた。「まあ、どうして？」

彼は、テロリストの攻撃で火災を起こした石油採掘施設の消火活動に従事する、国際的な専門家だった。静かで控えめな口調で、自分の仕事のこと、油田で危険なガスを吸って亡くなった親友のことを話してくれた。妻や成人した子供たちは彼の引退を望んでいるが、彼自身は、消火にあたる人材の訓練を続ける必要があると感じているそうだ。

フライト中ずっと、私は彼の話に魅了されていた。飛行機が下降し始めたとき、私は彼に、自分のストーリーを誰かに共有したことがあるかと尋ねた。

彼は、あっけにとられた様子で私を見た。

「ストーリー？　私はそんなものは持っていませんよ」。彼は真面目に言った。

男性のストーリーは努力を要さずとも興味をそそるものだった。しかし、それ以上に印象的だったのは――私はいつもそのことに驚くのだが――、彼が自分のストーリーをストーリーとはみなしていないことだった。少なくとも、それは彼にとって、語る価値のあるストーリーではなかった。

自分にはストーリーがないので何も語れないと思い込んでいる人がいたら、こう伝えておきたい。あなたの考えは大間違いだ。ストーリーの形や大きさは千差万別であり、私たちひとりひとりがそれを持っている。そして、どんなストーリーにも語るのに適した場所がある。

問題は、あなたがストーリーを持たないことではない。

あなたがストーリーの見つけ方を知らないことだ。

だが幸いにして、それは解決できる問題でもある。

ストーリーを探すふたつのステップ

いまの時点で、あなたはストーリーの力を確信できているはずだ。ストーリーがなぜそれほど重要なのか、どのように機能するのかを理解し、ビジネスに欠かせない四種のストーリーについても把握しているだろう。しかし、あなたの疑問はまだ消えていないかもしれない。自分には語るべきストーリーがあるだろうか？　あるとしたら、どうやって適切なものを見つけたらいいのだろうか？　これらふたつの切実な質問に答えるため、私はその答えをふたつの明確なプロセスに――収集と選択に分けたいと思う。

最初のプロセスは、ストーリーの収集だ。ストーリーの収集とは、内容がよいかどうか、適切かどうか、有益かどうか、語れるものかどうかにこだわらず、ストーリーのアイデアを生み出すことである。ストーリーの収集には、古き良きブレインストーミングが必要になる。しかしツールの助けを借りれば、白紙のページに圧倒されずに作業を進められる。

第二のプロセスは、ストーリーの選択だ。すべてのストーリーが、すべての状況で機能するとはかぎらない。私は高校時代、全米優等生協会の晩餐でスピーチを任されたとき、最後までテーマを決めかねた末に、排水管の詰まりについてのストーリーを語った。結果は聞かないでもらいたい。だがこのストーリーがどれだけ不評だったかは、きっとあなたにも察してもらえるだろう。私は苦労して、物語を見つけるということを学んだ。それでも、正しい物語を選ぶことはまた別の話だった。

素晴らしいストーリーの発見には、収集と選択の両方が必要なのだ。

ストーリー発見の第一段階——ストーリーの収集

あなたはこれまでに、お年寄りの親戚からストーリーを聞き出そうとした経験はあるだろうか？　私は以前、祖母に世界大恐慌の話を聞かせてほしいと頼んだことがある。学校の課題でレポートを書かなければならなかったからだ。私は祖母と一緒に座り、紙とペンを持った。彼女はきっととめどなくストーリーを語ってくれると予想して、細部を聞き逃さないよう、テープレコーダーも準備した。

私は祖母に頼んだ。「おばあちゃん、世界大恐慌について教えて」。そう言って、ペンを走らせる準備をした。

「あら、私にはわからないわ」。祖母はつぶやいた。「でも良い時代だった」

以上だった。祖母が言うべきことはそれだけだった。

私は祖母をじっと見つめたのを覚えている。何しろ、それは私が聞いてきたあらゆる世界大恐慌の話とは真逆だった。レポートの題名には「恐慌」と入っているのに、いったいどうしろというのだ。「大いなるよき時代」ではないというのに。レポートの成績がたちまち心配になっただけでなく、私はひどくがっかりして、不満を覚えた。祖母がたくさんのストーリーを持っているのは知っていた。であれば、なぜそれを教えてくれないのか？

戦略的ストーリーテリングの分野でリーダーたちと働いてきた私の経験からいうと、あなたも私と同じ場所で、理由がわからないまま足止めを食らうはずだ。あなたはストーリーが必要だと気づき、自分にこう問いかける。「どんなストーリーを語るべきなのか？　語るにふさわしいストーリーは何なのか？」。だが返ってくるのは、私が祖母から受け取ったのとよく似た反応だ。何もない。当時の私と同じように、あなたは落胆するだろう。

だが、私の祖母は決してストーリーを持っていなかったわけではない。そして、祖母が私にストーリーの洪水を解き放ってくれなかったのは、彼女のせいではない。自分のストーリーが見つからない原因は、ストーリーが足りないからではなく、それを引き出すための質問が効果的でないからだ。私は祖母によくない質問をしてしまった。優れたストーリーだけでなく、そもそもストーリーを手に入れるには、優れた質問が欠かせない。そして優れた質問をしたければ、覚えておくべき重要なことがひとつある――私たちのストーリーは、私たちの生活のなかの名詞に結びついているということだ。

生活のなかの名詞とは、私たちの生活に存在する人々、場所、物事、出来事のことである。ストーリーがなかなか見つからないときには、そうした名詞に着目することで、優れた質問がしやすくなる。人々、場所、物事、出来事はリストにしてまとめておこう。ひとつひとつを書き出しながら、リラックスして、それらの名詞に結びつく記憶を思い浮かべてみよう。

数年前のある日、私は祖父と午後を一緒に過ごした。祖父はそのとき、九三歳の誕生日を祝ったばかりだった。頻繁に会うわけではなく、一対一で話す機会もほとんどなかったので、私は祖父にどうしても聞きたいストーリーがいくつかあった。特に聞きたかったのが、第二次世界大戦での彼の経験だ。私は、「おじいちゃん、第二次世界大戦のことを教えて」と聞くことはせず、かわりに名詞を意識して質問を投げかけた。

「おじいちゃん」と私は言った。「第二次世界大戦ではどこに駐屯していたの？」。祖父はオーストラリアのパースだと答えた。

「おじいちゃん」。私はまた言った。「オーストラリアのパースについて教えて」

この言葉は、隠されたストーリーの洞窟を開く秘密の呪文になった。それから一時間半、祖父はパースでの体験を、つまり第二次世界大戦の体験に関するストーリーを詳しく語ってくれた。彼らが寝泊まりしていた兵舎について聞かせてくれた。そこで一晩中、ネズミが寝床の上を走り回っていたことを話してくれた。祖父はまた、板で塞がれた町の様子や、週末に海岸で冒険に挑んだ話をしてくれた。すべては私が質問を切り替え、一般的な体験ではなく、場所に焦点を当てた結果だった。

もちろん、この切り替えはビジネスを含め、どんな種類のストーリーを探すときにも効果的だ。チームを同調させるためのパーパスストーリーを伝える機会が多い人には、特に利用してもらいたい。名詞的なアプローチを使ったストーリーの探索は、あなたに無限の可能性を与えてくれるだろう。

人々、場所、物事、ストーリー

私は数年前、イノベーションについてのメッセージを語ろうとしていたある幹部と仕事をした。イノベーションは素晴らしいものだが、ときに痛みを伴う。そんな現実の厳しさを伝えることが、このメッセージの条件だった。タイムリーなメッセージにする必要もあった。イノベーションをただ話題にするのではなく、ストーリーにして語ることが重要だと幹部は考えていた。聞き手がつらい瞬間に直面したとき、思い出し、痛みを受け入れやすくなるようなメッセージにしたい。

最初は戦略的なアプローチを使用せずストーリーを探したが、私の祖母に世界大恐慌の話を聞いたときと同じく、残念ながら何も見つからなかった。そこで今度は名詞に着目し、ストーリーの選択肢をいくつか掘り起こそうとした。幹部がそれまでに目撃してきた、多様な技術的・物理的イノベーションのリストを作成したのである。私たちは名詞をリストアップしながら、ストーリーが立ち現れるのを願った。

最初に作成したリストには、幹部がそれまで目にしてきた音楽プレーヤーの名詞が並んだ――レコードプレーヤー、八トラックプレーヤー、ラジカセ、ウォークマン、ディスクマン、ｉＰｏｄ。

次に作成したリストには、彼が目にしたり使用したりした、さまざまなコンピュータの名詞が並んだ。

最後に作成したリストには、彼の生活に存在したさまざまな電話機の名詞が並んだ――ダイヤル式電話、コードレス電話、携帯電話。

続いて私たちは、それぞれの名詞から浮かび上がった思い出について――ストーリーになりそうな思い出について――幹部と簡単な会話を交わした。どの名詞にも、語ることができそうなストーリーの断片はあった。しかしようやく完璧なストーリーが私たちの前に飛び出してきたのは、話題が携帯電話に及んだときだった。

電話機をリストアップする過程で、幹部は生まれて初めて見た携帯電話のことを思い出した。それは父親のもので、普段はブリーフケースに入れられていた。幹部がまだ一〇代だったある日、彼は父親から、用事に付き合わないかと誘われた。父親が携帯電話を持っていくつもりだとわかると、彼はその誘いに応じた。

途中で父親がガソリンスタンドに立ち寄り、支払いのために姿を消すと、彼は携帯電話を取り出した。そのまま親友に電話をかけ、父親が車に戻ってくる直前に電話を切った。やれやれ。車から友人に電話をかけるなんて、とんでもなくクールだと彼は思った。さらに都合の良いことに、父さんはそれに永遠に気づかない……。

だが当然のように、父親は事実を知ることになった。

数週間後、請求書が届いた。

その三〇秒間の通話には、三万円かかった。

イノベーションは素晴らしいものだが、ときに痛みを伴う。

ストーリーがなかなか見つからないときは、伝えたいメッセージに関連する名詞に目を向けよう。このエクササイズは、いまからでも気軽に取り入れてもらいたい。

あなたの職業経歴のリストを作成しよう。これまでに住んだ住宅のリストを作成しよう。学校の先生や、スポーツのコーチのリストを作成しよう。名詞をひとつ書き出したら、必ず時間をとること。そうすれば、記憶がひとつかふたつ蘇ってくるだろう。それらはどれも、ストーリーに変わる可能性のある記憶だ。

多くのストーリーを解放する

名詞に着目することは、いくつかのストーリーをあなたの記憶の最前線に押し出すための優れたテクニックだ。ここで、私自身が完璧なストーリーを探すために使用している特別なプロンプトを、いくつか紹介しよう。

「初めて」を考える

夫と初めて出会ったときのことは決して忘れない。初めて語ったストーリーも、初めての夏の仕事も、初めて本格的なストーリーテリングの基調講演をしたときのことも忘れない。初めてクライアントから電話を受け、彼らがストーリーを語って圧倒的な反響を得たと教えてくれたことも、電話を切ったとき、予想していたより大きな何かを自分が成し遂げたのではないかと実感したことも忘れない。初めての本当の失恋や、初めてスピンクラスに行ったときのことも忘れない。こうしたそれぞれの記憶の背後に、語ることのできる重要なストーリーがある。

実際に私は、執筆しながら常にメモをとっている。そうすると、忘れていた多くのストーリーが記憶に蘇ってくる。

ストーリー探しに苦労しているときは、あなたが人生で体験した初めての瞬間に思考を向けよう。その瞬間は、あなたが伝えたいメッセージと明らかに関連している場合もあれば（自分の製品が使われているのを最初に見たとき、正式に営業を始めた日、最初に営業の電話をかけた日）、距離が離れている場合もあるだろう（愛する趣味に最初に挑戦したとき、大切な誰かに最初に出会ったとき）。あなたが最終的に語ることになるのは、初めての出来事とはまったく関係ないストーリーかもしれない。それでも、何かが始まった瞬間に着目すれば、あなたの記憶は解放され、ストーリーの選択肢が増えるはずだ。

顧客の文句と疑問をリストにする

よくある気まずい会話。会社の素晴らしい業績をひととおり聞いた後、私はクライアントに「それなら、どうして御社は選ばれないのでしょうか？」と尋ねる。こうした会話を楽しめる人はいないが、顧客があなたの提供するものにノーと言う理由がわかれば、その懸念を和らげるストーリーを語ることはできる。製品が高価すぎると思われているなら、その製品が長期的にはお金の節約になることを示すストーリーを探せばいい。顧客が変化に抵抗を感じているなら、彼らがあなたの解決策に乗り換えない場合のリスクを示すストーリーを探せばいい。

見込み客から最も頻繁に聞かれる質問についても、同様にリストにしておこう。第4章を振り返り、人間の脳にあるふたつのシステムを思い出してもらいたい――ひとつは流れに沿って進むシステム、もうひとつは、困難な状況に対処するために呼び出されるシステムだ。質問を受けると、私たちはまず本能的に論理で答えようとするため、すぐシステム2に絡めとられてしまう。そんなとき、あなたの製品やビジネスについて最も多く聞かれる質問を事前に把握しておけば、論理的な箇条書きよりはるかに効果的な答えをくれるストーリーが見つかる。システム2よりはるかに望ましいシステム1の空間に、顧客を留めておくこともできる。

メッセージが具現化した瞬間を探す

私がこのプロンプトを気に入っているのは、どんな場所でもストーリーを探せる自由と励ましが感じられるからだ。あなたが忍耐力についてのメッセージを伝えたいのなら、失敗を繰り返してようやく成功した試作品のストーリーを語ってはどうだろう。寝室や遊び場や教会で何週間も練習した末に、憧れだったスプリットがようやくできるようになったストーリーを語ってもいいだろう。ストーリーがメッセージと結びついてさえいれば、ほぼどんな題材でも構わない。

自分に多くの質問を投げかける

あなたに見つけられるストーリーの数は、あなたが自分に問いかける質問の数に限られる。ここで紹介するのは、忘れられたストーリーを発掘するため、私自身が使用している質問のリストだ。

- あなたが知恵を働かせて生き残らなければならなかったのはいつ？
- あなたのビジネスの歴史において最悪の日はいつ？
- 顧客を泣かせたことはある？　それは良い理由で？　悪い理由で？
- 顧客の涙を止めたことはある？
- いままでのビジネスで最もつらかったことは何？
- あなたのビジネスは、誰の人生を変えた？
- あなたの仕事やビジネスにおいて、最も誇らしい瞬間はいつ？
- あなたのビジネスの歴史のなかで、これがなければ会社が生き残れなかったという出来事や決断は何だろうか？
- あなたのビジネスにおいて、特定の人物や物事について驚いたり、勘違いしたりした経験は？
- あなたが最初に売ったのはどんなものだった？
- あなたにとって最も意味のある販売はどんなものだった？
- 販売に失敗したときのことを覚えているだろうか？
- 最も満足しているあなたの顧客は誰だろうか？
- 最も不満を抱えているあなたの顧客は誰だろうか？

・あなたにとって、最も恥ずかしい瞬間はいつだった？
・「お前には無理だ」と誰かに言われたことはあるだろうか？
・自分の仕事が価値あるものだと知った瞬間はいつ？

どのプロンプトを選ぶにしても、リストを絞り込んで掘り下げていけば、あなたの予想以上に多くの有望なストーリーの題材が見つかるだろう。

大いなる嘘

ある本を読んだとき、著者がこう述べていた。語る価値のあるストーリーが欲しければ、生きる価値のある人生を送らなくてはならない。つまり、ストーリー不足の根本的な原因は、あなたが語る価値のない人生を送っていることだ。私は怒りを露わにするタイプではないが、その本は思わず部屋の向こうに投げた。嘘つきめ。

この本のような考えが忍び寄ってきても、どうか無視してほしい。

それは嘘だ。よくある嘘だが、みんな同じ嘘である。

あなたの人生はストーリーに満ちている。そう言うと、大胆な発言だと受け取る人もいるはずだ。白紙の前に座っている人や、世界には何のストーリーもないと感じている人、語る価値のあることなど何もないと感じている人には、特に実感がわかないだろう。

だが、本章を通して何度か触れてきたことが事実だ。自分にはストーリーがないとあなたが感じたとすれば、それはストーリーがないからではない。ストーリーがストーリーに聞こえていないからである。ストーリーがただの日常のようにしか響いていないのだ。ストーリーを見つけるためのエクササイズは、特定の瞬間を抽出し、その本質を明らかにするのに役立つ。見つけられ、語られるのを待っているストーリーを探し出してくれる。

ストーリーの発見の第二段階――ストーリーの選択

あなたにはストーリーがある。前述のリストに沿って作業してみると、その可能性に圧倒されるだろう。ただ読者のなかには、ストーリーを見つけるのに苦労したことはない人もいるかもしれない。自分に語るべきストーリーがあるのはずっとわかっていたが、どこから手をつけていいかわからず、それが課題になっていたという人たちだ。

この課題が導く先に、ストーリー発見の第二段階がある。いくつかのストーリーの選択肢を収集したら、あなたは次に、どのストーリーを仕立てて語るかを決めなければならない。ここで、スザンヌと彼女の会社は壁にぶつかった。彼らの問題は収集することではなく、選択することだった。

愛する犬や猫などが治療を必要としているのに、その治療費を捻出できない状況ほど、ペットの飼い主にとって耐えがたいことはない。スザンヌ・キャノンにもそれがよくわかる。ある週末にキャノンの愛犬の具合が悪くなったとき、彼女はやむを得ず、犬を救急の動物病院に連れて行った。だが人間と同じくペットの健康管理においても、救急医療には高額な費用がかかる。その週末が終わる前、キャノンは四〇〇〇ドル（約四二万円）の請求書を突きつけられ、どうやって支払おうかと途方に暮れた。

当時、キャノンは離婚の話し合いをしている最中だった。そのため金銭的な余裕がなく、信用力の問題で第三者融資も受けられなかった。救急の動物病院はローン払いを受けつけていなかった。

愛する誰かが治療を必要としているのに、その費用を支払えないとしたら、あなたはどうするだろうか？　心が痛むジレンマだ。

キャノンの犬はやがて回復したが、病気の犬を抱え、その治療費を支払う手段がないという苦しみは彼女を立ち止まらせた。それがベトビリングを利用するきっかけだった。ベトビリングは、動物病院がペットの飼い主に柔軟な支払いオプションを提供するよう支援する会社だ。

キャノンと彼女のパートナーであるトニー・フェラーロによって運営されるベトビリングでは、ストーリーテリングが営業プロセスの重要な部分を担う。製品の機能や長所を伝えるのが効果的だと考えていた多くの会社とは異なり、キャノンは、顧客と感情的につながらなくてはならないと確信していた。そこで彼女は最初からストーリーを用いて、ペットの飼い主と獣医が直面する問題を示し、ベトビリングがどう役立つかを説明しようとした。

当初、このやり方はうまくいっているように見えた。獣医たちはベトビリングのプログラムにスムーズに契約してくれた。ところが、徐々に問題が浮かび上がってきた。収入がないのだ。

多数の獣医がベトビリングと契約しているにもかかわらず、ふたりにお金がちっとも入ってこない。

キャノンとフェラーロは、深刻な営業の問題にぶつかっていることに気づいた。ベトビリングの収益は、ペットの飼い主にローン払いを利用してもらってようやく成り立つものだ。しかし、獣医にベトビリングを紹介してもらえなければ、そもそもペットの所有者にローンを利用してもらえない。獣医がベトビリングと契約していても、彼らがそのプログラムを使ってペットを治療しないかぎりは、何も起こらない。つまり、ベトビリングの成功には、獣医の十分な協力が欠かせなかったのだ。

「私たちがビジネスを始めたとき」とフェラーロは話す。「契約してくれる獣医は一カ月に一〇人ほどいました。しかし、だからといって、ローン希望者を紹介してもらえるわけではありません。獣医は私たちのプログラムを素晴らしいと言ってくれましたし、理解してくれましたが、利用してはくれなかったのです」

ベトビリングの課題は、ジムのような会員制サービスが抱えている課題とは本質的に真逆だった。ジムは人々を——できるだけ多くの人々を——毎月の会員プランに登録させればよく、顧客が実際にジムを利用するかどうかは問題ではない。顧客が利用しなかったとしても、ジムは収入を得られる。だがベトビリングの場合はそうではない。彼らにとって、収入を得る唯一の方法は、顧客にプログラムを使用してもらうことだ。

最初のストーリーはひとまず成功した。だが解決すべきは、営業プロセスの第二の部分——

ベトビリングの収入となり、キャノンや彼女の愛犬の食い扶持となる部分だった。獣医と契約を結んだら、どうやって彼らにサービスを利用してもらえばいいのだろうか？

それはストーリーで解決できる問題だった。

ただし、普通のストーリーではない。正しいストーリーが必要だった。

ただのストーリーか、正しいストーリーか

キャノンのストーリー、つまり彼女が見込み客に語っていたストーリーは、定番の素晴らしいファウンダーストーリーだった。彼女の悲痛な経験は、ベトビリングのビジネス全体を形作った。訴求力があり、真実味があった。キャノンの献身性を保証する手段として、彼女のファウンダーストーリーは見事に機能した。ただそれでも、ベトリビングの収入は増えなかった。契約には費用もリスクもかからない。獣医は簡単にイエスと言えたし、彼らは実際そうしてくれた。しかし、獣医にサービスを利用してもらうためには、また別のストーリーが必要だった。ベトビリングを利用する価値を表現するストーリー。獣医が夜眠れずに考えている問題と関連があるストーリー。ベトビリングがその問題の解決策になるというストーリーが求められていた。

キャノンとフェラーロは、それが何であるかを知っていた。治療費を払えない飼い主とペットを追い返すという、心痛む行為を描写すればいいのだ。彼らも理解しているとおり、獣医は多くの医療従事者と同様、途方もなく気疲れする状況や困難に直面している。だが獣医の場合

は、多くの医師や看護師とは関係のない、特別な課題にもぶつかっていた――それは、ペット保険に加入している飼い主がほぼいないことだ。この業界は現金払いが主流であり、飼い主の多くは、予期せぬ診察料を支払うだけの余裕は持ち合わせていなかった。

自分を獣医だと想像してみてほしい。動物を愛するがゆえにこの業界に入ったのは、ほぼまちがいない。あなたは飼い主とペットとの絆に深い共感を寄せている。一方で、あなたは小さな病院を経営しており、そこには診断装置や外科サービス、入院治療が完備されている。その費用は高価だ。すべてのペットを無料で受け入れる余裕はない。

愛犬が救命処置を必要としているのに、その費用を支払えない飼い主に何と言えばいい？ビジネスを維持することと、すべての飼い主とペットを助けたいという望みのあいだで、あなたはどう正しい行動をとればいいのだろうか？

クライアントが直面するジレンマを思案した後、ベトビリングはファウンダーストーリーではなく、バリューストーリーを語るという戦略へ移行した。すると、すべてが変わった。結局、状況に応じた正しいストーリーを選択しなければ、変化は起きないのだ。ストーリーなら何でもいいというわけではない。

あなたが家庭行事や、配偶者の友人との集まり、子供のサッカーの観戦中などに、少しでもたくさんストーリーを語るのが目的なら、ただストーリーを集めるだけで十分だろう。しかし、ビジネスを中心とする場面でストーリーを戦略的に使いたいのなら、数を集めるのと同じくらい、正しいストーリーを選ぶことが重要になる。この選択プロセスを始めるにあたっては、本書の第二部で説明した、四つの必須ストーリーを考えるといい。これらのストーリーは、無数に存在するストーリーのなかから、特定の目的に沿ったいくつかのストーリーを簡単に絞り込んでくれる。

ここにちょっとしたカンニングシートがある。

- 営業やマーケティングの効果を高めたいのであれば、バリューストーリーを選ぼう。
- 信頼性を高め、差別化を図りたいのであれば、ファウンダーストーリーを選ぼう。
- チームを同調させ、仕事に従事させたいのであれば、パーパスストーリーを選ぼう。
- セールス、マーケティング、信用性を向上させたいのであれば、カスタマーストーリーを選ぼう。

どんな時期においても、ほとんどの会社は四つのストーリーをすべて必要としている。長続きするビジネスは、創業し、売上を伸ばし、チームを導き、顧客にサービスを提供するという過程を必ず経るからだ。また、各ストーリーの目的はひとつに制限されているわけではない。たとえば、偉大なファウンダーストーリーは、営業を助けることがある。素晴らしいパーパスストーリーは、営業を促進することがある。四つのストーリーは重なり合っている。ただし、これらを明確なストーリーの種類に分けて考えれば、正しいストーリーを選びやすくなる。

あなたがいま最も必要としているストーリーはどれかを自問してみよう。最も差し迫った目的は何か？　目的を絞り込んだら、四つのストーリーを手引きとして、集まったストーリーの選択肢をふるいにかける。そうして、最適なものを見つけよう。

ベトビリングがずっと必要としていたのは、小さいながら効果的な移行、つまりバリューストーリーへの移行だった。ファウンダーストーリーが機能する余地もないわけではなかったが、彼らはそればかり意識するのをやめ、獣医から聞いたバリューストーリーを収集していった。そうしたバリューストーリーには、ベトビリングが叶える真の価値が表現されていた——できるだけ多くのペットを救いたいという、獣医の究極の望みを叶えるサービス。それがベトビリングだった。

移行の成果はすぐに現れた。

「クライアントの獲得数が三倍から四倍になりました」とフェラーロは振り返る。「キャンペーンが軌道に乗ると、数字は目に見えて拡大していきました。いままでは、私たちのストーリーを聞いて契約してくれた獣医の九五パーセントが、すぐ顧客を紹介してくれるようになりました」

大切なのは聞き手

ベトビリングのストーリーは、私たちにこう教えてくれる。ストーリーをビジネスに活かすためには、ストーリーを語ることと同じくらい、それを選ぶことが重要だ。ストーリーを見つけるだけでは十分ではない。正しいものを選ばなくてはならないのだ。あなたのニーズ、あなたのビジネス、そしてあなたの聞き手に合ったものを選ぶ必要がある。

特に重要なのは最後のひとつ、すなわちあなたの聞き手だ。

どうか思い出してもらいたい。あなたはストーリーのためにストーリーを語ろうとはしていないはずだ。あなたが自分の声を聞くためだけにストーリーを語ろうとしていないことを、私は心から願っている。ビジネスでストーリーを語るのであれば、あなたは何らかの目的のために、それを聞き手に語ろうとしているはずだ。私がストーリーテリングのクライアントと話し合うときには、次のふたつの質問を必ず最初に投げかける。

1. あなたは誰に対してこのストーリーを語るつもりなのか？
2. 彼らに何を考え、何を感じ、何を知ってもらいたいのか？　または、どんな行動をとってもらいたいのか？

これらの質問に答えることは、ストーリー選択の過程に欠かせない部分だ。「このアントレプレナーは仕事に適した人物だ」という保証を必要とする新たな見込み客にストーリーを語るなら、私たちはそのアントレプレナーの能力と情熱をアピールするストーリーを選ぶ。そのアントレプレナーの力が必要になる理由をいくつも示すようなストーリーを選ぶ。聞き手が会議室に集まった意思決定者たちであり、彼らが製品の効果を気にかけつつも疑っている場合には、その製品が困難な状況下で成功したというストーリーを選ぶ。できれば、彼らと同様に懐疑的だったキャラクターがイエスと言い、信者に変わったエピソードを加える。

ストーリーを選択する技術においては、根本的に、聞き手とあなたの目的が一致する場所を見つけることがすべてだ。収集した瞬間に目を通し、その特定の交差点に位置しているストーリーを選べば、あなたの成功は約束される。

瞬間のなかでストーリーを見つける

本章の大半を費やして説明してきたのは、過去に起きたストーリーの見つけ方だった。少しの工夫で大きなメッセージを人生にもたらすような、そして何らかの大きな利益につながるような瞬間について考えてきた。だがここでは、私自身のお気に入りのストーリーの見つけ方にも触れておかなくてはならない。それは、目の前で展開されるストーリーに注目することだ。

先日飛行機に乗ったとき、小柄な老婦人とそのきょうだいが、頭上の荷物入れをめぐって客室乗務員と言い争っているのを見た。どうやら老婦人は、客室乗務員に荷物を入れてほしいと頼んだようだ。それに対して客室乗務員は、契約上許されていないのでできないと答えた。誰かがパンチを喰らわせたのかもしれないが、確信はない。その部分は見逃してしまった。しかし、何か大きなことが起こったのはまちがいない。私が着席した時点で、客室乗務員は、八〇歳の女性とそのきょうだいを飛行機から退出させると警告していたからだ。

私は口論の始まりを目撃していなかったので、誰が悪いのかはわからなかった。だがいずれにしても、すべてがやや極端に見えた。最終的に客室乗務員はゲート係員を呼んでふたりを退出させようとしたが、老婦人のきょうだいの説明によって、事態は次第に好転していった。今回は彼女たちにとって何十年ぶりのフライトだったため、方針が変更されたのを知らなかったのだという。これから親族会に出席する予定であること、再び家族みなで集まれるのを楽しみにしていることを、きょうだいはストーリーにして語った。

このストーリーは窮地を救った。客室乗務員はたちまち態度を和らげ、彼女が出席したばかりの親族会についてストーリーを語った。この姉妹と客室乗務員は、アメリカ中西部に共通のルーツを持つことも発見した。彼らはストーリーと連絡先を交換し、着陸時にはハグを交わしていた。この展開を目の当たりにして、私はそこにひとつのストーリー以上の何かがあると感じた。私はこのストーリーを通して、顧客サービス、短絡的な思考、誤解を目撃し、他人のストーリーを知ることがつながりや理解や思いやりを深めるという教訓を得た。

私は彼らの会話をメモして、いつかこのストーリーを語ろうと考えていた（それは厳密には本来の目的ではなかったが、「いつか」にふさわしいのはここだろう）。

このストーリーは、私たちの周囲で毎日ストーリーが生まれていることを思い起こさせる。ストーリーの重要性と価値をすでによく理解しているあなたなら、きっと私と同様に、新たなストーリー探しに熱中してくれるだろう。

その熱意を高めるために唯一必要なのは、携帯電話を置いて周りを見渡すことだ。何かしら不思議に思う瞬間があれば、それがストーリーになるかもしれない。あなたを笑顔にする瞬間。あなたがちょっと腹を立てた瞬間。あなたの好奇心が高まった瞬間。すべての瞬間に起きる出来事が、最高のストーリーの題材になる。当然ながら、そのリスクは忘れてしまうことだ。そうなるのを避けるためにも、見聞きした内容はすぐにメモしておこう。

これは必ずしも複雑な手順ではない。私がそうした瞬間を記録する手順も、実際かなり大雑把だ。私は手帳（そう、私はまだ手帳を持っている）や、小さなノート（そう、私はノートもまだ持っている）や、携帯電話のアプリにいくつかの考えを書き留める。自分にメールを送ったり、自分の考えをインスタグラムのストーリーとして投稿したりすることもある。ナプキン、レシートの裏、室内やバッグの中に落ちている紙にストーリーの断片を走り書きする。

私のストーリーのアーカイブは整頓されてはいない。こぎれいでもない。いつかはきちんと片づけるとお約束する。だが当面は、自分が見たものを何らかの形で記録できればよしとしよう。あなたもそうすべきだ。

その場合は時間をかけて、周囲で起きているストーリーをメモしよう。これにより断片が記憶に定着しやすくなるので、ストーリーに仕立てるのが簡単になる。

探していたものが見つかったら

私は自分が探していたものを、何年も前のストーリーテリング・フェスティバルで、恩師をステージに迎える前に見つけたと信じている。それは、何十年もかけて集められ、語られる日を待っていた、ストーリーの断片のリストだった。

もちろん、そこには違いがある。ドナルド・デイビスの断片のリストは、ただの断片の寄せ集めではなかった。その断片はどれも時間をかけて仕立てられ、いつでも語れる状態に整えられていた。

それを行うことが、私たちの次なるステップだ。

第９章　ストーリーを仕立てる――自分には無理だという気持ちを乗り越え、訴求力あるストーリーを創る方法

Crafting Your Story: How to Create Compelling Stories Even If You Don't Think You Can

アイデアは現れてはすぐ消える。ストーリーはとどまる。

――ナシーム・ニコラス・タレブ、作家

前章の作業を行うと、最終的にふたつのものが完成する。ひとつめは、ストーリーのアイデアのコレクションだ。聞き手を魅了し、感化し、変容させる手段となる、有望なストーリーの種子である。ふたつめは、単一のストーリーのアイデアだ。これは、あなたが目下の仕事に最適なものとしてコレクションから選んだストーリーのアイデアである。

次なる仕事は、読む人、聞く人、見る人に訴求するストーリーを仕立てることだ。この文を

再読して気づいたのだが、自分自身を作家のように思ったことがない人は、「訴求する」という言葉に怖気付いてしまうかもしれない。あなたはストーリーより公式や方程式が好きかもしれない。記録に喜びを見出していたかもしれない。メールや製品説明以外の何かを書かなければならないときに、ドラマ『ロスト』の結末を案じていたかもしれない。

自分はまさにそうだと感じた人も、安心してもらいたい。ストーリーを仕立てることは誰にでもできる。これはお世辞で言っているのではない。私の知る最も分析的で、冷静で、人間よりロボットに近いと自称する人々も、記憶に残る魅力的なストーリーを仕立ててきた。どうやって？　本書のシステムと要素を使ったのだ。それはあなたがすでに知っている公式、本書の各ストーリーで実際の使用例を説明したシステムである。訴求力あるストーリーテリングを生来得意とする人でも、朝食にデータを食べる人でも、偉大なストーリーを仕立てることは、誰にでも習得できるシンプルな技術だ。

ストーリーテリングを成功に導く枠組みと要素

第3章のストーリーテリングの枠組みを思い出してもらいたい。

日常→爆発→新たな日常

三つのパートに分かれていた。九つではない。私からすると、これは都合がいい。九つでは多く感じられるが、三つなら扱いやすそうだ。本章で見ていくとおり、この構成は実際とても扱いやすい。聞き手を魅了し、感化し、変容させるストーリーを仕立てる作業においては、三つの各パートが重要な役割を担う。

前章で見つけたストーリーの断片、本書を通して説明してきた四つの要素、そして目的に合わせて選ばれたストーリーの種類を用意しよう。これらの材料が揃ったら、いよいよストーリーをまとめていく。ここで普段の私なら「ゼロから始めよう」と言うところだが、ストーリーを仕立てる際は、第8章の知見を参考にして「途中から始める」のが得策だ。

爆発――途中から始める

爆発は三部構成の中間にあたる部分だが、ストーリーが始まるのは通常ここからだと私は考える。あなたが前章でストーリーの断片を探していたとき、浮かび上がってきた瞬間や記憶は、爆発である可能性が高い。というのも、ほとんどのストーリーがもたらされるとき、私たちは中間に達してようやくそれを理解するからだ。爆発に達するまでは、ストーリーが生まれていることに気づかないのである。どんなストーリーでも冒頭は「日常」と定義されることを考えれば、それは理にかなう。だからこそ「日常」という名前がついた。爆発が起こるまで、ストーリーは本質的にストーリーにはならない。ゆえに私たちは、爆発と新たな日常との対比を目撃するまで、日常の存在に気づかない。

日常本来の忘れられやすさは、ここからストーリーを仕立てるのがかなり難しいことを意味する。したがってまずは爆発を設定し、その出来事から逆算していくのがよいだろう。

たとえば、ワーキバのバリューストーリーにおける爆発は、意欲的なアスリートがワーキバの製品を使い始めたことだった。ファイナンシャルアドバイザーにとっての爆発は、彼女がお金を洗っていたところを目撃されたことだった。娘に知恵を授けようとしていた父親にとっての爆発は、不揃いな靴下を履いていることを娘に指摘されたことだった。文章として読んでも説明として読んでも、こうした体験や爆発は大したストーリーではない。爆発そのものが聞き手を引き込んだり、共創的なプロセスに参加させたりするわけではない。聞き手を感情に集中させたり、集団的なイメージを描くプロセスに関与させたりするわけではない。

それでも、まず取りかかるべきは爆発だ。

ストーリーの構築に欠かせない瞬間が見つかったら、いよいよ最初に戻ろう。

日常——最初に戻る

日常を仕立てるのは、ストーリーのプロセスにおいて最も楽しく、最も重要な部分だ。あなたはここで出来事を取り上げ、問題とする。ここで聞き手の興味を引く。ここで聞き手への共感能力を発揮し、「私はあなたを理解している」「あなたも私を理解している」と同時に伝える。ここは、ストーリーの聞き手や読み手が、落ち着いて警戒心を解く場所でもある。ストーリーを正しく語れば、聞き手の世界とあなたの世界との境界線をなくして、ギャップを埋められる。

この仕組みを疑問に思う人のために言っておくと、人間はそもそも日常を愛している。すべてが計画どおりに進んでいるように見える一方で、何かが起きそうだという微妙な感覚を、聞き手は楽しむのだ。日常に極めて敏感な人と映画を見ると、この感覚は一〇〇倍にも増幅される。私の子供たちもそうだし、夫もそうだ。彼らはスリラー映画でなくてもその感覚を楽しめるのだから、驚いてしまう。着実に成長していく日常さえあれば、彼らは自分をほとんど抑えきれなくなる。問いかけずにはいられなくなる。予測せずにはいられなくなる。彼らは日常に圧倒されていて、何かが爆発寸前であることに気づいているため、その気持ちを持て余してしまう。

ビジネスのストーリーテリングの場合、日常はそこまで劇的な感覚はもたらさないが、似たような効果を持つ。

マリコパ医療センターのＣＥＯのストーリーでは、ホームレスの男性がコミュニティフォーラムに乱入してくるという一連の場面が日常だった。この男性が私たちの予想とは違う扱われ方をしたとき、私たちはストーリーに興味を持った。

マクドナルドのＣＭのストーリーでは、自分と父親に共通するものが何もないと感じている少年の姿が日常だった。この少年がある共通点を見つけたとき、私たちはストーリーに興味を持った。

水球選手のストーリーでは、彼がチームを辞めるまでのストーリーすべてが日常だった。いずれの例も、日常をうまく仕立てられるかどうかで爆発の効果が決まる。同じことは、あなたがつくるストーリーにも言えるだろう。ありがたいことに、日常を構築する際には、ストーリーの要素をチェックリストとして使用できる。

共感できるキャラクターのディテール、聞き手にとってイメージしやすくなじみのあるディテールは描かれているだろうか。チェック！

感情は描かれているだろうか。キャラクターが感じていたこと（ストーリーのキャラクターがあなたである場合は、あなた自身が感じていたこと）、期待していたこと、状況の進展とともに考えていたことなどを盛り込もう。チェック！

出来事が起こった時間と場所は詳しく描かれているだろうか。それはレストラン？　公会堂？　六月中旬の普段と変わらない火曜日？　休暇中の気疲れする金曜日？　チェック！

最後に、特定の聞き手を念頭に置き、彼らになじみのあるディテールを追加しよう。このディテールが加われば、彼らはストーリーが語られているあいだ、自分自身にこう言い続けるだろう。「そういう経験あったなあ。その気持ちよくわかるよ。そのとおりだ。うん。うん。うん。うん」。チェック！

そんなふうに納得し続けた末、爆発が起きて解決策が見つかったり、教訓が得られたり、何かに気づいたりすると、聞き手はこう言うはずだ。「ああ……」

そして映画『恋人たちの予感』と同じく、自然にこんな言葉が漏れる。「彼女と同じものが欲しい」

新たな日常――順風満帆な日々

新たな日常は、ストーリーのほかの部分が正しく用意されていれば、おのずと書かれていく。

このパートは教訓を要約し、聞き手にストーリーの解釈を示す。新たな日常を仕立てるとき、メッセージをどれだけ直接的に伝えるかは、あなたの好みで決まる。

元水球選手の幹部は、聞き手に「あきらめるな、後悔するぞ」とは言わなかった。しかし、新たな日常にたどり着くことで、彼はそのメッセージを示唆した。

デザートスター建設の創業者は、彼の原点である砦を回想し、新たなクライアントとともに何かをつくる日が待ちきれないと言って、ストーリーを終えた。

ファイナンシャルアドバイザーは、子供の頃から変わらないお金への愛を述べ、見込み客のお金を自分のお金のように大切に扱うと断言した。

新たな日常を仕立てるうえで最も重要なのは、それを元の場所に戻る機会として利用することだ。ストーリーは最後に始まりに戻ってくる。ただしそのときは、かつての日常に存在しなかった知識、知恵、理解が加わっている。

それらがついに見つかる。

ストーリーを仕立てるために必要なものは以上だ。あらゆる物事と同じように、練習すれば上達する。時間をかけ、自分自身や外部からフィードバックを受けるうちに、何がうまくいって何がうまくいかないのかがわかるようになる。何度も売り込みをかけたり、面接を複数回受けたりして、ストーリーを頻繁に語る機会がある人は、ストーリーが響いたかあまり響かなかったかを毎回評価し、必要に応じて調整しよう。

細工も仕掛けも使わない

こうした定評ある手法でストーリーを仕立てる最大の利点は、（見たままに簡単でシンプルな点を除けば）それが成功することだ。申し分なく、完璧に成功する。トリックや仕掛けは必要ない。

マーケティング関連の講演を行った後、薄ら笑いを浮かべた人物が私に話しかけてきたことがある。

「音楽を変えましたよね？」。私の顔から五センチのところに立って、彼はそう言い、こちらをじっと見た。

「えーっと……その……私は……」。私は言葉に詰まった。質問に混乱していたし、突然の出来事に驚いてもいた。

その男性は自己紹介すらしなかった。自分が何かを突き止めたと思い込み、ひどく興奮している様子だった。

「ビデオの後ですよ。感情に訴えるような音楽に変えたでしょう⁉」。彼はまた薄ら笑いを浮かべた。

なるほど。そこで質問の意図がわかった。このプレゼンでは、あるブランドがストーリーらしきものを語っているビデオを見せた後、彼らが実際にストーリーを語っているビデオを見せて、その差を明らかにした。予想はしてもらえるだろうが、両者の違いは大きかった。あまりにも違っていたために、このビデオマーケティングの専門家は、それがストーリーだけの差だとは信じられなかったようだ。絶対にもっと別の何かがある。音楽を変えてふたつのストーリーの差を強調したにちがいない、と彼は考えたわけだ。

「いいえ」。私も薄ら笑いを浮かべて答えた。私たちが使った曲は同じだった。使った映像も同じだった。ストーリー版のほうがやや長尺だったので、短いクリップをいくつか追加しただけだ。ビデオの一本目と二本目のあいだで変わったのは、私たちがストーリーを仕立て、それを語ったことだけだ。

上手に仕立てられたストーリーに仕掛けは必要ない。それが要点だ。

思い出してもらいたい。ジュアンとサラのガムのＣＭを初めて見たとき、私が音を消していたことを。アップルやバドワイザーがＣＭに言葉を使用しなかったことを。

本書に登場するすべてのストーリーが——そして巷にある多くのストーリーが——機能しているのは、それらが飾り立てられたり、操作されたりしているからではない。本物で、必要な要素を含み、シンプルな公式に従っているからである。

それがストーリーテリングの美点だ。ストーリーはありのままで機能する。

薄ら笑いを浮かべてメッセージを伝える必要がなくなれば、世界ははるかに素晴らしいものになる。

ストーリーは長さを選ばない

ストーリーをどれくらいの長さにすべきかとよく聞かれる。この質問の後、会話が進む方向はいくつか考えられる。相手はときに、ヘミングウェイが書いたとされるベビーシューズの話に言及する。私がよく引用するのは、マーク・トウェインのこんな言葉だ。「長い手紙を書いたのは、短い手紙を書く時間がなかったから」――長く書くより簡潔に書くほうが難しいというのは、よくわかる。

おそらく質問者を最も悩ませるのは、「ストーリーは必要に応じて長くあるべきだ」という回答だろう。

先日、空港でエレベーターに乗ると、私に続いて三人が乗り込んできた。若い女性がひとりと、若い男性がふたり。彼らの目的地は四階、私の目的地は五階だった。

ドアが閉まると、女性は友人たちのほうを向いた。「私の両親がいまどこにいるかわかる？」

男性たちは首を振った。

「私の祖父の友人の埋葬式に行っているの。真珠湾で亡くなった方よ。遺体がつい最近見つかったので、そのマイクおじさんに敬意を表することになったんですって」

そこでドアが開き、三人は降りていった。ひとりエレベーターに残された私は、あんぐりと口を開けた。真珠湾攻撃の犠牲者がいまになって見つかった？　興味をそそられるあまり、彼らを追って飛び出しかけたところで、鉄のドアがバタンと閉まった。まるで私の好奇心と躊躇をあざ笑うかのように。

セールスやマーケティングの専門家はこれまで何十年にもわたって、「エレベーター・ピッチ」の謎を解決しようとしてきた。見込み客とエレベーターで過ごす短時間のうちに、彼らの知識欲を引き出すのに十分な情報を与え、十分な興味をかき立てるには、どうすればいいのか？

私と乗り合わせた三人は、当然何かを売ろうとしていたわけではない。だが要点はまったく同じだ。彼らのエレベーター・ピッチは、実際は売り込みではなかった。それはストーリーだった。

考えてみてほしい。このストーリーには、女性の両親とマイクおじさんという、共感できるキャラクターがいる。「いま」という瞬間がある。真珠湾というディテールは、エイト＆ボブのストーリーのジョン・Ｆ・ケネディと同じく、アメリカ人をなじみのある世界へ導く近道だ。

夜に空港から帰宅した私は、史上最高のエレベーター・ピッチのストーリーを夫に話した。その続きを聞くために彼らを追いかけようとして、エレベーターの昇降路であやうく手足を失いそうになったことも白状した。夫と一緒に「マイク　真珠湾　遺体発見」というキーワードで検索すると、新たにＤＮＡ鑑定が行われたこと、それによって家族が愛する人々をようやく埋葬できたことがわかった。そして、その日にはたしかに、女性の両親が出席していたであろう式典も行われていた。

本音を言えば、私はエレベーター・ピッチがそれほど重要だとは思っていない。エレベーター・ピッチはよく聞く営業テクニックのひとつだが、そんな状況は現実には起こらないからだ。だが真珠湾のストーリーからわかるとおり、ストーリーは短くても効果を発揮する。必要なだけの長さがあればいいのだ。

「必要なだけ」というのは、いかにも悩ましい答えだと思う。でもそれが真実だ。あのエレベーターでの出来事のように、ストーリーは一〇秒で終わることもある。一方で、あなたがテネシー州ジョーンズバラの全米ストーリーテリング・フェスティバルに参加し、著名なストーリーテラーのジェイ・オカラハンから「オオウミガラスの精神」を聞ける栄誉を得たなら、あなたは九〇分間ストーリーに夢中になるだろう。つまり、枠組みに沿って要素を含んだストーリーなら、長くても短くても構わないのである。

この問題に対する最高のアプローチは、ストーリーの全貌を最初に明らかにすることだ。まずは何も隠さず、すべてを伝えるつもりで内容を書き出す。そこから、時間的余裕に合わせて不要な部分を削除する。具体例をいくつか示しておこう。

一〇秒間のストーリー

たとえば、アンバウンスが一〇秒間のストーリーを語るなら、こんな感じになるだろう。

あるマーケティングマネージャーは、自分の仕事をするのに苦労していた。予算や専門知識が足らず、コントロール能力にも欠けていたからである。彼は不満を抱え、過小評価されていると感じていた。率直に言えば、むかついていた。そこで、彼はアンバウンス・コンバータブルズを使い始めた。すると、望んだことはすべて現状の技術と予算でできるようになったため、彼はもう仕事が嫌いではなくなった。率直に言えば、仕事への愛を取り戻した。

このストーリーの要素を確認しよう。

- 日常　仕事をするのに苦労していた
- 爆発　アンバウンス・コンバータブルズを使い始めた
- 新たな日常　楽しく仕事ができるようになった。「率直に言えば」というフレーズを繰り返すことで日常と関連づけながら、正反対の結果が出ている点にも注目。
- 共感できるキャラクター　ひとりのマーケティングマネージャー
- 感情　不満、過小評価されているという感覚、怒り
- 瞬間　アンバウンス・コンバータブルズを使い始めた
- 具体的なディテール　親しみを感じさせるための物理的なディテールは使用されていないが、「むかついた」という言葉でミレニアル世代らしく怒りを表現し、ペルソナの仲間意識に訴えかけている。

ベトビリングの場合は、こんな一〇秒間のストーリーになるだろう。

リサは獣医になるという長年の夢を叶えた。経済的に困窮した飼い主は、愛するペットが

切実に医療を必要としていても、その費用を工面できないことがある。リサはまったく想像もしていなかったが、彼らを助けられないのは、じつに心の痛むことだった。そんなとき、彼女はベトビリングを見つけた。これでもう、医療を必要とするペットにノーを言わなければならないと心配しなくてもいい。リサは自身の天職に邁進できるようになった。

このストーリーの要素も確認しよう。

- 日常　獣医になるという夢。経済力のない飼い主とそのペットを救うことができない
- 爆発　ベトビリングを見つけた
- 新たな日常　リサはすべてのペットに医療を提供できるようになった。獣医になるという長年の夢、この天職を行う彼女の能力に言及することで、日常と関連づけている点にも注目
- 共感できるキャラクター　獣医のリサ
- 感情　心の痛み
- 瞬間　特定の瞬間は含まれてない（これは理想的とは言えないが、ストーリーが非常に短い場合、要素のひとつがカットされることが多い）
- 具体的なディテール　アンバウンスのストーリーと同じく、物理的なディテールは含まれていない。ただし心の痛みは、獣医が経験する身近で具体的な感情だ。

一〇秒間で完結するストーリーというのはかなり極端だ。現実的には、エレベーター内で誰かと会話する機会もほとんどないだろう。ビジネスにおけるストーリーの長さは一般的に三分から七分であり、その時間を賢く使うのがあなたの仕事だ。その数分のうちに、要素を使って日常を構築し、聞き手を共創的なプロセスに引き込む。聞き手の脳内に訴求力のあるイメージをつくりあげ、彼らの感情や問題とつながりを持つ。そして最終的に、聞き手が「理解できた」「自分のことのように思えた」と言ってくれたらベストだ。

それが実現できるなら、時間は重要ではない。長くても構わないのだ。

ストーリーを仕立てるときの落とし穴

本書で解説したようなシンプルな枠組みや要素にも、避けるべきミスや誘惑がいくつかある。それらを事前に把握しておけば、作業は進めやすくなるだろう。

特定の目的に合わないストーリーを仕立ててしまう

二〇一五年、私はインディアナポリスでユナイテッドウェイのためにワークショップを開いた。当日の聞き手のほとんどは、資金調達の担当者たちだった。プロのストーリーテラーに匹敵する人々が部屋に集まっているとあって、このワークショップはとりわけ楽しく、やりがいのあるものだった。私はストーリーの初心者を手助けすることが多いのだが、これはプロのストーリーテラーのレベルアップを支援する機会だった。

資金調達者はほぼ毎日、営業の仕事をこなしている。彼らはユナイテッドウェイのプログラムに資金を集めるため、意思決定者や寄付者と一対一でミーティングをする日もあれば、会社の全従業員の前で話をする日もある。だがいずれの場合も、彼らの仕事に役立つのはストーリだ。

私たちは一日かけてそのストーリーを考え、翌年の六月には、状況を確認して一歩先へ進むために再び集まった。およそ一年経ったその時点で、彼らは前年のワークショップの戦略を使いこなしていて、いよいよ高度な戦術に進むべきタイミングだった。

その日の計画はシンプルだった。まずは、四人の担当者が使用してきたストーリーを共有する。それをワークショップの題材として強化し、磨き上げ、良かった点や悪かった点を話し合う。

シャロン（仮名）が共有したのは、彼女がユナイテッドウェイのボランティアリーダーを始めたときに協力した少年についての、美しいストーリーだった。初めは弱々しく、恥ずかしがり屋で、内にこもりがちな少年だったが、彼女と過ごすうちに殻から抜け出し、次第に成長していった。

それは見事なストーリーだった。ユナイテッドウェイが提供しうる変化を完璧に表現しており、会場全体がシャロンの話に魅了された。大きな感動に包まれた後、私は次のストーリーに移る準備をした。シャロンの成功は明らかだったからだ。

しかし、私が称賛の言葉を述べて次のテラーを迎えようとすると、シャロンが挙手した。「私には問題があるのです」。彼女は言う。「寄付が集まらないんです」

「いま話してくれたとおりにストーリーを語ったんですよね？」と私は尋ねた。

「ええ。世間の人々がストーリーを好きなのは知っています。私の話を聞いて涙してくれる人もいます」

私は混乱した。何が問題なのか？

「問題は」。シャロンは説明した。「みんながボランティアになりたがるということです」

これは印象的な言葉だ。ボランティアの募集は難しいことで知られ、ユナイテッドウェイも常にボランティアを求めている。だがそれはシャロンの目標ではなかった。プログラムに必要なのは資金であり、それを集めるのが彼女の仕事だったのだ。シャロンのストーリーは美しく感動的なものだったが、彼女が必要とする形では機能しなかった。いや、機能するにはしていたが、間違って機能していた。

前章で学んだように、ストーリーを見つけることと、正しいストーリーを見つけることは同じではない。私は、シャロンが正しいストーリーを見つけたものと確信していた――少年の人生がユナイテッドウェイによって変わったというストーリーは、目の前にある課題と完璧にマッチしていた。私たちが直面した問題は、工作の過程にあった。シャロンのストーリーを巻き戻して作業を進めていくと、その問題はすぐ浮かび上がってきた。ストーリー自体に訴求力があったのはまちがいない。だが聞き手が受け取ったのは、「ボランティアはとてもやりがいのある活動だ」というメッセージだった。

シャロンのストーリーの日常は、彼女がボランティアを通して得た感情に傾きすぎていた。共感できるキャラクターはシャロン自身であり、感情も彼女自身のもの。彼女がボランティアの価値に気づいたという出来事が、瞬間あるいは爆発として設定されていた。そこでキャラクターを少年に換え、彼の感情を意識し、シャロンの商談相手である寄付者たちが可能にする変化を中心に据えると、ストーリーは一変した。しかし、まったく変わっていなかったとも言える。ストーリーの本質は同じまま、仕立て方だけを変えたのだ。

シャロンの問題は重要であると同時に、ストーリーの正しい仕立て方の違いを示している。幸いにして、ストーリー全体を解体する必要はめったにない。確実に正しいストーリーを見つけているのにうまくいかないという人は、その仕立て方を確認しよう。正しいキャラクターを用意できているだろうか？　目的に沿った爆発が起きているだろうか？　ストーリーをわずかに調整した結果、シャロンのビジネスは軌道に乗った。あなたにもそれが可能だ。

細部を切り取ってしまう

「何かが足りない」

友人からのメールには、たった一言、そう書かれていた。私たちは当時、経済的自立についてのプレゼンを控えている彼のため、冒頭を飾る完璧なストーリーを見つけようと共に働いていた。私たちが探し出したのは、彼が子供のころ、祖母と一緒に初めて銀行口座を開いたというストーリーだった。

このストーリーには、偉大なストーリーの条件が揃っていた。共感できるキャラクターは子供時代の彼である（語り手が指導的立場にいる場合は特に好まれる設定だ）。彼の向かいに座っていた銀行員、小切手帳、机の上のキャンディーにいたるまで、共創的なプロセスに引き込む強力なディテールも用意されていた。非の打ち所のないストーリーだ。

友人は編集チームに草稿を送り、最終チェックを任せた。すると、そこですべてが崩壊してしまった。彼らが送り返してきた原稿は、ストーリーの形をなしているものの単調に感じられた。なぜそれを最初に語る必要があったのかと、聞き手が疑問に思うような内容に変わっていた。「何かが足りない」と彼は言った。実際そのとおりだった。では何が足りないのかというと、それはあらゆるディテールだった。本物のストーリーを構成する微妙なニュアンスに欠けていたのである。原稿の細かな情報を、偉大なストーリーに欠かせないことがわかっている必須の要素を、編集者はきれいさっぱり削除してしまったのだ。かつて生き生きとしていたストーリーは、いまや一般的で形骸的な出来事の記録と化していた――「少年は買い物をしたかったので、銀行口座を開き、お金について理解する」というものだ。こんな空虚な内容では、すぐ忘れられてしまうだろう。

編集チームがチェックするにしても、あなた自身が赤ペンを握るにしても、最も重要な情報を削除したくなる誘惑には注意してもらいたい。本書であらゆることを学んでも、きっとあなたの脳裏には、一四〇字（現在は二八〇字）や一五秒間の簡潔さにこだわる声が響き続けるだろう。このこだわりが消えないかぎり、あなたのストーリーの最も魅力的な部分は削られる恐れがある。

自分のストーリーに何かが足りないと感じたら、編集段階を調べ、最も重要な部分が削られていないかどうかを確認しよう。銀行のストーリーについては、欠けていたディテールを再び挿入して命を吹き込むことができた。いくらか言葉を追加する必要はあったが、それが何よりも大切だったのだ。

お楽しみは最後に

私たちが考案したストーリーの仕立て方には、多くの魅力がある。まずはシンプル。そして簡単。しかも効果的だ。しかし私自身が最も気に入っている点、ハウツー的な本章を書く価値のあるものにしている点は（私はハウツー的な章を書くのが実はあまり好きではない）、この手法を使えばどんな瞬間もストーリーに仕立てられることだ。過去にあったどんな出来事も、どんな気づきもストーリーになる。火曜日に何かが起きて、あなたが「えっ？」とつぶやいたら、それがストーリーになる。

何らかの混乱の最中にいるとき、あなたは実質的にストーリーをつくっている。どんなに小さな瞬間でも、私が説明した方法でそれをストーリーに仕立て、メッセージと一致させれば、語ることのできるストーリーが手に入る。

私は先日、義理のきょうだいを訪ねて、サンフランシスコの高層ビルにある彼女のオフィスへ向かった。彼女は個室をひとつひとつ通り過ぎながら、「以前話したストーリーテラーが彼女よ」と紹介してくれた。誰もが知り合いのように笑顔を浮かべてくれたので、私は彼女のサポートに深く感謝した。私たちがひとりの女性のもとに近づいたとき、きょうだいは言った。「こちら、マイケルの奥さんのキンドラ。以前渡したストーリーの本を書いたのが彼女よ」。ストーリーの本というのは、私が二〇一二年に執筆したストーリー集のことだ。そう聞くと、女性は私を見て顔を輝かせた。

「あのストーリーの！　中学生だったあなたが、庭に出たときのストーリーを読みました。私のお気に入りです。普段もよく思い出します。本当に影響を受けました」。そう言われて、私はいくつかの理由で驚いてしまった。きょうだいの職場の見学中、このような歓迎を受けるなんて予想していなかった。だがそれ以上に、あのストーリーにそこまでの影響力があるとは信じられなかった。それはとても小さなストーリーだった。私が六年生のときに経験した、小さな瞬間だ。

それは中学に入って最初の年、私にとってつらい年だった。私はいささか年齢に見合わない子供だったが、少しでも変わったところがあると、周囲からは嘲笑の的になった。振り返ると、友達はひとりもいなかったように思う。ところが奇跡が起きて、私は近隣の高校で上演される

「サウンド・オブ・ミュージック」にキャスティングされた。私が四女のマルタ・フォン・トラップを演じた。そしてこの役に、私は人生を救われたと感じている。

中学では見下されていた私だったが、修道女役やナチス役の高校生や、旅する合唱団のきょうだいたちは私をかわいがってくれた。彼らは私に話しかけてくれた。一緒に笑ってくれた。励ましてくれた。私と友達になろうとしてくれた。その数カ月間で、私は自分を取り戻したように思えた。愚かでも独創的でもいられたし、それを誰も気にしていない様子だった。

自分を見失いかけていたそのとき、音楽が生きている場所では、私は守られていると感じた。劇は二週末にわたって上演されたが、最後の夜に私はこんな夢を見た。カーテンが故障して閉まらなくなり、劇を続けざるを得なくなる――永遠に。そうすれば私は一生マルタのままでいられる。少なくともしばらくのあいだは。

その最終日の夜、修道女役のキャストの自宅でパーティーが開かれ、私もそこに招待された。まだ一一歳だったが、私を幸せにしてくれた高校生のパーティーに参加することを両親は許してくれた。肌寒い秋の夜、主催者の父親は全員を荷車に乗せ、田舎の家の裏手にある畑と森を案内してくれた。それから私たちは家の中に入り、地下室に座り込んだ。マシュマロ入りのホットチョコレートやサイダーを飲み、クールランチ味のドリトスとピザを食べた。

ルイーザ・フォン・トラップ役の少女（私のきょうだい役で、一緒に歌うパートナーでもある）に手を取られ、家の前庭に連れて行かれたとき、私は嬉しさで顔を輝かせた。ルイーザは、私のお気に入りのキャラクターのひとりだった。彼女は背が高く、痩せていて、長い金髪と明るく青い目の持ち主だった。無邪気な表情のキャベツ人形が、歌ったり踊ったり運転したりできる年齢に成長し、ほっそりした体型になると、いまのルイーザとそっくりになるだろう。私たちはしばらく草むらの中に座っていた。ルイーザにクールなことを試してみないかと聞かれて、私はイエスと答えた。このように始まるストーリーは、誰かが最初にたばこを吸ったとか、最初に酒を飲んだとかいう結末になることが多い。けれど、私のストーリーはそうではない。

ルイーザは私に両手と両膝をつくようにと言った。私はそのとおりにした。唇と地面のあいだで、自分の息が凍るのが見えた。彼女は目を閉じるように言った。私はそのとおりにした。彼女は「手の中に土を感じろ」と言った。たしかに感じられた。それは冷たく、硬く、湿っていて、ちくちくしていた。土の感触から、もうすぐ冬がやってくるのがわかった。あと数日もすれば初雪が降って、私たちがそこにいた痕跡を消し去ってしまうだろう。

ルイーザは私に言った。「草の上にただひざまずくのではなく、自分が大地のすぐそばにいて、それを支えていると想像しなさい。冷たい地面を感じながら、実際にはそれが自分の手のひらにあると想像しなさい。この瞬間、この地球の上で、自分の両手が世界をしっかり支えていると認識するの」。私は両手に草をしっかりと絡ませたまま目を開けた。世界はかつてないほど新しく見えた。

ルイーザは、まるで自分自身に言い聞かせるように、私に優しく話しかけた。彼女は一一歳の痛みも、中学生になるのがどういうことかも、スポーツブラをつけたくない気持ちも、他の子供たちの残酷さも理解しているようだった。ときに中学生には世界が過酷な場所であることもわかっているようだった。彼女は四つん這いになって、こうささやいた。世界があなたを打ち負かそうとするとき、あなたがすべきことは、自分の手でそれを支える時間をもつことだ。そうすれば、自分にはまだ居場所があると感じられる。たとえ両手をついているのが大地の小さな一角だったとしても、そこにはあなたの居場所があり、あなたの無限の可能性が広がっている。

サンフランシスコのオフィスで女性の個室の前に立ったとき、私はそのストーリーを、その瞬間を、その感覚を思い出した。義理のきょうだいの同僚の目に映し出されたストーリーを見て、大昔のあの夜を思い出した。マルタでいられる最後の時間、私がルイーザと手をつないで家に戻ったことを、夜の湿った空気のなかでふたりが目を輝かせたことを思い出した。たまま経験した五分間が、他者にもたらす影響の大きさを実感した。

こういうことは、日々私たちの身の回りで起こる。小さな教訓、小さな出来事、今までにない方法で新たな何かを学んだり知ったりする数分間が存在する。ふつうであれば忘れ去られてしまうような、そんな数分間が。

でもいまや、あなたはストーリーテラーだ。

ストーリーが何より重要であることを、あなたはよくわかっている。

語れるストーリーが多ければ多いほど、その人の影響力が高まることを、あなたはよくわかっている。

あなたは自分にストーリーが足りないのではないかと、いくらか不安になったこともあるかもしれない。あなたに語れるストーリーがひとつかふたつしかなく、もっと必要な場合はどうすればいいのだろうか？　どうやってそれを手に入れたらいいのだろうか？

そんなとき、あなたの安心材料になるのが、私の中学生のときのストーリーだ。あの瞬間自体は、人生の混乱のなかで失われてもおかしくないものだった――義理のきょうだいのオフィスの女性にとっては、あくまでも、あの爆発の前後に仕立てられたストーリーが重要だったのである。

それが創作の力だ。しっかりした要素と枠組みさえ備わっていれば、どれだけ長くても、どれだけ小さな瞬間に見えたとしても関係ない。うまく仕立てれば、すべてがストーリーになる。

あなたにはそうした瞬間を語ってもらいたい。

次章で詳しく説明しよう。

第10章　自分のストーリーを語る——ストーリーを語るべき場所、タイミング、方法

Telling Your Story: Where, When, and How to Tell Your Stories

ストーリーテリングはたき火と同じくらい古く、ツイートと同じくらい新しい。人を動かすのは、信用できる人間だ。

——リチャード・ブランソン、バージン・グループ創業者

森で木が倒れるとき、周りにその音を聞く人が誰もいなかったら、それは音を立てているのだろうか？

これは昔からある問題だが、あなたのストーリーにも無関係ではない。

あなたが自分のストーリーを見つけ、努力して仕立てたとしても、それを語る機会がなかったら、そのストーリーは意味を持つだろうか？　森と木の問題については議論の余地があるが、ストーリーテリングの問題に答えるのは非常に簡単だ。

語られないストーリーに意味はない。

ストーリーテリングについては、これまでに学んだことを知識としてただ持っていても役に立たない。知識は力ではない――実際にストーリーを語らなければ、それは脳のスペースを無駄にするだけだ。

だがありがたいことに、ストーリーテリングの機会は終わりがなく、常に拡大し続けている。それを示す典型的な例が、最近ウォール・ストリート・ジャーナル紙で報じられた。記事によると、現在いくつかの会社が折り込みチラシを印刷し、サックス・フィフス・アベニューやズーリリーといった小売業者にお金を払って、そのチラシを荷物に同梱してもらっているという[1]。広告に高額な投資をするぐらいなら、ストーリーを語って、それを価値あるものとするのもひとつの手ではないだろうか。

上手に語られたストーリーは、ウィンデックス、ダクトテープ、(そして私の意見では)美しいシャンパングラスのごとく、ビジネスやそれ以外のあらゆる課題を解決してくれる。つまり、迷ったときにはストーリーを語る。これが過去二〇年における、私の基本的な信念だ。

私は昔、スピンクラスのインストラクターをしていたことがある。最初に断っておかなければならないが、これはあなたが想像するよりずっと大変な仕事だ。一時間のクラスでは、とにかくやることが色々ある――動きを覚えたり、照明を変えたり、指示を出したり、ＢＧＭの音量を調整したり、死ぬほどやる気のない参加者のモチベーションを維持したり、カーディオマシンになったりする。

だが、これらはあくまでもセッション中の仕事だ。スピンクラスの指導でおそらく最も気疲れする作業は、事前にプレイリストをまとめておくことだろう。あなたが聞くに耐えない音楽の流れるワークアウトクラスに参加した経験があるかどうかはわからないが、それは邪悪な独裁者に約束された、残酷で珍しい罰の形だ。

私自身、最初の数回のプレイリストをまとめたときの恐怖は忘れられない。参加者は気に入ってくれるだろうか？　ブリトニー・スピアーズやダフト・パンクが嫌いだったらどうしよう？　毎週、インストラクターバイクに乗っているときは、それが気になって仕方なかった。その不安を和らげるため、私は本能的にストーリーを語るようになった。各セットの前、参加者が水分補給をしているあいだに、私は次の曲に関するストーリーを語った。短くて面白くて、曲に背景知識を加えるようなストーリーだ。参加者はひょっとするとカイリー・ミノーグが好きではなかったかもしれないが、私がマイケルと付き合う前に空港へ彼を迎えに行ったとき、「熱く胸を焦がして」をカーステレオからさりげなく流したというストーリーは気に入ってくれた。

数人の参加者だけで始まった日曜の朝九時半のクラスと水曜夜六時四五分のクラスは、少しずつ着実に増え、ついには定員オーバーで締め切りをかけるまでになった。私が二年後に最後のクラスを教えたとき、参加者はこのワークアウトがなくなるのが寂しいと言ってくれた。もちろん、彼らが本当に恋しがっていたのは、私のストーリーだった。

迷ったときにはストーリーを語る。メールやキャンペーンメールでストーリーを語る。ボイスメールにストーリーを残す。自動応答システムでストーリーを語る。ミーティングでストーリーを語る。ウェビナーでストーリーを語る。オンラインでストーリーを語る。ソーシャルアドテック企業のアダプトリーとフェイスブック、さらにファッション＆スタイルサイトのリファイナリー29による二〇一四年の合同調査は、従来のCTAに比べて、ブランドストーリーを語ること――一連のメッセージを通じて顧客を誘導すること――のほうが効果的だと結論づけた。物語仕立てのアプローチは、ビュースルーと購読率を九倍にも増加させる。[2] これは「効果的」どころか、「はるかに効果的」というべき結果だ。

だからこそ、ストーリーは語って、語って、語り続けなければならない。人々から待ち望まれる語り手にならなければならない。その理由が彼らにははっきりわからなかったとしても、あなたはそれを知っている。人々はストーリーが好きなのだ。人々はストーリーを求めている。それならば、すすんで彼らが求めるものを与えよう。ストーリーを語ろう。

ここで、ストーリーを語るべき方法、場所、タイミングについて、いくつかアドバイスをしておきたい。

プレゼンでストーリーを語る

ストーリーを語る場所として最も一般的なのは、プレゼンの現場だろう。それが最新情報を交換する毎週五分のチームミーティングだろうと、数億円の契約成立を目指す八時間の売り込みだろうと、ストーリーはプレゼンとその成果を向上させる。ここでヒントをいくつか紹介しよう。

ストーリーから始める

ある木曜日の午後、私は貴重なハッピーアワーに、友人たちと近況を語り合った。シェリーはある分野の専門家で、業界のカンファレンスで講演を始めたばかりだった。認知度が高まるにつれ必然的に彼女のビジネスも目覚ましい成長を遂げたが、人前で話すのが決して得意ではないと思っている人間にとって、毎回のプレゼンは恐怖でしかない。シェリーは私に、何かアドバイスはないかと聞いてきた。私が彼女にストーリーを語るよう伝えたと聞いて驚く人はいないだろうが、私がそう伝えたのは、あなたが考えるよりはるかにはっきりとした理由と戦略があったからだ。具体的に言えば、私は彼女にストーリーから始めるべきだと説いた。

登壇して会場に挨拶をしたら、すぐにストーリーを語り始めるべきだと私は言った。なぜか？

理由はいくつかある。ひとつは、ストーリーから始めることで、聞き手と語り手とのあいだに自然に生まれてしまう緊張感を簡単に和らげられるからだ。売り込みや販売プレゼンといったイベントでは、その性質上、聞き手と語り手とが分断されやすい。また聞き手の性質によっては、いくらか敵対的な空気になることもある。聞き手がその分野の専門家で構成されている場合、彼らはおそらく、自分以外の専門家と呼ばれる人間の話には懐疑的だろう。いずれにしても、ストーリーから始めれば、こうした壁を取り払うことができる。あなたは専門家ではなく、ひとりの人間として聴衆の前に立ち、彼らはすんなりとあなたの話に耳を傾けてくれる。

それで私はシェリーにこう勧めた。あなた自身やあなたの専門知識ではなく、クライアントを中心としたストーリーを、聞き手が経験したことのありそうな状況を語るべきだと。そうでなければ、あなたの子供についてのストーリーを語ってもいいと。前章で学んだように、子供から得た大きな教訓がプレゼン全体のメッセージと結びついてさえいれば、そのストーリーは要点をうまく説明し、聞き手の緊張を鎮めたり和らげたりするはずだ。

ストーリーから始めることは、あなたの神経を落ち着かせるのにも役立つ。そこには正当な理由がある。人前で話すという行為は、他人からの評価や批判に無防備にさらされることを意味するため、原始的な防衛反応（闘争・逃走反応）を引き起こしやすくなる。だがストーリーから始めると、語り手の原始的な脳が気にかけている唯一の疑問、つまり「聞き手は私を気に入っているだろうか？」という疑問が瞬時に解消される。

ストーリー、つまり人々が聞きたがっていることからプレゼンを始めれば、聞き手は自然に興味を引かれ、うなずき、腕組みを解いて、笑い声まで上げてくれるだろう。これはもちろん、あなたの話を聞く人にとってポジティブな体験になる。だがそればかりでなく、受け入れられているという視覚的な合図によって、あなたの原始的な脳は「自分は好かれている」と理解する。その疑問が解消すれば、プレゼンを先に進めるのはずっと簡単になる。

シェリーはその夜、私のアドバイスに感謝し、それを実践すると誓った。そして四日後、彼女からテキストメッセージが届いた。絵文字と極太の文字が大量に並んだそのテキストを読むかぎり、彼女がまだスピーカーズハイになっているのは明らかだった。彼女はこう書いていた。

「娘のストーリーから始めたの。信じられないくらい素晴らしかった！」。講演後、人々はシェリーのもとに群がり、史上最高のプレゼンだったと賛辞を寄せた。それは、始まった瞬間から成功が約束されたプレゼンだった。

一〇〇〇の言葉は画像に勝る

講演家として活動を始めたばかりの一時期、私はパワーポイントやスライド集を使うことを拒否していた。自分はストーリーテラーであって、技術支援なしでも訴求力あるプレゼンができるのが強みだから、と当時は言い張っていた。本当の理由は、パワーポイントや難しい技術を恐れていたからである。それでも何度かプレゼンを行った後、私ははっきりと、聞き手が自分のストーリーを楽しむ一方で、要点を追うのに苦労している印象を受けるようになった。それで渋々パワーポイントを使い始め、いまでは自分が行うほぼすべてのプレゼンにスライドを導入している。正しく使いさえすれば、スライド集はあなたと聞き手を軌道に乗せたままにしてくれる極めて効果的なツールだ。

前文の「正しく使いさえすれば」という言葉に注目してもらいたい。この言葉は重要だ。なぜなら、間違った使い方は、多くのプレゼンの夢を確実に死に追いやるからである。ここでは、あなたの資料とストーリーをプレゼンのなかで完璧に調和させるための、いくつかの重要なアドバイスをしておこう。

まずは、資料のなかにストーリーのための専用スペースを確保しよう。スライドはストーリーの行き先を示す信号と考えてもらいたい。創業した日についてのストーリーを語る場合なら、シンプルに自社のロゴをスライドに盛り込もう。聞き手はロゴを確認し、あなたはその信号を確認してストーリーを語る。箇条書きやデータや情報に向けられていた意識が、その情報を重要なものにするストーリーへ常に向くように、こうしたストーリーのスライドを資料全体に取り入れよう。

スライドは、ストーリーに意識を切り替えさせる優れたきっかけになる。ただし、画像については賢明に選ばなくてはならない。自分の言葉でストーリーを語るのではなく、スライド上の画像に依存してストーリーを語ろうとしたとき、デジタルプレゼンテーションは頓挫する。思い出してほしいのは、ストーリーを聞く醍醐味は、実は聞き手の意識下で生まれているということだ。あなたがストーリーを語るあいだ、聞き手は思い思いに、ストーリーに沿ったイメージをつくりあげる。みずからの人生における意義深い題材や経験からイメージをつくり、最終的には、あなたの言葉と記憶が融合したものが彼らの心に残る。

こうして、メッセージは定着する。

だからこそ、画像は賢く選ぶことを勧めたい。ありがちな誘惑は、ストーリーを語りながら、そのストーリーにまつわる画像をスクリーンに次々と表示したくなることだ。子供のストーリーを語る？　画像をご覧ください。水上スキーのストーリーを語る？　画像をご覧ください。一見うまくいっているように思えても、そうすることで認知バイアスが生じ、結果として共創的なプロセスの力が損なわれる。画像はイメージを一方的に与えるだけで、聞き手にみずからイメージをつくらせようとはしない。そうなれば、あなたの認知的優位性は失われてしまう。

ある講演者が、夢のマイホームについて語るのを聞いたことがある。彼の説明は見事だった。これぐらいの広さがあって、絵のように美しい窓を備えていて、その窓から眺めると、通りはこんな風に見えて……。講演者が彼の夢の家を説明しているあいだ、私は自分自身の夢の家を想像していた。すると、彼はスクリーンに家の画像を表示し、こう言った。「さあ、ご覧ください。こちらが私の夢の家です」

画像を見て、私は思った。なんだ、想像していたのと違うな。まあいいけれど。その瞬間、私を共創的なプロセスに引き込もうとする彼のあらゆる試みは、無駄になってしまったわけだ。

この過ちを避けるため、プレゼンでストーリーを語るときには、資料内の画像に頼らず、自分の言葉を使おう。子供の画像を表示するのではなく、子供の様子をシンプルに説明すれば、たとえあなたの子供がどれだけ個性的であっても、聞き手は自分の子供のことを考える。また、ストーリーのスライド用に画像を選ぶときは、なるべく特徴のないものを選び、聞き手に想像の余地を残そう。

ありがたいことに、ストーリーテリングとスライド集は相性が良い。これらを組み合わせれば、聞き手の視覚と聴覚をどちらも満たすことができる。ただそれは、あなたが自分にストーリー開始のキューを出し、画像に頼らず自分の言葉で実際にストーリーを語ればの話だ。誰かの家族旅行の写真に目を通して楽しめる人はいない。それがプレゼンに持ち込まれたとしても、やはり楽しめる人はいないだろう。

完璧を目指さない

二〇〇八年、私は伝統的かつ最大のストーリーテリングの舞台で話をするという一世一代の役に選ばれた――その舞台とは、テネシー州ジョーンズバラで毎年開催される全米ストーリーテリング・フェスティバルだった。

伝統的なストーリーテラーにとって、このイベントはストーリーのスーパーボウルのようなものだ。成功すれば、私がストーリーを語る舞台は無限に用意され、永遠のストーリーテリングの栄光が約束される。だが失敗すれば、私の存在は永遠に忘れ去られてしまうだろう。チャンスは一度きりだ。ストーリテラーとしてのキャリアを順調に開始させられるかどうかは、与えられた八分間に懸かっていた。

私はすぐに練習を始めた。毎日欠かさず練習した。一言一句を繰り返した。目が覚めたときにはもう、自分のストーリーのことを考えていた。車を運転しながら、バックミラーに向かって語りかけた。シャワーを浴びながら言葉を発した。毎晩、頭のなかで自分の声を再生し、何度もストーリーを語りながら眠りについた。

フェスティバル当日、練習の成果が現れた――私は自分のストーリーを完璧に伝えきった。一語たりとも忘れなかった。「うーん」も「ええと」も言わなかった。口ごもることも、言葉につっかえることもなかった。私はお礼を言われ、促されてステージを降りた。

そして、しくじったことを自覚しながら、家に戻った。

私がつかみ損ねたテネシーでの大きなチャンスは、自然なストーリーテリングの能力がいかに失われやすいかを示す完璧な例だった。私があの日の勝負に負けたのは、練習が足りなかったからでも、ミスが多かったからでもない。練習しすぎたから負けたのだ。

私は完璧なスピーチの神話に陥っていた。ストーリーテリングは練習で完璧になるという神話を信じていた。でもいまは違う。あなたには「三びきのくま」のごとく、しっかり準備をすることと（なぜなら、即興はほぼすべて失敗するからだ）、練習をしすぎることのあいだでうまくバランスをとってもらいたい。では、そうすればその適度なバランスを見つけられるのだろうか？

大切なのは、言葉ではなくメッセージに集中することだ。あなたのストーリーが伝えようとしているメッセージについて考える時間を増やし、それを伝えるための正確な言葉については考える時間を減らそう。もちろん、練習は必要だ。練習は欠かせない。だが、準備が整うまで練習したら、完璧を目指そうとはせずに切り上げてほしい。自然さが生まれる余地を残そう。それが観客の反応を高めることにもなる。完璧さを手放せば、あなたは自由になれる。

本書の執筆時点で、私はまだ全米ストーリーテリング・フェスティバルに呼び戻されてはいない。でも、いつかその日が来ることを願っている。

出世のためにストーリーを語る

現在いる地位や将来就く地位に関係なく、また、出世を目指すにしても現状維持を目指すにしても、あなたは今後もさまざまな形で面接を受けるだろう。疑うことを義務づけられている聞き手に向けて、あなたという人間の本質や、あなたがもたらす価値を伝えるという、気の滅入る課題に直面するはずだ。彼らの質問に、あなたはどう答えればいいのだろうか？　正解は、ストーリーを語ることだ。

数年前、私のストーリーテリングの仕事についてよく理解し、注目してくれていた青年から連絡があった。マットは戦闘機のパイロットで、私に連絡した当時、彼は軍隊から民間航空会社に転職しようとしていた。つまり、彼は面接過程の最中にいた。

当時私は知らなかったが、この面接過程は非常に厳しい賭けだった。パイロットは非常に人気が高い職種で、極めて競争が激しい。一名の採用枠に対して、資格のある応募者が長蛇の列をつくるのが普通だ。トム・クルーズにそっくりな他の応募者たちとは違った方法で目立たなければトップには立てないと、マットは痛感していた。

ご想像のとおり、パイロットの採用過程にはさまざまなプロセスがあり、そのひとつが過酷な面接だ。マットはストーリーを利用する戦略を立てた。

「ご自身のことを簡単に教えてください」。マットは漫然と話すのではなく、自身のスキル、情熱、個性を表現するストーリーを語った。

「ストレスのかかる状況にあったときの話をしてください。どう対処しましたか？」。マットはストーリーを用意していた。

「リーダーにとって最も重要なスキルは何だと思いますか？」。マットにはストーリーがあった。

それぞれの質問に対して、自分を印象づけ、彼にとって重要な聞き手とつながり、競争相手より優位に立つためのストーリーを準備していた。

面接は午前に行われた。それが終わると、マットは試験を受け、午後三時三〇分まで続く苦しい待ち時間をやり過ごした。そして日付が変わる前に、彼は応募者全員の第一希望だった航空会社のパイロットの職を得た。彼はその夜のメッセージで、私のストーリーテリングの戦略をいくつか実践したこと、夢の仕事を手に入れたことを報告してくれた。

この出来事で私は重要なことに気づいたので、いま、あなたにも伝えておこう――あなたのストーリーが競争に与える力を決して侮ってはならない。賭けの厳しさが最高潮に達したときには、ストーリーを語る用意をして、運を天に任せよう。

自分に似合うと感じるストーリーを語る

数年前、女性向けのユニークなハンドバッグを製造するソウル・キャリアという若い会社と仕事をした。当時、ソウル・キャリアは動画を使って自社のストーリーを伝えていた。よくできた作品ではあったが、ストーリーテリングの典型的な過ちを犯していた――それは本物のストーリーではなかったのだ。

私はソウル・キャリアと協力し、動画をつくり直した。新たに語ることにしたのは、両親を亡くし、一時は道を見失った若い女性のストーリーだ。喪失感、道の再発見、贖罪に触れた、強力なファウンダーストーリーに仕上がった。それは感動的で、生々しく、本物だった。そしていうまでもなく、それはストーリーだった。

極端なストーリーではあるが、ストーリーが与えうる真の効果を基調講演で明らかにしたいとき、私はよくソウル・キャリアの例を挙げる。彼らとの仕事では、そうした効果を主な教訓として学んだだけでなく、副次的な教訓も得た。

それは、ストーリーテリングに関しては、自分が納得できるストーリーだけを語ればいいということだ。

この教訓に直面したのはつい先日だ。基調講演を行った後、ランチビュッフェの列に並んでいると、ひとりの女性が私に近づいてきた。彼女は、全米で大きな成功を収める、有名なチャーターースクール組織のトップだった。自身の役割の一環として、彼女の学校やその手法、価値、影響力についての講演も頻繁に行なっていた。そんな彼女が私に近づいてきたのは、ソウル・キャリアのストーリーがあまりにも個人的で、やや搾取的に感じられるという懸念を抱いてのことだった。

崩壊した家庭や困難な環境からやってきた生徒が成長したというストーリーならいくらでもある。でも、自分はそういうストーリーは語りたくないのだと彼女は話した。それは秘密の情報であって、利用するのは間違いだと彼女は考えていた。

彼女の口ぶりから、この問題に葛藤している気持ちが読み取れた。おそらく周囲からは、それらのストーリーを語るべきだと勧められているのだろう。人々は実際にそうした種類のストーリーを聞きたがっているのだから無理もない。この問題に悩んでいるのは、起業家も同じだ。起業家ならおそらく誰でも、人生のなかで極度の困難に直面し、それを乗り越えた経験を持っているだろう。しかしどれだけ素晴らしいストーリーであっても、メッセージとかみ合わない場合もあるし、本人がそれを世間に知られたくない場合もある。

その場合、私は彼らに、そういうストーリーを語る必要はないと言う。

「そういうストーリーを語る必要はありません」。ビュフェの列に並び、ふたつめのチキンタコスを皿に載せながら、私は教育者の女性に言った。

彼女は少し驚いた表情で私を見た。

「ご自身が正しいと感じられる話を、語る心構えができているストーリーだけを語ってください」

もちろん、この言葉だけでは、彼女はストーリーを語る重圧からまったく解放されなかった。そこで私は、生徒に真剣に向き合っている教師のストーリーを語るよう勧めた。教師のストーリーは、彼女のメッセージにとにかく適していた。彼女の聞き手は主に教育者だ。そして彼女のメッセージは、革新的な指導モデルとツールの使用によって学校が素晴らしい成果を挙げている、という内容にする必要があった。

ストーリーを語るべきだと意識すると、ある種のプレッシャーがついて回る。感動的なストーリーや苦しみのストーリーが存在するなら、それを語るべきだという一般的な誤解もある。

しかし、これまでの二章で学んだとおり、正しいストーリーを利用することは、すべてのストーリーを利用することと同じくらい重要だ。おそらくそれ以上に重要なのは、あなたのストーリーがあなたのものだということだ。語るべきストーリーを選べるのはあなただけである。だからこそ、あなたが自分にふさわしいと感じるストーリーを選んでもらいたい。そして、チャンスがあったら、それを語ってほしい。

自己流を脱する

最後にひとつ、ストーリーテリングについての意外な事実を伝えておこう。物事が順調だったときを振り返ってみると、それはたいてい、その人がストーリーを語っているときだ。あなたが最高に幸せだったとき。最高の気分を味わったとき。何かを思いきり楽しんだとき。取引を成立させたとき。誰かの心を射止めたとき。仕事をやり遂げたとき。あなたはストーリーを語っていたはずだ。

語るべき偉大なストーリーがあるとき、語るという行為はただの後づけになる。語るべき本物のストーリーがあるとき、語るという行為は、目覚めるのと同じくらい自然になる。ストーリーテリングに関するあらゆる恐怖が生じるのは、ストーリーの自然な能力や様式といったものを、私たちが教わらず、伝えられず、使用を許されずにきたためである。私たちはストーリーを語るよう求められてはこなかった。かわりに求められるのは、レポートを書き、事実を掘り起こし、業績を示し、書式を整え、「うーん」なしで話すことだ。

正しいストーリーを見つければ、ストーリーは必ずやってくる。友人とワインを飲みながら、ストーリーを語ったことは何度あるだろうか？　それは子供についての心温まるストーリーだった？　それは恋愛についての心の痛むストーリーだった？　あなたは達人のような雄弁さでストーリーを語ったにちがいない。なぜなら、それが本来のあなただからだ。ストーリーテリングは、人間が生まれつき持っている能力だ。必要なのは、自分のやり方を抜け出すことだけである。ほぼすべてのストーリーテリングの問題は、ストーリー自体にあるのではなく、語り手がストーリーを阻むことにある。あなたの心に響く本当のストーリーを見つければ、そのほとんどは、おのずと語られる。

結論　終わりは始まり

Happily Ever After Is Just the Beginning

偉大なストーリーは、それを語る勇気のある人にもたらされる

――イラ・グラス

息子が二歳半ぐらいだったころのことだ。彼はトラックに特別興味はなさそうだったが、毎晩寝る前に『おやすみ、はたらくくるまたち』を読んでほしいとせがんできた。この本は子供のための言葉遊び絵本で、読み終えるまでに三〇分はかかった。

何カ月間、何百もの夜、かわいい息子は小さなパジャマを着て私の膝の上に座った。それで私は息子に気づかれないように、どうにかしてストーリーを短くしようとした。

だが、子供はいつだって気がつくものだ。

ある夜、ついに私は耐えられなくなった。息子が『おやすみ、はたらくくるまたち』を持って膝の上に乗ってきたとき、私は彼に懇願した。

「お願い。ちがう本にしてくれない？」

「『はたらくくるまたち』がいい」。息子は言った。

まるで小さな悪の独裁者だ、と私は思った。「アヒルの子の本か、『おやすみなさい、おつきさま』はどう？」

「はたらくくるまたち」

交渉の余地はなかった。

わが家の二歳半の子供がかんしゃくを起こしそうになる寸前、私は思いついた。

「じゃあ、ママがお話をするのはどう？」

それまで試したことはなかったが、曲がりなりにも私はプロだ。

「はたらくくるまたち」

「ママが小さかったころのお話をするのはどう？」。威圧的な王はためらった。私はチャンスをつかんだ。

「小さいころのママは、夏になると毎晩、太陽が眠りについて空が暗くなるまでベッドで横になっていたの。それからこっそりベッドを抜け出して、つま先歩きで玄関に行って、こっそり外へ出る。ママは田舎に住んでいたから、そこらじゅうに木があって、いろいろな背の高さの草が生えていたわ。空はとても広くて、暗い青色だった。ママが空を見上げると、そこには何百万、何十億という小さな星がきらきら輝いていた。でもママが夏の夜にいちばん好きだったのは、湿った温かい空気のなかで、湿った涼しい草の上を歩くことだったの。それに、周りは真っ暗だったけど、何百もの小さな緑色の光がちかちかと踊っていて……そう、ホタルよ！」

私は息子に、ホタルとの遊び方を教えた。ホタルをつかまえると、彼らは私の手の上を這い、髪の毛をつたってよじ登ってきた。それから私はホタルに「おやすみ。また明日ね」と言って、こっそり自分の部屋に戻り、眠りについた。

このストーリーに複雑な筋書きはない。むしろ、筋書きと呼べるようなものは何もない。長くもなかったし、何の創造性も必要としなかった。私はただ、子供のころのお気に入りの思い出を息子に話しただけだ。

ところが、このストーリーはうまくいった。息子は黙ってじっとしていた。ほとんど息もつかなかった。いまにして思えば、当時の息子の姿は、その数年後に彼の父親がスロベニアの店で見せた姿にそっくりだった。その二年半の人生で生まれて初めて、息子はすっかり魅了されたのだ。私がストーリーを語り終えると、もう一度聞かせてほしいと彼はせがんだ。その繰り返しだった。

「ママ、ホタルのお話しして」

それ以来、私たちは、はたらくくるまたちの話はしなくなった。

いまや息子を満足させるのはストーリーだけだ。私のストーリー。

彼の父親のストーリー。祖父母のストーリー。私に分別がなかったら、怪物を――飽くなき食欲を持った怪物をつくりあげた自分自身を責めるだろう。かといって、クラッカーやアップルソースを彼に与えてみても、私はそれを投げ返されるだけだ。彼が求めているのは、ストーリーなのである。

当然それは私の過ちではないとわかっているし、誤解のないように言えば、息子は怪物ではない。ここが要点だと私は思う。息子は人間だからこそ、ストーリーを聞きたがるのだ。彼はもう二歳児ではないが（そして私の背をほぼ追い抜いたといつも嬉しそうに話しているが）、まだストーリーを欲しがっている。子供時代のマイケルがケガをしたときのストーリーを、私にせがんでくる。私が成長する過程でどんなことを楽しんできたか、ストーリーにして聞かせてほしいとねだる。

昔、息子の手に初めてとげがささったときに、こんなことがあった。息子は私にそれを抜かせようとせず、抜かないとどうなるのかをしきりに知りたがっていた。学校の降車場までのドライブ中、彼は震える声で私に尋ねた。「ママ、とげがささったときのお話はある？」。私はあいにく、覚えているかぎりでは、そういうストーリーを持たなかった。息子はがっかりして、教室に入っていった。まだ彼の手にはとげがささったままだった。私はマイケルに電話した。「あの子がとげのストーリーを聞きたがっていたのに、話してあげられなかったの！　こんなにひどい子育ての失敗ってないわ」

「あっ！」。マイケルは答えた。「僕なら話せるよ」。マイケルはセーリングに親しんで育った。「裸足で波止場を駆け上がったり駆け下りたりすると、いつも足にとげがささるんだ。帰ったらその話をしてみよう。家に帰ったらその話をしてみよう」

この会話は、たとえマイケルが買い物好きでなくても、私たちが真の意味で夫婦なのだと認識させてくれた。それ以上に、私たちの人生はすべてストーリーなのだという大切なことに気づかせてくれた。私たちは日々少しずつ、世界の意味を理解し、そのなかで自分の居場所を探し、ささやかな幸せを見つけようと努めながら、現実の物語を構築しているのだ。

息子は自分の身に起こったことや、起こる可能性のあることを理解する手段として、ストーリーを求める。ストーリーはただ語るもの、語るべきものではない。ストーリーは私たち自身だ。ビジネスのストーリーテリングでは、ストーリーを土台からつくり直すのではなく、あなたの脳内や生活を駆けめぐるストーリーの流れから題材を拾い上げることを心がけよう。ストーリーの流れから題材を拾い上げる価値は、ビジネスにおいても、それ以外の分野においても変わらない。

二〇一六年に、ノースカロライナ大学チャペルヒル校とニューヨーク州立大学バッファロー校の研究者たちが調査を行い、ストーリーテリングが得意な人ほど魅力的だと評価されやすいことを突き止めた。この調査結果によれば、女性はストーリーテリングが上手な男性を見ると、相手の魅力が高く、長期的なパートナーにふさわしいと考えるそうだ。研究者はその理由を次のように推測する。「ストーリーテリングの能力は、その男性が資源を得る能力を反映している。上手なストーリーテラーは、他人に影響を与えたり、社会で権威ある地位に就いたりする可能性が高いのではないか」[1]

家で家族と楽しく過ごすにしても、伴侶を探すにしても、出世を目指すにしても、それを可能にしてくれるのがストーリーだ。

結局のところ、ストーリーテラーは雇用される。契約を勝ち取る。

ストーリーテラーは販売に成功する。男性の心をつかむ。女性を射止める。

ストーリーテラーは猛攻撃を受けても生き延びる。もてはやされる。注目を浴びる。称賛される。涙を誘う。

ストーリーテラーはギャップを埋める。

ギャップを埋めれば、あなたが持っているものと、あなたが欲しいものとのあいだにある距離を埋められる。ビジネスや人生におけるあなたの現在地と、あなたが目指す位置との距離を縮められる。

昔々……

私たちの時間が終わりに近づき、あなたが出発して橋をかけようとしているいま、多くのストーリーの始まりを告げてきた古典的なフレーズで本書を締めくくりたい。それらが最高のストーリーであることに、おそらく疑いの余地はない。だが多くの場合、「昔々……」で始まるストーリーはおとぎ話だ。それらは実話ではないし、当然ビジネスの話でもない。

しかし、昔々、あなたの周囲で何かが起きたのは確実だ。あなたの身に何かが起きた。あなたのパートナーの身に何かが起きた。あなたの従業員の身に何かが起きた。そして、あなたの顧客の身に何かが起きた。

昔々、マーケティング活動に失敗して、現金が尽きた。そして……。

昔々、一文無しになった。そして……。

昔々、大事な荷物が税関で引っかかった。そして……。

昔々、ビジネスについての夢を見た。そして……。

「昔々」はおとぎ話だけのものではない。なぜなら、昔々とは、本当の始まりを表すフレーズだからである。

実話かつくり話かを問わず、このフレーズはすべてのストーリーに共通する最も重要な部分だ。すべてのストーリーは出発点を必要とする。始まりを必要とする。しかし厄介なのは、始まりはときに終わりに見えることだ。物事が失敗する……終了。アイデアが挫折する……終了。だが、その終わりが実際には始まりだとわかれば、あなたはかつてない大きな自由を得られる。

私自身、ストーリーテリングには困難な面もあるとわかっている。アイデアひとつ浮かばないときは誰にでもある。逆に、アイデアが多すぎて選びきれず、立ち止まってしまうときもある。白紙のページや満員の聴衆の前ではすぐに怖気付いてしまう。最高のストーリーテラーですら凍りついてしまう日がある。だが、前に進む方法はいつだって同じだ。始める。それだけである。

私たちの旅が「昔々」に行き着くというのは、奇妙なことに思えるかもしれない。けれど私は、ここが旅の目的地にふさわしいと思っている。結局のところ、このストーリー、この本は、あなたにとっての本当の始まりなのだ。

昔々、私はビジネスのストーリーテリングに関する本を読んで、そして……。

付録

４つのストーリー早見表

	バリューストーリー	ファウンダーストーリー	パーパスストーリー	カスタマーストーリー
目的	より効果的な営業とマーケティング	投資家、仕事仲間、従業員に対する信頼感の向上	チームや組織の団結	セールスやマーケティング、長所の促進
主な聞き手	見込み客	利害関係者	従業員、チーム	見込み客
話し手となるべき人	マーケターや販売員	アントレプレナー	リーダー、重役、経営者	顧客やその友人

謝辞

いつか本を書く日がやってくる。ずっとそう思っていた。でも私は、一冊の本をつくりあげるのに、制作に携わる人たちにどれほどの時間とエネルギーと努力が必要になるのかまではわかっていなかった。

この本は、幼いかわいい子供たちから始まった。アーンとオーン、この本と生活をともにしてくれてありがとう。ある章を仕上げるのにもう少し時間が必要なとき、辛抱強く待ってくれたり、タイトルをいっしょに考えてくれたり、カバーのラフをつくってくれたりしたね。草稿がようやくできあがったときに、心からお祝いしてくれてありがとう。この本のプロモーションのために、いっしょに国内を旅してくれて——お昼を食べ損ねたり、何時間もかかる予約注文の列が続いているときに自分でトイレを探しに行ってくれたり——ありがとう。学校の先生やクラスメイトや空港のラウンジにいる人をつかまえて、ママが本を書いたんだ、買わないとだめだよ、と言ってくれてありがとう。著者である私にとっても、ママである私にとっても、ふたりは最高の六歳と七歳の子どもよ。

名前も知らないだれかに感謝するなんておかしなことかもしれない。でも、光栄にも私が出席することになった会議の観客席に座っていた方々がいなかったら、この本は生まれなかった。私の話を聞き、質問をし、みなさんのストーリーを共有してくれたこと、ストーリーテリングについての扱いを心得ているにすぎなかった私に、役立つメッセージを生み出したいという意欲をもたせてくれたことを感謝する。ライトがまぶしすぎてみなさんの顔が見えなかったときでも、みなさんのエネルギーは感じられた。みなさんがいなかったら私がいまどうなっていたかもわからない。

本書の初期のバージョンを読み、支援を申し出てくれた方々にもお礼を言いたい。弱りきっていたとき、あなた方の励ましの言葉はかけがえのないものだった。うれしさのあまり何度か椅子から転げ落ちてしまったけれど、そのときにできた痣にはそれだけの価値がある。

私のエージェント、キャシー・シュナイダーについて初めて耳にしたときのことは忘れられない。コスモポリタン誌の元編集長ケイト・ホワイトから電話があったとき、私は空港のゲートエリアにいた。ありがたいことに、彼女は書籍出版についての助言を惜しみなく与えてくれ、ある友人について口にした。その人はエージェントとして新しいキャリアをスタートさせ、ビジネス本のレパートリーを増やそうとしていた。数日後、私はキャシーと電話で話していた。数週間後、彼女のオフィスで会い、ミーティングから数分後、彼女しかいないと思った。あなたのハードワークと感情のこもったサポートに感謝するわ。この本は弱い人のためのものなんかじゃない！　私たちはいくつか高い目標を定めたわよね、キャシー。経験のない私たちふたりが成し遂げたことをほんとうに誇りに思う。クリス・プレスチャ、ジュリアン・ティナリ、JRAのチームのみんなにも多大な感謝を。

私の頭のなかにある言葉を初めて紙の上に表すのを手助けしてくれたダン・クレメンツにも大きな感謝を。白紙のページから始めるほどつらいことはないけれど、あなたのおかげで、最初からページが文字で埋まっていた。困難に直面した時期に手を差し伸べてくれたベス・バントとクリスティーナ・ブリュヌにもお礼を言う。締切りが差し迫り、残り時間が少なくなっていたころ、ふたりがやってきて力を貸してくれて、とても助かった。

編集者のジェシカと初めて話したときのことも忘れられない。もちろん、彼女はまだ私の担当ではなかった。ジェシカは自分との相性を確かめるため、私と面談することになっていた。ジェシカは電話会議を通じて行われたが、冷や汗ものだった――実際に私は汗をかいていた。ジェシカが怯むことなく厳しい質問をぶつけてきたため、私は、この本が何について書かれているのか、どんな人が読みたいと思うのかをはっきりさせなければならなかった。電話が終わると、私はソファに沈みこんで、ぐったりした。だから私は、ジェシカがイエスと言ってくれさえしたら、この本が素晴らしいものになるだろうとわかっていた。彼女はイエスと言ってくれた。そして、実際、この本は素晴らしいものになった。ジェフ、アマンダ、ハイラム、シシリーといった面々のハーパーコリンズ・リーダーシップのチームが、ジェシカといっしょに尽力してくれた。私と本書のメッセージを信じ、世界に届けてくれてありがとう。

私の精神的なチームの一員にもお礼を言う。毎日のようにインスタグラムにストーリーを上げるのを手伝ってくれたティファニー。ソーシャルメディアに広めてくれたメグ（予約を始めたあのめちゃくちゃな日に助けてくれたメグ）。それから、私が著者モードだったりそうではなかったりするときに、ほかの仕事を進めてくれていた私の右腕、アンドレア。

私を支え、励ましつづけ、気分が乗らないときでも、仕事の話ばかりする私に耳を傾けてくれた友だちと家族にも感謝したい。みんながいなかったら、とてもやり遂げられなかった。

最後に、マイケル。この本はあなたで始まり、あなたで終わる。愛してるわ。

第７章　カスタマーストーリー

1. "Local Consumer Review Survey 2018," BrightLocal, accessed March 18, 2019, https://www.brightlocal.com/learn/local-consumer-review-survey/.
2. Aaron Smith and Monica Anderson, "Online Shopping and E-Commerce: Online Reviews," Pew Research Center, December 19, 2016, http://www.pewinternet.org/2016/12/19/online-reviews/.
3. "Women's Deodorant: Reviews," Native, accessed February 5, 2019, https://www.nativecos.com/products/travel-deo-pack-womens-winter2018#reviews. 4. "Women's Deodorant: Reviews," Native.
4. "Women's Deodorant: Reviews," Native.
5. Fay Schopen, "Outrage over McDonald's Twee 'Child Grief' Advert Is Plain Ridiculous," *The Guardian*, May 17, 2017, https://www.theguardian.com/commentisfree/2017/may/17/mcdonalds-child-grief-advert-bereavement.

第10章　自分のストーリーを語る

1. Khadeeja Safdar, "Now for Sale: The Empty Space Inside Retailers' Packages," *The Wall Street Journal*, July 22, 2018, https://www.wsj.com/articles/now-for-sale-the-empty-space-inside-retailers-packages-1532264400?mod=-searchresults&page=1&pos=1.
2. Adaptly, with Refinery29 and Facebook, *The Science of Advertising: A Research Study on Sequenced for Call to Action vs. Sustained Call to Action*, Adaptly, accessed March 18, 2019, https://s3.amazonaws.com/sales.adaptly.com/The+Science+of+Social+Media+Advertising.pdf.【リンク切れ】

結論

1. John K. Donahue and Melanie C. Green, "A Good Story: Men's Storytelling Ability Affects Their Attractiveness and Perceived Status," *Personal Relationships*, March 9, 2016, https://onlinelibrary.wiley.com/doi/full/10.1111/pere.12120.

8. Airbnb, "Funding Rounds," Crunchbase, https://www.crunchbase.com/organization/airbnb/funding_rounds/funding_rounds_list#section-funding-rounds.
9. *2017 Kaufman Index of Startup Activity*, Ewing Marion Kauffman Foundation, May 2017, http://www.kauffman.org/kauffman-index/reporting/~/media/c9831094536646528ab012dcbd1f83be.ashx.
10. QuickBooks, "Did You Know? Most Small Businesses Start With $10,000 or Less," Intuit QuickBooks, accessed March 18, 2019, https://quickbooks.intuit.com/r/trends-stats/know-small-businesses-start-10000-less/.
11. Greg McKeown, "If I Read One More Platitude-Filled Mission Statement, I'll Scream," *Harvard Business Review*, October 4, 2012, https://hbr.org/2012/10/if-i-read-one-more-platitude-filled-mission-statement.
12. See "Number of U.S. Financial Advisers Fell for Fifth Straight Year—Report," Reuters, February 11, 2015, https://www.reuters.com/article/wealth-cerulli-advisor-headcount/number-of-u-s-financial-advisers-fell-for-fifth-straight-year-report-idUSL1N0VL23920150211.

第6章　パーパスストーリー

1. Paul J. Zak, "Why Your Brain Loves Good Storytelling," *Harvard Business Review*, October 28, 2014, https://hbr.org/2014/10/why-your-brain-loves-good-storytelling.
2. Simon Caulkin, "Companies with a Purpose Beyond Profit Tend to Make More Money," *Financial Times*, January 24, 2016, https://www.ft.com/content/b22933e0-b618-11e5-b147-e5e5bba42e51.
3. Rachel Tesler et al., "Mirror, Mirror: Guided Storytelling and Team Reflexivity's Influence on Team Mental Models," *Small Group Research* 49, no. 3 (2018): 267–305, https://journals.sagepub.com/doi/abs/10.1177/1046496417722025.
4. Tesler et al., "Mirror, Mirror."
5. Tesler et al., "Mirror, Mirror."
6. Quoted in David K. Williams, "The Best Leaders Are Vulnerable," *Forbes*, July 18, 2013, https://www.forbes.com/sites/davidkwilliams/2013/07/18/the-best-leaders-are-vulnerable/#442fcf5e3c1d.
7. Williams, "The Best Leaders Are Vulnerable."
8. Williams, "The Best Leaders Are Vulnerable."
9. Robyn Fivush, Marshall Duke, and Jennifer G. Bohanek, "'Do You Know . . .' The Power of Family History in Adolescent Identity and Well-Being," *Journal of Family Life*, February 23, 2010, available at https://ncph.org/wp-content/uploads/2013/12/The-power-of-family-history-in-adolescent-identity.pdf.

Super Bowl Ad," *Time*, February 1, 2016, http://time.com/4200086/best-super-bowl-ads/.

11. NPR, "Code Switch: An Advertising Revolution," Stitcher, September 5, 2017, https://www.stitcher.com/podcast/national-public-radio/code-switch/e/51357262?autoplay=true.

第4章　バリューストーリー

1. Daniel Kahneman, *Thinking, Fast and Slow* (New York: Farrar, Straus and Giroux, 2011), 20.
2. Kahneman, 20.
3. Kahneman, 62.
4. Amy Wolf, "For a Winning Ad at the Super Bowl: Less Shock and More Sophisticated Storyline," Vanderbilt News, January 30, 2012, https://news.vanderbilt.edu/2012/01/30/winning-super-bowl-ads-needs-sophistication/.
5. Philip Elmer-Dewitt, "Why 'Misunderstood' Won an Emmy for Apple," Fortune, August 18, 2014, http://fortune.com/2014/08/18/why-misunderstood-won-an-emmy-for-apple/.6. Elmer-Dewitt, "Why 'Misunderstood' Won an Emmy for Apple."
6. Elmer-Dewitt, "Why 'Misunderstood' Won an Emmy for Apple."

第5章　ファウンダーストーリー

1. Biz Carson, "How 3 Guys Turned Renting an Air Mattress in Their Apartment into a $25 Billion Company," *Business Insider*, February 23,2016, https://www.businessinsider.com/how-airbnb-was-founded-a-visual-history-2016-2.
2. Michael Carney, "Brian Chesky: I Live on Cap'n McCain's and Obama O's Got AirBnB Out of Debt," Pando, January 10, 2013, https://pando.com/2013/01/10/brian-chesky-i-lived-on-capn-mccains-and-obama-os-got-airbnb-out-of-debt/.
3. Carolyn Said, "Airbnb's Swank Digs Reflect Growth, But Controversy Grows," *SF Gate*, January 27, 2014, https://www.sfgate.com/bayarea/article/Airbnb-s-swank-digs-reflect-growth-but-5175734.php.
4. Max Chafkin, "Can Airbnb Unite the World?" *Fast Company*, January 12, 2016, https://www.fastcompany.com/3054873/can-airbnb-unite-the-world.
5. Said, "Airbnb's Swank Digs Reflect Growth."
6. Nat Levy, "Live Blog: Andreessen Horwitz Partner Jeff Jordan at the GeekWire Summit 2016," GeekWire, October 4, 2016, http://www.geekwire.com/2016/live-blog-andreessen-horowitz-partner-jeff-jordan-geekwire-summit-2016/.
7. Avery Hartmans, "This Is the One Quality Every Startup Founder Needs," *Business Insider*, September 25, 2016, http://www.businessinsider.com/jeff-jordan-andreessen-horowitz-startup-founders-2016-9.

2. Paul J. Zak, "Why Inspiring Stories Make Us React: The Neuroscience of Narrative," *Cerebrum* (January–February 2015): 2, https://www.ncbi.nlm.nih.gov/pmc/articles/PMC4445577/.
3. Zak, "Why Inspiring Stories Make Us React."
4. Zak, "Why Inspiring Stories Make Us React."
5. See Ushma Patel, "Hasson Brings Real Life into the Lab to Examine Cognitive Processing," *Princeton University News*, December 5, 2011, https://www.princeton.edu/main/news/archive/S32/27/76E76/index.xml.
6. Zak, "Why Inspiring Stories Make Us React."
7. Zak, "Why Inspiring Stories Make Us React."
8. Zak, "Why Inspiring Stories Make Us React."

第3章　偉大なストーリーの条件

1. Chris Chase, "Seattle's Super Bowl Win Made Gambling History," *USA Today*, February 4, 2014, http://ftw.usatoday.com/2014/02/seattle-seahawks-super-bowl-prop-bets-odds.
2. Suzanne Vranica, "Higher Prices Don't Keep Marketers Away from Ad Time for Super Bowl," *The Wall Street Journal*, January 3, 2012, https://www.wsj.com/articles/SB10001424052970203899504577130940265401370.
3. Sherwood Forest, "Budweiser Super Bowl XLVIII Commercial—'Puppy Love,'" YouTube video, 1:00, January 31, 2014, https://www.youtube.com/watch?v=Zsj9AiK76Z4.
4. See Jill Rosen, "Super Bowl Ads: Stories Beat Sex and Humor, Johns Hopkins Researcher Finds," Hub, Johns Hopkins University, January 31,2014, http://hub.jhu.edu/2014/01/31/super-bowl-ads/.
5. Yuval Noah Harari, *Sapiens: A Brief History of Humankind* (New York:Harper, 2015), 31.
6. "Why Choose hydraSenseR," hydraSense Nasal Care, accessed February 5, 2019, https://www.hydrasense.com/why/naturally-sourced-seawater/.7. Alli McKee, "[Your Company] in 100 Words," Medium, November 1, 2017, https://medium.com/show-and-sell/your-company-in-100-words-e7558b0b1077.
7. Alli McKee, "[Your Company] in 100 Words," Medium, November 1, 2017, https://medium.com/show-and-sell/your-company-in-100-words-e7558b0b1077.
8. Marketwired, "Tivo's Top 10 Commercials From 50 Years of the Biggest Game of the Year," Yahoo! Finance, January 11, 2016, https://finance.yahoo.com/news/tivos-top-10-commercials-50-110000503.html.
9. "Super Bowl 2014 Ads: Facts and Figures (Updated)," Marketing Charts, February 6, 2014, http://www.marketingcharts.com/traditional/super-bowl-2014-ads-facts-and-figures-39421/.
10. Keith A. Quesenberry, "William Shakespeare Holds the Key to a Great

原注

はじめに

1. "History," Eight & Bob, accessed 2020, https://eightandbob.com/pages/our-heritage/.

第１章　ビジネスのギャップと、ギャップを埋める（あるいは埋められない）橋

1. "Building Powerful Brands / Brand Revitalisation: Extra Gum—Give Extra, Get Extra," The Marketing Society, accessed March 18, 2019, https://www.marketingsociety.com/sites/default/files/thelibrary/Give%20extra_Redacted.pdf.
2. Magnus Pagendarm and Heike Schaumburg, "Why Are Users Banner Blind? The Impact of Navigation Style on the Perception of Web Banners," *Journal of Digital Information* 2, no. 1 (2001), https://journals.tdl.org/jodi/index.php/jodi/article/view/36/38.
3. "Online Consumers Fed Up with Irrelevant Content on Favorite Websites, According to Janrain Study," Janrain, July 31, 2013, https://www.janrain.com/company/newsroom/press-releases/online-consumers-fed-irrelevant-content-favorite-websites-according.
4. Melanie C. Green and Timothy C. Brock, "The Role of Transportation in the Persuasiveness of Public Narratives," *Journal of Personality and Social Psychology* 79, no. 5 (2000): 701–21, http://dx.doi.org/10.1037/0022-3514.79.5.701.
5. T. Van Laer et al., "The Extended Transportation-Imagery Model: A Meta-Analysis of the Antecedents and Consequences of Consumers' Narrative Transportation," *Journal of Consumer Research* 40, no. 5(February 2014): 797–817,
https://doi.org/10.1086/673383.
6. Jillian Berman, "There's Something About Breath Mints and Sharing,"*The Wall Street Journal*, September 11, 2017, https://www.wsj.com/articles/theres-something-about-breath-mints-and-sharing-1505135794.
7. "Building Powerful Brands," The Marketing Society.
8. "Building Powerful Brands," The Marketing Society.

第２章　脳に立ち返る

1. Paul J. Zak, "Why We Cry at Movies," *Psychology Today*, February 3,2009, https://www.psychologytoday.com/blog/the-moral-molecule/200902/why-we-cry-movies.

■著者紹介

キンドラ・ホール（Kindra Hall）

受賞歴のあるプロのストーリーテラーで、全米で講演を行う。Entrepreneur.comとInc.comに寄稿する傍ら、サクセス誌に寄稿し編集者も務める。規模を問わず、企業がストーリーテリングの力を利用できるようアドバイスし、支援している。著書に『OTHERWISE UNTOLD: A Collection of Stories Most People Would Keep to Themselves』。夫、娘、息子とともにニューヨーク在住。

■訳者紹介

湊麻里（みなと・まり）

英語翻訳者。訳書に『世界から消えゆく場所』（日経ナショナルジオグラフィック社）、『CHOCOLATE(チョコレート)：チョコレートの歴史、カカオ豆の種類、味わい方とそのレシピ』（共訳、東京書籍）など。

翻訳協力／株式会社リベル

2021年1月3日 初版第1刷発行
2022年7月1日 第2刷発行
2024年2月1日 第3刷発行

フェニックスシリーズ 117

心《こころ》に刺《さ》さる「物語《ものがたり》」の力《ちから》
——ストーリーテリングでビジネスを変える

著　者　キンドラ・ホール
訳　者　湊麻里
発行者　後藤康徳
発行所　パンローリング株式会社
〒160-0023　東京都新宿区西新宿 7-9-18　6階
TEL 03-5386-7391　FAX 03-5386-7393
http://www.panrolling.com/
E-mail　info@panrolling.com
装　丁　パンローリング装丁室
印刷・製本　株式会社シナノ

ISBN978-4-7759-4245-1